prometeo
libros

VIAJES Y GEOGRAFÍAS

Perla Zusman, Carla Lois y
Hortensia Castro (eds.)

VIAJES Y GEOGRAFÍAS

Exploraciones, turismo y migraciones en la
construcción de lugares

Autores:
Hortensia Castro, Maria Dolors Garcia Ramon,
Fernanda González Maraschio, Cristina Hevilla, Carla Lois,
Matías Molina, Claudia Pedone, Helion Póvoa, Melina Piglia,
María Laura Silveira, John Urry, Perla Zusman

prometeo
libros

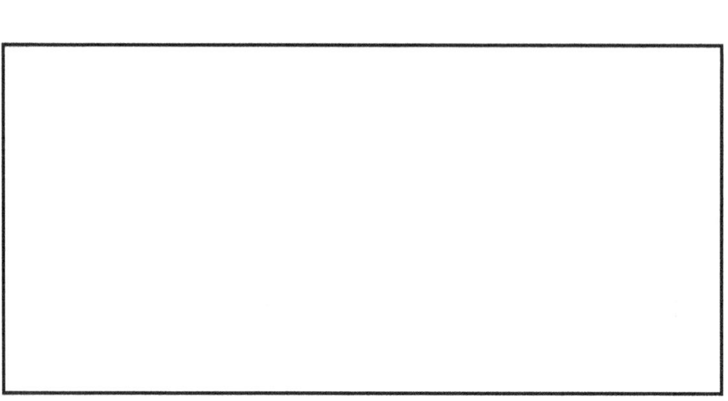

© De esta edición, Prometeo Libros, 2007
Pringles 521 (C11183AEJ), Ciudad de Buenos Aires, Argentina
Tel.: (54-11) 4862-6794 / Fax: (54-11) 4864-3297
info@prometeolibros.com
www.prometeoeditorial.com

Diseño y Diagramación: R&S

Índice

PREFACIO

Perla Zusman, Carla Lois y Hortensia Castro

Si bien la intensificación en la movilidad (de los bienes, del capital, de la tecnología, de las personas y de las ideas) parece ser un rasgo propio del mundo contemporáneo[1], cabe señalar que el desplazamiento no es un fenómeno novedoso. Aún más, podría afirmarse que la práctica de desplazarse es un aspecto constitutivo de la cultura, en vez de representar una mera transferencia o extensión; de hecho, en cierta medida "los centros culturales, las regiones y los territorios no existen antes de que se produzcan estos contactos [producto de los desplazamientos]; por el contrario, se sustancian en ellos, se apropian de los incansables movimientos de los pueblos y las cosas"[2]. Y esta afirmación es válida tanto en relación con nuestros días como con relación al pasado.

Por ejemplo, ¿acaso podemos pensar las peregrinaciones de la Baja Edad Media como simples desplazamientos en búsqueda de un destino? ¿Cómo pensar la figura del rey renacentista sin imaginar su corte itinerante? Y eso, claro, no puede separarse del hecho de que, hacia fines del siglo XV, eran muchos los europeos que practicaban diferentes tipos de desplazamientos: reyes, comerciantes, peregrinos y hasta vagabundos recorrían reinos y mares, si bien el tipo de viaje, la duración, el itinerario, el equipaje y los objetivos variaban según el origen y el grupo social del viajero[3].

---

[1] Levy, Jaques, "Os novo espaços da mobilidade" *Geographia*, 6 (2001), 7-21; Ollivro, J.: "Les classes mobiles", *L'information géographique*, 3 (2005), 28-44; Urry, John, *Sociology beyond Societies. Mobilities for the twenty-first century*, Londres y Nueva York: Routldege, 2000),

[2] Clifford, James, *Travel and Translation in the Late Twentieth Century*, Londres: Harvard University Press, 1997, 3.

[3] Sobre los viajeros medievales, consúltese: Labarge, Margaret: *Los viajeros medievales. Los ricos y los insatisfechos*, Madrid: Nerea, 2000. Sobre viajes culturales en el siglo XVI, véase Burke, Peter: *El Renacimiento europeo*, Crítica, Barcelona. 2000 [1998], 170-177.

Más conocidos aún son los desplazamientos de exploradores, comerciantes, científicos, migrantes y esclavos hasta la segunda mitad del siglo XIX, quienes de diversas maneras formaron parte de procesos de territorialización involucrados en la expansión imperial europea[4]. Menos atención se le ha prestado al hecho de que, en las prácticas de construcción de espacios cerrados (como los estados nacionales o las colonias), se aceptaron y hasta estimularon cierto tipo de movilidades mientras que otras fueron conjuradas, como las prácticas nómadas que ponían en cuestión la forma de construcción espacial estatal o imperial[5].

En este sentido, entonces, pensar el desplazamiento como una práctica social y no solo como "ese trámite indispensable para alcanzar un destino" podría ser el punto de partida hacia perspectivas que busquen comprender procesos que, como vemos, no son nuevos. Ello no obsta que sí se observe y reconozca la mayor variedad de desplazamientos que existe en la actualidad, con tiempos, espacios, flujos e intensidades diferenciados. Entre estos podemos mencionar desde aquellos movimientos vinculados a las migraciones laborales o provocados por fenómenos naturales, hambrunas y conflictos políticos o religiosos, hasta aquellos relacionados con motivos de estudio, empresariales, científicos y de turismo; también los desplazamientos pendulares, ya sea diarios o semanales. Estos desplazamientos no solo son protagonizados por una gran variedad de sujetos, sino que ellos participan, además, de diferentes instituciones: empresas transnacionales, organismos de ayuda humanitaria, redes clandestinas de tráfico de personas, oficinas migratorias estatales, agencias de turismo, universidades, etc. También llevan asociados una gran variedad de efectos, como la reconfiguración de infraestructuras (inmóviles) sobre las que discurren esos flujos, y de conflictos, como el desafío a las políticas migratorias restrictivas de algunos estados y bloques de países.

Varios especialistas sostienen que una de las consecuencias más interesantes de estos procesos actuales es la revisión de conceptos y métodos tradicionales en las Ciencias Sociales, a la vez que el surgimiento de nuevos enfoques analíticos sobre el viaje, el traslado y el movimiento en

---

[4] Algunos de los autores que se ocuparon de este tema son: Cicerchia, Ricardo: *Viajeros. Ilustrados y románticos en la imaginación nacional*, Buenos Aires: Troquel, 2005, Pratt, Mary Louise, *Ojos imperiales. Literatura de viajes y transculturación*, Buenos Aires: Universidad Nacional de Quilmes, 1997[1992], Pimentel, Juan, *Testigos del mundo. Ciencia, literatura y viajes en la Ilustración*, Madrid: Marcial Pons, 2003.

[5] Spurr, D., *The Rhetoric of Empire: Colonial Discourse in Journalism, Travel Writing and Imperial Administration,* Durham: Duke University Press, 1993.

períodos largos o en cadenas múltiples[6]. En este sentido, cabe destacar la contribución de los estudios feministas, los cuales, habituados a desconstruir "las ideas fijas, el esencialismo y los conceptos inamovibles de lo que significa ser mujer"[7], han inaugurado una tendencia hacia los análisis que trabajan con la idea de fluidez. También cabe señalar que, desde la Antropología, Clifford ya había propuesto repensar la tradicional aldea como sala de tránsito, una metáfora que, desde su punto de vista, daría cuenta del movimiento y de historias del desarraigo para, de esa manera, cuestionar la costumbre de ver lo "estable" y "tradicional" en culturas ajenas a la propia[8]. En el campo de la geografía, la movilidad ha llevado a enfatizar la interrelación entre escalas en la construcción de los territorios de los estados, de las regiones, de los ámbitos urbanos o rurales. La imagen que subyacía a diversas concepciones de espacio los suponía contiguos, cerrados, autocontenidos y homogéneos, y esa imagen comienza a ser sustituida por otras concepciones alternativas, como aquella que los concibe como mosaicos complejos y enmarañados, donde se superponen e interpenetran nodos, niveles, escalas y morfologías[9]. Asimismo, los estudios migratorios, con sus análisis y discusiones acerca de la integración o la exclusión de los emigrados, han permitido repensar categorías estáticas y fijas, como las de nación, etnicidad o comunidad; en este sentido se destaca, por ejemplo, la noción de "comunidades transnacionales", formulada para nominar aquellas formas de vida comunitaria que presentan configuraciones territoriales y culturales múltiples, con vínculos con las áreas de origen y compromisos con las de destino[10].

Algunos autores hasta enuncian la conformación de un *mobility turn*, un paradigma de la movilidad[11]. Según Urry, no solo se trataría de introducir nuevos temas y conceptos o de poner en cuestión los preceptos "sedentarios" de las Ciencias Sociales del siglo XX[12]; sino que implicaría,

---

[6] Mc Dowell, Linda, *Género, identidad y lugar. Un estudio de las geografías feministas*, Valencia: Ediciones Catedra. Universitat de València, Instituto de la Mujer, 1999, 299-328.

[7] Mc Dowell, Linda, *Género, identidad y lugar. Un estudio de las geografías feministas,* 303

[8] Clifford, James, "Traveling cultures". En: Grossberg, Laurence; Nelson, Cary y Treichler, Paula (eds.), *Cultural Studies,* Nueva York: Routledge, 1992, 96-117.

[9] Brenner, N., *New States: Urban Governance and the Rescaling of Statehood,* Oxford: Oxford University Press, 2004, 66.

[10] Velasco Ortiz, M. Laura, "Identidad cultural y territorio: una reflexión en torno a las comunidades transnacionales entre México y Estados Unidos", *Región y Sociedad,* 15 (1998), 105-130.

[11] Sheller, M. y Urry, J., " The new mobilities paradigm", *Environment and Planning A* 38 (2), 208.

[12] Hannam, Kevin; Sheller, Mimi y Urry, John, "Editorial: Mobilities, immobilities and moorings", *Mobilities,* 1 (2006), 1-2.

además, discutir las actuales aproximaciones desterritorializadas que han instalado una narrativa sobre la movilidad y la fluidez como condiciones omnipresentes o universales de la globalización, una narrativa que habla de una sociedad posmoderna, ligera y líquida, en la era del "fin de los estados"[13].

De esta manera, el análisis de las prácticas de desplazamiento nos permite construir una Geografía Cultural que encuentra también sus bases en la movilidad y no solo en el sedentarismo o, en todo caso, en la yuxtaposición de ambas prácticas, donde, en términos de Clifford, importan no solo las raíces sino también las rutas[14].

Con el desplazamiento viajan culturas, concepciones del mundo, del espacio, del tiempo, modos de concebir la realidad. Ahora bien, "tan pronto como se reconoce que las culturas son construcciones sociales fluidas y temporales, que se hacen y rehacen a lo largo del tiempo (...), parece evidente que el movimiento supone una reconstrucción del mapa de las identidades y costumbres culturales para *todos* los implicados"[15]. En definitiva, cuando estas culturas llegan a un sitio, reconfiguran los lugares. Esta reflexión nos lleva a plantear la necesidad de revisar la forma de conceptualizar la relación entre el desplazamiento y los lugares, y ello ha constituido el objetivo y la propuesta de este libro.

Al respecto, podemos reconocer, por un lado, aquellas perspectivas que consideran que los lugares se crean en la propia práctica de la movilidad y, por el otro, aquellas otras que analizan el lugar como confluencia de prácticas móviles y sedentarias. Dentro de la primera línea de trabajo encontramos aquellos que consideran que, en tanto las personas, en la realización de sus proyectos de vida, se desplazan a través del espacio y del tiempo, esos movimientos crean itinerarios o trayectorias espacio-temporales. Y estas trayectorias, que involucran vínculos con los itinerarios de los "otros", también se ven cruzadas por relaciones de poder[16]. Estas trayectorias pueden construir desde redes[17] (que se van tejiendo en el desplazamiento y a través de las cuales se van redefiniendo las relaciones entre las personas, y los sitios recorridos o por recorrer) hasta espa-

---

[13] Hannam, Sheller y Urry, "Editorial: Mobilities, immobilities and moorings", 5.

[14] Clifford, James, *Routes. Travel and Translation in the Late Twentieth Century*, Cambridge: Harvard University Press, 1997, 1.

[15] Mc Dowell, *Género, identidad y lugar*, 310.

[16] Haggerstrand, T., "Diorama, path and project". En: Agnew, J.; Livingstone, D. y Rogers, D. A., *Human Geography. An essential Anthology*, Londres: Blackwell, 1982, 650-674.

[17] Haesbaert, R., *O Mito da Desterritorializaçao. Do "fim dos territórios" à multiterritorialidade*, Río de Janeiro: Bertrand Brasil, 2004.

cios transnacionales[18] (construidos a partir del mantenimiento de vínculos materiales y simbólicos, formales e informales, entre las sociedades de origen y las de llegada).

La segunda línea de estudios parte de la concepción de lugar que la Geografía viene trabajando desde la década de 1970, particularmente desde la perspectiva humanista. Desde este enfoque, el concepto de lugar permitía dar cuenta de aquellos procesos de carácter vivencial que ni este ni otros conceptos, como el de espacio, hasta entonces habían reflejado. De esta manera, la Geografía Humanista trae a la disciplina las posturas fenomenológicas, en las que se destaca el sentimiento de pertenencia e identificación con el lugar; así se concibe que los lugares están cargados de emociones, sentimientos, recuerdos, motivaciones, gustos, sueños, miedos o deseos[19]. Sin embargo, esta forma de idear el lugar supuso que el mismo se constituía solo a partir de quienes viven en él, y que, debido a ello, existía una identificación directa entre comunidad y lugar. Si consideramos que los desplazamientos participan en la configuración de los lugares, implica aceptar que su significación no está dada solo por las acciones que se realizan en su interior, sino que la idea de lugar se construye también a partir de las prácticas del afuera, de su conexión (en términos de dominación, interdependencia o subordinación) con otros lugares[20].

A través de los desplazamientos, espacios, tiempos, formas y significaciones[21] confluyen para dar una especificidad a los lugares. Esta especificidad, entonces, deriva de la yuxtaposición de los fragmentos de recuerdos de lugares constitutivos de la experiencia de la movilidad. Ellas se "encuentran" o "desencuentran" con aquellas experiencias existentes previamente. Los lugares, abordados desde la Geografía Humanista como homogéneos, se conceptualizan como híbridos. Aún más, distintos tipos de desplazamientos participan simultáneamente en la constitución de lugares: migrantes (urbanos, rurales, transnacionales), turistas, intelectuales o empresarios insertos en las redes descriptas anteriormente pueden confluir y reconfigurar un único espacio.

Entonces, frente a las propuestas que aseguran que la globalización homogeneiza los lugares, las prácticas de desplazamiento —al acarrear los

---

[18] Castro Neira, Yerko, "Teoría transnacional: revisitando la comunidad de los antropólogos", *Política y Cultura*, 23 (2005), 181-194.

[19] Mendoza, C. y Ortiz, A., "Hacer las Américas: migrantes españoles de alta calificación en la ciudad de México". *Documents d'Anàlisi Geogràfica,* 47 (2006): 93-114.

[20] Massey, D., *For Space*, Londres: Sage, 2005.

[21] Foucault, M., "Of Other Spaces", *Diacritics,* 16 (1986): 22-27.

aspectos constitutivos de otros lugares– acaban asegurando la producción de un mundo de lugares heterogéneos, multiculturales, en continua transformación.

El libro que presentamos aquí reúne trabajos de distintos especialistas que han pensado los desplazamientos desde diferentes perspectivas y en contextos diversos.

Hemos organizado esta obra en tres partes. La **Introducción** incluye un texto de John Urry, titulado *Culturas móviles*, que ofrece puntos de partida para pensar los distintos tipos de desplazamiento. En este artículo Urry nos propone considerar la movilidad como un síntoma de nuestros tiempos y nos acerca a las formas en que los diversos desplazamientos son conceptualizados desde distintos enfoques posestructuralistas.

La segunda parte, titulada **Viajeros y lugares**, reúne los trabajos que discuten el papel de los viajes asociados a la construcción de los Imperios o de los Estados nacionales en la conformación de ciertos imaginarios geográficos de relevancia para la definición de políticas sobre los lugares. El texto de Carla Lois, "*Mare Occidentale*: el territorio atlántico en los mapamundis del siglo XVI", analiza los mapas del Atlántico como actos de escritura que registraron la experiencia intelectual y material de los viajes europeos de exploración y conquista del quinientos. En ese sentido, el propio acto de praxis y escritura cartográfica implicaba una forma de conocer y representar la experiencia de desplazarse hacia lo desconocido. El artículo de Perla Zusman, "Paisajes de civilización y progreso: el viaje a Estados Unidos de D. F. Sarmiento (1847)", explora la fascinación de Domingo Faustino Sarmiento por los Estados Unidos. En ese viaje iniciático, Sarmiento encuentra en los paisajes norteamericanos la muestra de que este país estaba recorriendo el camino hacia la civilización y el progreso, orientado por un modelo de sociedad que se le presentaba a sus ojos como igualitario y democrático. El texto de Hortensia Castro, "Otras miradas, otros lugares. Los relatos de viajeros en la construcción de la Puna de Atacama", aborda el proceso de construcción de la Puna argentina a través del relato de dos viajeros: Juan Bautista Ambrosetti e Isaiah Bowman. Se sostiene allí que tales relatos acaban estableciendo un conjunto de "marcas o signos de distinción" sobre ese lugar que tendrá un papel clave a la hora de definir la forma de inserción de esta área en la economía nacional. Cristina Hevilla, en su artículo "Los viajeros de las alturas: narrativas de viajeros y científicos sobre los Andes argentino-chilenos en el siglo XIX", discute la transformación de la imagen de la Cordillera de los Andes a través de los relatos de viajeros europeos. Allí Hevilla nos demuestra cómo estas narrativas contribuyeron a que la Cordillera de los Andes dejara de ser reconocida como un espacio con una dinámica propia, recorrido por baqueanos, pastores y bandoleros, para pasar a ser conceptualizada como un muro, un obstáculo para el tránsito y un ámbito útil para el establecimiento del límite internacional entre Argentina y Chile. Finalmente, Maria Dolors Garcia Ramón, en "Mujeres viajeras. *El Marroc sensual i fanàtic* de Aurora Bertrana", destaca el papel de la dimensión de género en la construcción de la mirada colonial sobre Marruecos. A partir del análisis del relato de Aurora Bertrana, la autora identifica el conjunto de ambivalencias que están presentes en el momento de contacto con una sociedad culturalmente diferente y, a la vez, sometida a la dominación española y francesa.

La tercera parte, titulada **Lugares y movilidades contemporáneas**, agrupa aquellos trabajos que analizan el papel de las movilidades del capital y de las personas en la construcción de las geografías materiales y simbólicas del mundo actual. Los artículos de Melina Piglia y Fernanda González Maraschio destacan la función que cumplen ciertos agentes privados en la promoción de procesos de valorización de tierras y en el incentivo a los desplazamientos de población a partir del desarrollo de ciertas representaciones. El trabajo de Piglia, titulado "Ciudades de lona: el Automóvil Club Argentino y la construcción de los campings como lugares turísticos en la entreguerra (1926-1939)", analiza las estrategias por las cuales el Automóvil Club Argentino promovió la extensión de la infraestructura vial en la provincia de Buenos Aires e incentivó el loteo de tierras de la costa bonaerense para el desarrollo y el disfrute del turismo de camping para sus socios. Por su parte, González Maraschio, en el texto "Nuevos emprendimientos residenciales y construcción de lugares en el partido de Cañuelas a comienzos del siglo XXI. Una aproximación al *neorruralismo criollo*", desarrolla el papel de los agentes inmobiliarios y turísticos en el proceso de revalorización de las tierras rurales del partido de Cañuelas. La autora plantea que las representaciones sobre los beneficios de las áreas rurales en términos de tranquilidad y seguridad sirven a los fines de atraer población urbana para instalarse en los nuevos emprendimientos residenciales. Los dos trabajos siguientes abordan el proceso de construcción de lugares a partir de la combinación de las prácticas de desterritorialización y reterritorialización del capital y de los desplazamientos de distintos sujetos. En el artículo de Laura Silveira, denominado "Lugares y dinámicas socio-espaciales en la Patagonia Norte", se analiza el papel de la técnica y los efectos asociados a la conformación de la Patagonia Norte como un palimpsesto de acciones, pasadas y presentes, de tecnologías modernas y envejecidas. El trabajo de Cristina Hevilla y Matías Molina, titulado "Territorialidades en movimiento: desplazamientos y reconfiguraciones territoriales ante las inversiones extranjeras en ámbitos de fronteras", analiza los efectos desterritorializadores y reterritorializadores de una minera transnacional en un ámbito de frontera y su (des)vinculación con las prácticas turísticas, de los baqueanos y pastores. Los dos últimos textos de esta tercera parte analizan la definición de trayectorias socio-espaciales en relación con los movimientos de la población. El artículo de Helion Póvoa, "Itinerarios de la movilidad garimpeira", reconstruye las trayectorias seguidas por los garimpeiros en la búsqueda de sus medios de sobrevivencia. Si bien se suele asociar esa movilidad a una práctica nómade, aleatoria, individual y clandestina, Póvoa explora las lógicas y dinámicas existentes en esas prácticas vinculadas al garimpo. Finalmente, Claudia Pedone, en su artículo "Cadenas, redes migratorias y redefinición de lugares. Las migraciones de familias ecuatorianas hacia España", destaca el proceso de redefinición de los proyectos migratorios del colectivo ecuatoriano a partir de la llegada a las sociedades de destino. Sostiene que este proceso está influenciado por las articulaciones de esos migrantes en redes, a la vez que dichas redefiniciones conducen a la diversificación socio-espacial de las cadenas.

Algunos de los trabajos que aquí presentamos son resultados de investigaciones desarrolladas en el marco del proyecto: "Viajeros, migrantes y turistas: los desplazamientos en la constitución de lugares en el territorio argentino (desde De Moussy hasta las agencias de turismo)". Este proyecto, financiado por la Fundación Antorchas, buscó analizar la relación entre desplazamientos y construcción de lugares, a través de sus distintas líneas de trabajo. Por eso, no podríamos finalizar esta presentación sin agradecer a la Fundación Antorchas por el apoyo brindado para realizar nuestra investigación y para financiar el libro que estamos presentando.

INTRODUCCIÓN
Culturas móviles[1]

John Urry

Schivelbusch afirma: "para el turista del siglo XX, el mundo se transformó en un gran centro de compras, de campos y ciudades"[2]. La escala de los viajes contemporáneos en ese centro de compras provoca cierto respeto. Anualmente se consignan más de 600 millones de arribos de pasajeros internacionales (compárese con los 25 millones en 1950); a toda hora 300.000 personas sobrevuelan los Estados Unidos (cantidad equivalente a la población de una importante ciudad); medio millón de nuevas habitaciones de hotel son construidas cada año en el mundo entero; existen 23 millones de refugiados dispersos por el globo; y se contabiliza un auto cada 8,6 personas en todo el mundo[3].

Los viajes internacionales representan más de la duodécima parte del total del comercio mundial. Por lejos, ellos representan el movimiento fronterizo de personas más significativo en la historia de la humanidad. El turismo internacional y el turismo interno, en conjunto, suman alrededor del 10 % del empleo global y del PBI global. Y este movimiento afecta todos los lugares. La Organización Mundial de Turismo publica

---

[1] La versión original de *Mobile Cultures* ha sido publicada por el Departamento de Sociología de la Universidad de Lancaster en la siguiente página web: http//www.comps.ancs.ac.uk/sociology/papers/Urry-Mobile-Cultures.pdf. El artículo fue previamente publicado en http://www.comp.lancs.ac.uk /sociology/030ju.html en 1999. Este texto ha sido traducido del inglés por Carla Lois y Claudia Troncoso. La traducción y la publicación del texto han sido autorizadas por el autor.

[2] Schivelbusch, W., *The Railway Journey. Trains and Travel in the Nineteenth Century*, Oxford: Blackwell, 1986, 1997.

[3] Kaplan, C., *Questions of Travel*, Durham: Duke University Press, 1996, 101; Makimoto, T. y D., Manners, *Digital Nomad*, Chichester: John Wiley, 1997, cap. 1.

estadísticas referidas al movimiento turístico correspondiente a 200 países. Ellas demuestran que prácticamente no existe país alguno que no envíe o reciba un número significativo de visitantes. Sin embargo, estos flujos no son parejos. La mayoría de esos desplazamientos ocurren entre las sociedades industrializadas, especialmente, dentro del oeste y sur de Europa y dentro de América del Norte. Veinticinco años atrás este tipo de flujos significaban alrededor del 90 % de los viajes internacionales[4] y, en la actualidad, todavía representan el 80 % de los mismos.

¿Cómo es que ha sucedido esto? ¿Por qué puede observarse una cierta "compulsión a la movilidad", especialmente en las sociedades occidentales contemporáneas? Exploraré estas cuestiones a través de tres preguntas:

1. ¿De qué manera se ha comenzado a pensar y conceptualizar al ciudadano contemporáneo como un ser *en movimiento*?

2. ¿Qué nos motiva a viajar?, ¿qué es lo que nos lleva a otros lugares?

3. ¿Por qué puede afirmarse que no solo viajan las personas sino también las culturas?

1. ¿De qué manera se ha comenzado a pensar y conceptualizar al ciudadano contemporáneo como un ser *en movimiento*?

En primer lugar, algunos estudios discuten a menudo las cualidades nómadas de las sociedades contemporáneas. Así describe Du Gay el significado del *walkman* Sony:

> Es virtualmente una extensión de la piel. Está adherido, moldeado –como muchas otras cosas en la cultura moderna de consumo– al cuerpo. Está diseñado para el movimiento, para la movilidad, para la gente que se desplaza todo el tiempo... para no entorpecer el movimiento. Es parte del equipamiento requerido por el nómada moderno. Es un testimonio del alto valor que la cultura de la tardía modernidad deposita en la movilidad[5].

De forma similar, Deleuze y Guattari estudian las implicancias de los nómadas, a quienes consideran exteriores a cada estado[6]. Los nómadas caracterizan ese tipo de sociedades definidas por la desterritorialización,

---

[4] Véase WTO. *Yearbook of Tourism Statistics 1996*. 49th Edition. Vols I y II, Madrid: World Tourism Organisation, 1997.

[5] Du Gay, Hall, S., L. Janes, H. Mackay, K. Negus, *Doing Cultural Studies. The Story of Sony Walkman*, Londres: Sage, 1997, 23-24.

y constituidas por líneas de fuga más que por puntos o nodos. Deleuze y Guattari sostienen: "el nómada no tiene puntos, caminos o tierra… Si el nómada puede ser llamado el desterritorializado *par excellence*, es precisamente porque no hay territorialización posterior, como ocurre con los migrantes"[7]. Esos nómadas presentan conflictos particulares para los estados, cuya tarea fundamental es "estriar el espacio sobre el que reina, no sólo para derrotar al nomadismo sino para controlar las migraciones y, de forma generalizada, para establecer una zona de derechos sobre un todo 'exterior', sobre todos los flujos"[8].

En general, esa desterritorialización nómada ha sido presentada como un modo de desafiar a las disciplinas académicas y a las culturas hegemónicas, de "marginalizar el centro", especialmente las culturas académicas occidentales, masculinas, imperiales, blancas.[9] En este contexto, el nomadismo está asociado con la noción de que la escritura académica y política puede, en sí misma, ser concebida como un viaje. A fin de teorizar, uno deja el hogar y viaja. No hay un "hogar" o punto fijo desde el cual los teóricos partan y al cual regresen. El teórico es visto como un prometedor viajante, que nunca está en casa ni fuera de ella[10].

A fin de desplegar formas de pensar múltiples y transversales a través de los patrones complejos y diversos de la vida de las mujeres, Braidotti propone un nuevo "nomadismo interconectado"[11]. La autora sostiene que las feministas deberían desarrollar una conciencia nómada. También da cuenta de su "especial afecto por los lugares de tránsito relacionados con los viajes: las salas de las estaciones y los aeropuertos, los tranvías, los servicios de traslado[12] y las áreas de chequeo; zonas intermediarias en las que todos los lazos se suspenden y el tiempo se extiende en una suerte de presente continuo"[13]. Chambers define esto como el *flâneur* que deviene en *plâneur* [14].

---

6 Deleuze, G. y Guattari, F., *Nomadology*, Nueva York: Semiotext(e), 1986,49-53.

7 Deleuze, G. y Guattari, F., *Nomadology*, 52.

8 Deleuze, G. y Guattari, F., *Nomadology*, 59.

9 Véase Kaplan, C., *Questions of Travel*, cap. 2.

10 Véase Clifford, J., *Routes*, Cambridge: Harvard University Press,1997.

11 Braidotti, R., *Nomadic Subjects*, Nueva York: Columbia University Press, 1994.

12 *Shuttle* en el original (nota de las traductoras).

13 Braidotti, R., *Nomadic Subjects*, 18-19.

14 Chambers, I., *Border Dialogues: Journeys in Postmodernity*, Londres: Routledge,1990. Mientras que la idea de *flâneur* alude a la idea utilizada por Baudelaire y, luego, recuperada por Benjamin para describir un particular tipo de habitante urbano, que siente placer al recorrer de forma errante la ciudad, la noción de *plâneur* daría cuenta de una sensación semejante provocada a través del vuelo en un vehículo sin motor (nota de las traductoras).

De forma amplia, Makimoto y Manners sostienen que hemos entrado en una nueva era nómada. En la próxima década, con la digitalización, la mayoría de los servicios residenciales y laborales serán portados directamente sobre el cuerpo o, si no, en un pequeño bolso. Ello llevará a que aquellos que pueden acceder a estos objetos se tornen "geográficamente independientes"[15]. Estas personas serán "libres de vivir donde ellos quieran y de viajar tanto como deseen", y se verán forzadas a optar entre ser colonos o ser realmente "nómadas globales"[16].

Sin embargo, otros estudiosos han criticado esas metáforas nómadas. Bauman prescinde de dicha metáfora a partir de considerar que los verdaderos nómadas del desierto, en realidad, se mueven de un lugar a otro de forma estrictamente regular[17]. Para Bauman, las metáforas del vagabundo y del turista son más plausibles para los tiempos posmodernos porque ellas no están dando cuenta de una movilidad regularizada. El autor afirma que el vagabundo es un peregrino sin destino, un nómada sin itinerario; en cambio, el turista "paga por su libertad, por el derecho a desentenderse de sus preocupaciones y sentimientos originarios, por el derecho a hilar su propia red de sentidos. El mundo es la ostra del turista. En ella, éste puede vivir placenteramente y dotarla de significado"[18]. Vagabundos y turistas se mueven por el espacio de otras personas, ambos dan cuenta de la separación entre la proximidad física y la proximidad moral, ambos establecen sus propios parámetros de la felicidad y de la buena vida. Para Bauman la buena vida ha pasado a ser pensada como algo parecido a unas "continuas vacaciones"[19].

Las posturas feministas han criticado el carácter masculino de muchas de estas metáforas vinculadas al viaje y a lo nómada. Sugieren que el movimiento no está fijado o limitado a un lugar; sin dudas, diferentes personas tienen distinto acceso a la movilidad, tanto literal como metafóricamente[20]. Algunas han constatado la "masculinidad" de muchas metáforas nómadas[21]. Se ha demostrado que ciertas metáforas de carácter masculino pueden ser reescritas o codificadas de manera diferente. Si en lugar

---

[15] Makimoto, T., y D. Manners, *Digital Nomad*, 2.

[16] Makimoto, T., y D. Manners, *Digital Nomad*, 6.

[17] Bauman, Z., *Postmodern Ethics*, Londres: Routledge, 1993, 240.

[18] Bauman, Z., *Postmodern Ethics*, 241.

[19] Bauman, Z., *Postmodern Ethics*, 243.

[20] Wolff, J., "On the road again: metaphors of travel in cultural criticism", *Cultural Studies*, 7 (1993): 224-239.

[21] Jokinen, E. y S. Veijola, "The disoriented tourist: the figuration of the tourist in contemporary cultural critique". En: Rojek C., y J. Urry (eds.) *Touring Cultures*, (Londres: Routledge, 1997.

de hablarse del nómada o del turista, estas metáforas fueran recodifica-
das a través de términos como *paparazzi*, alcohólico sin techo, turista
sexual y acosador, ellas perderían la valoración positiva que típicamente
han disfrutado dentro de la corriente masculina de la teoría nómada.

Finalmente, Morris ha recomendado el uso de la metáfora del motel
para dar cuenta de la naturaleza de la vida móvil contemporánea[22]. El
motel:

- posee un vestíbulo irreal;

- está vinculado a una red de carreteras;

- está destinado más a acoger temporariamente a la gente que a pro-
    veer de alojamiento a sujetos humanos que desean permanecer
    juntos;

- está consagrado a la circulación y al movimiento;

- destruye el sentido particular de lugar y de *locale*[23].

Como afirma la autora, los moteles "memorializan solo el movimiento, la velocidad, la perpetua circulación"[24]; ellos "nunca pueden ser un
verdadero *lugar*" y cada uno se distingue del otro en "un flash empírico a
alta velocidad"[25]. El motel, como la sala de tránsito del aeropuerto, no
representa ni el arribo ni la partida, sino lo que Morris define como la
"pausa"[26].

2. ¿Qué nos motiva a viajar?, ¿qué es lo que nos lleva a otros lugares?

En *The Tourist Gaze* sostengo que la experiencia turística tiene una
naturaleza fundamentalmente visual y que el carácter cambiante de las
prácticas turísticas se relaciona con las transformaciones en las formas de
mirar de la gente y con las expectativas de lo que se espera ver [27]. Por lo
tanto, de forma sencilla, podemos afirmar que la compulsión hacia la
movilidad se relaciona con la importante difusión de diferentes miradas
turísticas.

---

[22] Véase Morris, M. "At Henry Parkes Motel", *Cultural Studies*, 2 (1988): 1-47.

[23] Consideramos que Urry alude a la idea de *locale* de Anthony Giddens. Giddens usa este
término para dar cuenta de los ámbitos físicos en que tienen lugar las relaciones sociales
(nota de las traductoras).

[24] Morris, N., "At Henry Parkes Motel", 3.

[25] Morris, N., "At Henry Parkes Motel", 5.

[26] Morris, N., "At Henry Parkes Motel", 41. Véase también Clifford, *Routes*.

[27] Urry, J., *The Tourist Gaze*, Londres: Sage, 1990.

Sin embargo, el énfasis sobre lo visual no implica que tales miradas sean "individuales". Se ha destacado la dependencia de esta mirada respecto de una variedad de discursos y prácticas sociales, incluyendo, por supuesto, aquellos discursos y prácticas de carácter fotográfico. En general, muchas de esas miradas son organizadas discursivamente por profesionales, incluyendo fotógrafos, escritores de libros de viajes y de guías, agentes de viaje, propietarios y diseñadores de hoteles, operadores turísticos, programas televisivos de viaje, entidades de desarrollo turístico, arquitectos y muchos otros.

Más aún, diferentes miradas son autorizadas por diferentes discursos. Estos discursos incluyen:

- la educación, como en el *Gran Tour* europeo;

- la salud, como en muchos planes turísticos vigentes para "restablecer" el funcionamiento saludable de los individuos;

- la solidaridad grupal, como una gran parte del turismo japonés;

- lo lúdico, como en el caso de aquello que podríamos llamar turismo liminal.

Estos distintos discursos implican diferentes tipos de sociabilidad. En *The Tourist Gaze,* distingo las miradas turísticas románticas de las colectivas.

- En la primera, el énfasis está puesto en la soledad, la privacidad y en una relación personal, semi-espiritual con el objeto de la mirada. En tales casos, el turista esperará ver el objeto privadamente y otros visitantes importunarán su consumo del objeto. La mirada romántica conduce a una interminable búsqueda de nuevos objetos para esta mirada solitaria.

- En contraposición, la mirada colectiva implica disfrute. Se necesita otra gente para crear la atmósfera o el sentido carnavalesco que distingue el lugar. La presencia de los otros indica que éste es el lugar para estar y que uno no debería estar en otro. Se precisa de otros turistas para el consumo visual colectivo de tales lugares.

Mi punto de vista aquí es que la mirada cumple un papel central en la experiencia turística y refleja, generalmente, el privilegio que se le otorga a la vista por sobre el resto de los sentidos. En la historia de las sociedades occidentales, la vista ha sido considerada como el más noble de los sentidos. Ella ha sido concebida como la mediadora, sensitiva y confiable, que permite distinguir a los humanos de su entorno físico. Este énfasis sobre la primacía de la vista se funda tanto en la epistemología como en simbolismos religiosos y de otros tipos[28].

Más aún, mientras el sentido de la vista permite la posesión y la propiedad, aquello que oímos acaba rápidamente y no provee ninguna cualidad que permita la apropiación[29]. Generalmente, el sentido visual es crucial para que las personas puedan tomar posesión, no solo de otras personas sino también de diversos objetos y del entorno, a menudo distantes. El sentido visual permite que el mundo de personas y objetos sea controlado desde puntos lejanos, combinando distanciamiento y dominio[30]. A través de la búsqueda de esa distancia se obtiene una "vista" apropiada, abstraída del ajetreo y del bullicio de la experiencia cotidiana[31].

La importancia del sentido visual de posesión se desarrolló especialmente en el siglo XIX en Europa Occidental. Asilos, hospitales, escuelas y prisiones fueron diseñados de manera tal que las autoridades respectivas pudieran supervisar a sus internos mediante diversas variantes de la visión panóptica. John Ruskin alega que la "mayor cosa que el alma humana haya hecho en este mundo es *ver* algo… Ver claramente es poesía, profecía y religión"[32]. Áreas de la naturaleza salvaje e infértil, que alguna vez fueron fuentes de miedo y terror, han sido transformadas en aquello que Raymond Williams denomina "escenografía, paisaje, imagen, aire puro", lugares que esperan el consumo visual que harán aquellos visitantes que vienen desde los lugares de la civilización industrial[33]. Los muelles, los paseos y las playas permitieron el consumo visual del mar. Más allá de las ciudades, entonces, el entorno físico pasó a ser entendido como escenarios, vistas, sensaciones perceptivas y románticas. En parte, debido a los escritos de los románticos "la naturaleza se relaciona fundamentalmente con el ocio y con el placer —con el turismo, el entretenimiento espectacular, la recreación visual"[34].

Al mismo tiempo, en el curso del siglo XIX se produce una *separación de los sentidos*, especialmente del sentido de la vista respecto de los del

---

[28] Macnaghten, P. y J. Urry, *Contested Natures*, Londres: Sage, 1998, cap. 4.

[29] Frisby, D. y M. Featherstone (eds.), *Simmel on Culture*, Londres: Sage, 1997, 116.

[30] Véase Robins, K., *Into the Image*, Londres: Routledge, 1996, 20.

[31] Véase Hibbitts, B. "Making sense of metaphors: visuality, aurality, and the reconfiguration of American legel discourse", *Cardozo Law Review*, 16 (1994): 293.

[32] Hibbits, B., "Making sense of metaphors: visuality, aurality, and the reconfiguration of American legel discourse", 257.

[33] Williams, R., " Ideas of nature". En: Benthall, J. (ed), *Ecology. The Shaping Enquiry*, Londres: Longman, 1972, 257.

[34] Green, N., *The Spectacle of Nature*, Manchester: Manchester University Press, 1990, 6. Véase Macnaghten, P., y J. Urry, *Contested Natures*, capítulo 6.

tacto, el olfato y el oído. Mediante la constitución de nuevos objetos, la autonomización de la vista hizo posible la cuantificación y la homogeneización de la experiencia visual. Nuevos objetos de lo visual comenzaron a circular, incluyendo mercaderías de todo tipo, como espejos, ventanas de vidrio, fotografías y postales. Estos objetos desplegaron un encantamiento visual en el que lo mágico y lo espiritual fueron desplazados por las apariencias visuales y los rasgos superficiales, y las emergentes ciudades mostraron las masas de consumidores viéndose a sí mismas –de manera narcisista– reflejadas o capturadas en las nuevas tecnologías visuales[35].

En este proceso, la fotografía ha sido enormemente relevante para la democratización de varios tipos de experiencia humana, particularmente la de la movilidad de las personas y de los objetos. Como dice Barthes, la fotografía destaca todo lo fotografiado[36]. También ella ha dado forma a los procesos de desplazamiento, de manera tal que el viaje de uno consiste en ser trasladado a "una buena vista", a capturar en una película, para luego pasar a otras[37]. Las cámaras y los filmes contribuyen a definir la naturaleza del viaje, a transformar los sitios en puntos de interés turístico[38]; también han ayudado a construir una idea –propia del siglo XX– de qué es aquello que vale la pena ir a ver[39]. Gregory[40] describe la *kodakización* de Egipto hacia fines del siglo XIX, por la cual ese país pasa a ser construido como un lugar de visibilidad a través de un guión que destaca escenas teatrales, múltiples y enmarcadas, configuradas para la erudición, el entretenimiento y el consumo visual de los visitantes "europeos". Esto produce el "nuevo Egipto", el del Canal de Suez, el de "el París en el Nilo", el de Thomas Cook e hijos, el del "antiguo Egipto" purificado, el del "otro" exótico oriental, y el de los puntos de vista panorámicos.

La fotografía despliega una estética particular que excluye a la vez que incluye. Por ejemplo, raramente se ven postales o fotografías de turistas que retraten "paisajes" de desperdicios, de enfermedades, de pobreza, de aguas pútridas y despojos[41]. Las concepciones de paisaje habitualmente

---

[35] Slater, D., "Photography and modern vision: the spectacle of 'natural magic'". En: Jenks, C. (ed.), *Visual Culture*, Londres: Routledge, 1995

[36] Barthes, R., *Camera Lucida*, Nueva York: Hill and Wang, 1981, 34.

[37] Urry, J., *The Tourist Gaze* 137-140.

[38] *Sights* en inglés (nota de las traductoras).

[39] Véase Crawshaw, C. y J. Urry, "Tourism and the photographic eye". En: C. Rojek y J. Urry (eds.) *Touring Cultures*, Londres: Routledge, 1997.

[40] Gregory, D., "Scripting Egypt: Orientalism and the cultures of travel". En: J. Duncan y D. Gregory (eds.) *Writes of Passage*, Londres: Routledge, 1998.

[41] Crawshaw C., y J. Urry, "Tourism and the photographic eye", Taylor, J., *A Dream of England*, Manchester: Manchester University Press, 1994; Parr, M. *Boring Postcards*, Londres: Phaidon Press, 1999.

implican una noción de "dominio"[42]. El fotógrafo, y por tanto el que ve, es concebido situándose "arriba", en una posición dominante sobre un paisaje estático y subordinado que reposa debajo de nosotros, de forma inerte, invitándonos a inspeccionarlo. Tales prácticas fotográficas demuestran cómo el entorno debe ser visto, dominado por los humanos y transformado en sujeto de su dominio posesivo.

Hasta aquí he hablado del dominio de lo visual. Sin embargo, lo visual es, a menudo, denigrado por los discursos referidos al viaje. En cierto sentido, nosotros vivimos en una sociedad del espectáculo; existen muchas maneras a través de las cuales la mayor parte de los ambientes han sido transformados en espectáculos diversos y coleccionables[43]. Pero simultáneamente se observa una denigración del simple observador de puntos de interés turístico o del turista que se dirige a estos medios inventados[44]. Las personas que solo dan rienda suelta al sentido de la vista son ridiculizadas; son consideradas superficiales en su apreciación del medio, de las personas y de los lugares y, frecuentemente, se sienten avergonzadas por esta práctica. La vista no es considerada como el más noble de los sentidos sino como el más superficial, interponiéndose en el camino de las experiencias reales que deberían involucrar otros sentidos y que necesitarían más tiempo para lograr una inmersión en el sitio de interés turístico.

Wordsworth afirma que el Lake District necesita una mirada diferente, que no se vea amenazada y atemorizada por una naturaleza relativamente salvaje e indómita; ella requiere "un proceso cultural lento y gradual"[45]. De manera similar Ruskin señala cómo las nuevas sensibilidades de la ciudad socavan ciertos rasgos de la imaginación de los artistas y de su habilidad para recorrer el conjunto de tesoros depositados en su memoria[46]. El contraste entre la pintura y la fotografía es particularmente llamativo; esta última carece de la infinita riqueza y complejidad de la primera. De forma generalizada, la vida en las ciudades del siglo XIX entrenó el ojo para anticipar lo imprevisto y así destruir la habilidad "para interesarse en la riqueza infinita ofrecida tanto por el arte como por

---

[42] Taylor, J., *A Dream of England*, 38-39.

[43] Véase Debord, G., *Society of the Spectacle*, Nueva York: Zone Books, 1994.

[44] Sobre la historia de estos discursos organizados en torno a esta distinción entre turista y viajero, véase Buzard, J., *The Beaten Track*, Oxford: Clarendon Press, 1993.

[45] Wordsworth, W., *The Illustrated Wordsworth's Guide to the Lakes* (ed. Peter Bicknell). Londres: Book Club Associates, 1984, 193.

[46] Véase Wheeler, M. (ed.), *Ruskin and the Environment*, Manchester: Manchester University Press, 1995.

la naturaleza"[47]. La ciudad bombardea el ojo con publicidades pero, en realidad, no ofrece nada digno de ser visto. Hay una suerte de pobreza de la imaginación de la ciudad, y un contraste entre aquellos edificios urbanos y la "gracia de la naturaleza". Según Ruskin, la Londres moderna nos enseña a "adorar el caos"; ello contrasta con el hecho de que, en el mundo natural, el ojo está en perfecto reposo en medio de la profusión[48].

Esta crítica al turista que recorre puntos de interés es llevada al extremo por los análisis sobre lo "hiperreal", es decir, sobre aquellos lugares diseñados como simulaciones, que tienen la apariencia de ser más "reales" que el original[49]. En estos lugares el sentido de la vista se focaliza en un conjunto restringido de rasgos, es exagerado y pasa a dominar los otros sentidos. Los lugares hiperreales se caracterizan por una superficialidad y, de ningún modo, pretenden acoger o brindar respuestas a los visitantes. El sentido de la vista es seducido por los aspectos más inmediatos y perceptibles de la escena, como es el caso de las fachadas de Main Street en Disneylandia.

3. ¿Por qué puede decirse que no solo viajan las personas sino también las culturas?

Voy a comenzar aquí con la introducción del libro de Cora[50] Kaplan, *Questions of travel* [51]. Para ella el viaje fue "inevitable, incuestionado y siempre necesario por razones familiares, amorosas, de amistad, así como de trabajo"[52], ya que su extendida "familia" se encuentra diseminada en varios continentes y en distintos puntos de los Estados Unidos. La autora afirma que ella "nació en una *cultura* para la cual los beneficios nacionales del viajar eran evidentes"; esta cultura también suponía que "los ciudadanos americanos [podrían] viajar a donde quisieran"[53]. Desde otro lugar, Prato y Trivero describen al "transporte" como la actividad primaria de la existencia, lo cual ya no es más una metáfora del progreso en la

---

[47] Citado en Mallett, P., "The city and the self". En: Wheeler, M. (ed.), *Ruskin and the Environment*, Manchester: Manchester University Press, 1995, 54; a su vez se pueden notar similitudes con el análisis que Simmel realiza sobre la actitud de indiferencia.

[48] Citado en Mallett, P., "The city and the self", 57.

[49] Baudrillard, J., *For a Critique of the Economy of the Sign*, San Luis: Telos. 1981; Eco, U., *Travels in Hyper-Reality*, Londres: Picador. 1986.

[50] *Sic*, debería decir Caren Kaplan (nota de las traductoras).

[51] Kaplan, C., *Questions of Travel*.

[52] Kaplan, C., *Questions of Travel*, IX.

[53] Kaplan, C., *Questions of Travel*, IX.

medida que afecta la organización de los hogares[54]. Si estos están siempre en movimiento, la distinción entre el estar en el hogar y el estar fuera de él, entonces, pierde su poder organizacional e ideológico. La cultura implica y necesita formas diversas y extendidas de movilidad.

En el planteo de Kaplan también está implícita la idea de que uno tiene el derecho de viajar; el viajar debería ser una parte esencial de la vida, un derecho humano fundamental. ¿Se han vuelto tan móviles las culturas que los ciudadanos contemporáneos (¡no solo los norteamericanos!) deberían tener el derecho de desplazarse hacia otros lugares y otras culturas?; y, además, ¿tienen estos ciudadanos móviles las correspondientes responsabilidades para con estos otros lugares y culturas? ¿El hecho que en muchas culturas el viajar aparezca como algo "siempre necesario" para la vida familiar, el ocio y la amistad, así como para el trabajo y la seguridad indica que la ciudadanía contemporánea incluye las ideas de derechos y deberes de la movilidad? Aparentemente, la movilidad se ha convertido en parte de las culturas contemporáneas.

Delinearé brevemente algunos paralelos entre el desplazamiento de las personas y las culturas. En primer lugar, las culturas no existen en estado puro, selladas de forma hermética, separadas unas de otras, con una esencia clara y distintiva. De manera particular, las culturas poscoloniales derivan, a la vez que engendran, diferentes tipos de movilidad. Estas culturas son necesariamente impuras, ya que son resultado de un conjunto particular de pueblos indígenas que los colonizadores eligieron administrar como un único territorio colonial, así como de los flujos de colonizadores que pasaron por estas "sociedades" durante el período colonial[55]. En parte como resultado de varios patrones de movilidad, estas culturas son impuras e híbridas; y, en este sentido, estas sociedades no poseen una cultura tan diferenciada de aquellas que consumen los turistas, producidas y reproducidas en virtud de sus evidentes diferencias de movilidad.

Los tipos de culturas resultantes de estas formas de movilidad son también más fragmentados, híbridos y desorganizados que lo que las descripciones convencionales han reconocido en culturas como la británica u holandesa. Aquellas culturas son impuras, aun en su arquitectura, y están siendo continuamente reinventadas. Una consecuencia de esto es

---

[54] Prato, P. y G., Trivero, "The spectacle of travel", *The Australian Journal of Cultural Studies*, 3, (1985); véase también Morris, "At Henry Parkes Motel", 1-47.

[55] Sobre el Atlántico negro ver Gilroy, P., *The Black Atlantic. Modernity and Double Consciousness*, Londres: Verso, 1993.

que la "cultura" producida y consumida por los turistas podría no ser considerada tan artificial e inventada como se ha pensado; no merecería la denigración que el turismo y la arquitectura típicamente turística reciben, dado que todas las culturas son inauténticas e inventadas. Las culturas son vueltas a fabricar a partir de los flujos de personas e imágenes que atraviesan las fronteras nacionales, ya sea a través de las prácticas ligadas al colonialismo, a la migración por motivos laborales, a los viajes individuales o al turismo masivo[56].

Por otra parte, las personas involucradas no adoptan directamente y, sin ningún tipo de ambigüedades, una cultura como tal. Conocer una cultura significa un trabajo de memoria, de interpretación y de reconstrucción; y, por encima de todo, implica siempre un viaje. Así, hubo niveles excepcionales de movilidad incluso en la "India tradicional", y dicha movilidad ha sido central para el mantenimiento de las diversas culturas de esa "sociedad" compleja[57].

Este tipo de viajes que supone el desarrollo y el sustento de la cultura puede tomar formas muy diferentes: viajar a sitios culturales sagrados (en el caso de la "cultura inglesa" al Palacio de Buckingham, a Anfield, a Albert Hall); visitar sitios que fueron centrales para la elaboración de algunos textos escritos o visuales (como la Abadía de Westminster, el Lake District y los Lake Poets o Stratford-upon-Avon); recorrer aquellos lugares donde se celebraron eventos específicos (como Hastings, el Blitz o la Guerra de las Dos Rosas); desplazarse para ver personalidades notables o sus registros documentales (el monarca, Shakespeare, los Beatles) y, finalmente, viajar para ver otras culturas con el motivo de reforzar los apegos culturales propios (el resto de Europa, las antiguas colonias que demuestran los aparentes efectos benéficos de la presencia imperial británica).

En el caso de muchas culturas, incluso de aquellas bien establecidas como la "inglesa", el viaje implica atravesar las fronteras nacionales. En realidad, para algunas culturas los lugares sagrados que deben ser visitados están localizados en diferentes "sociedades", y esto implica un trabajo mayor por reconstruir el sentido de cultura. La importancia de estos patrones de movilidad que atraviesan fronteras son más marcados en los casos de culturas que han pasado por procesos de diáspora; ello implica una reconceptualización del sentido de lo que constituye el "patrimonio" de un grupo social. Estas culturas no pueden continuar existiendo

---

[56] Gilroy, P., *The Black Atlantic. Modernity and Double Consciousness.*
[57] Edensor, T., *Tourists at the Taj*, Londres: Routledge, 1998.

sin el viaje. La importancia de estas "prácticas móviles", para el caso de la diáspora china, se evidencia claramente en el trabajo de Ong y Nonini[58].

Debido a la importancia cultural del viaje, y a los fines de reflexionar sobre la naturaleza del viaje y de los encuentros que genera, Gilroy ha elaborado la metáfora del barco. Dicha metáfora presenta el barco como un sistema micro-cultural, micro-político vivo y en movimiento[59]. Esta metáfora centra la atención en el papel clave que juegan la circulación, las intensas imágenes del mar y el complejo movimiento de artefactos y personas (especialmente los esclavos) en el desarrollo de la cultura del "Atlántico negro". Así, Gilroy resume la metáfora del barco:

> Los barcos fueron los medios vivos a través de los cuales se conectaron los puntos en el mundo atlántico. Fueron elementos móviles destinados a sostener los espacios cambiantes, intermediarios entre los espacios fijos que ellos conectaban. En consecuencia, ellos necesitan ser pensados como unidades culturales y políticas... [los barcos] fueron... una forma diferente de producción cultural[60].

---

[58] Ong, A. y D., Nonini, (eds.), *Ungrounded Empires*. Londres: Routledge, 1997.
[59] Gilroy, P., *The Black Atlantic. Modernity and Double Consciousness*, 4.
[60] Gilroy, P., *The Black Atlantic. Modernity and Double Consciousness*,16-17.

VIAJEROS Y LUGARES

Mare Occidentale: el territorio atlántico en los mapamundis del siglo XVI

Carla Lois

Introducción

Desde el descubrimiento de América y a lo largo de todo el siglo XVI, una de las principales preocupaciones de los cartógrafos en la era de los descubrimientos fue el dibujo cada vez más preciso de las costas del continente y de las islas atlánticas. Congruentemente, los estudios que se han hecho sobre los mapas de la época suelen concentrarse en los ensayos, los aciertos y los errores de los cartógrafos para diseñar las tierras nuevas (en especial, el continente americano). En ese sentido, el océano Atlántico parecía ser el espacio que se definía por la negativa: aquello que no era tierra y que quedaba entre América y Europa.

Sin embargo, en el nuevo mundo geográfico que se configuraba en el marco de la expansión ibérica, el océano Atlántico cobraba también una entidad nueva y propia. Por un lado, comenzaba a ser diseñado y recortado en los mapas del mundo, y dejaba de ser una mar océano prácticamente ilimitada, tal como había sido percibida hasta el viaje colombino. Por otro lado, el Atlántico, lejos de ser un espacio "hueco", era parte de los territorios nuevos que se estaban conquistando. Era un *espacio transitado*, un espacio que los navegantes escudriñaban agudamente, cuya travesía implicaba indagar sus corrientes, individualizar sus islas, conocer sus vientos, interpretar su fauna y domesticar su naturaleza. Y, como tal, fue objeto tanto de estudios para aprender a recorrerlo como de valoraciones simbólicas que fueron relevantes en la reorganización del imaginario geográfico de la época: en el quinientos la experiencia atlántica y americana les devolvía a los europeos una imagen, casi como un espejo, para que Europa se piense a sí misma; y así vemos que ciertas estructuras políticas, espaciales, económicas (y hasta toponímicas) europeas fueron replicadas especularmente en América.

En este trabajo proponemos explorar algunos tópicos relacionados con la representación del Atlántico en los mapamundis europeos del siglo XVI, en especial, la apertura y la clausura de su diseño, su individualización a través de la toponimia y algunos de los tópicos que lo caracterizaron en el imaginario geográfico de la época. No obstante, sabemos que sería imposible hacer un recorrido minucioso por los centenares de mapamundis del quinientos en un artículo de esta naturaleza, de modo que nos centraremos en analizar algunos aspectos que consideramos originales, claves y significativos para aproximarnos a la relación entre conocimiento geográfico, viajes y cartografía durante el siglo XVI.

De Mar Tenebroso a *Oceanus Occidentales*

Aunque las empresas de conquista que emprendieron las potencias ibéricas y la irrupción de América como una *quarta pars* fueron, sin dudas, dos procesos neurálgicos de la historia europea de ultramar, no deberíamos perder de vista que la principal motivación de los navegantes del siglo XV había sido buscar rutas marítimas alternativas hacia la India con fines comerciales; en esas circunstancias, la exploración del mar era cada vez más precisa y el mar en sí mismo merecía rigurosos análisis. Ciertamente, cuando John Parry afirma que la llamada *era de los descubrimientos* es, en rigor, el descubrimiento del mar[1] está haciendo hincapié en las preocupaciones prácticas, y en la creciente y cada vez más refinada atención que se prestó al conocimiento de los mares en los siglos XV y XVI[2].

---

[1] En su libro titulado *El descubrimiento del mar*, Parry comienza afirmando: "Todos los mares del mundo son uno solo. Con unas cuantas excepciones de escasa importancia –lagos salados más que mares–, todos están conectados unos con otros. [...] El conocimiento de que existían pasos marítimos continuos de un océano a otro en todo el mundo (me refiero al conocimiento comprobado y no a las hipótesis geográficas) fue el fruto del periodo de un siglo y pico durante el cual los europeos exploraron los mares y que en los libros de historia suele aparecer con el título de 'la edad de los grandes descubrimientos'. Hasta el último cuarto del siglo XV, la mayoría de estos pasos eran desconocidos en Europa, y algunos lo eran de forma absoluta, es decir, no solo en Europa sino en todo el mundo". Parry, John, *El descubrimiento del mar*, Barcelona: Crítica, 1989[1974], 9.

[2] Estas afirmaciones, en última instancia, también llevan a desestimar las interpretaciones retrospectivas que quieren leer esas experiencias transatlánticas como exploraciones y búsquedas eminentemente intelectuales. Jerry Brotton sostiene que el desarrollo comercial de la ruta africana a la India fue uno de los más importantes estímulos para el desarrollo de

¿Cómo se imaginaban ese mar? En ese contexto, nada parece haber refutado la noción generalizada de que había un mar abierto extensísimo que separaba Europa Occidental de las Indias asiáticas, ni siquiera algunas ideas mal y poco conocidas que circulaban en las regiones más septentrionales de Europa[3]. Esas aguas –oscuras, insondables, sin fondo, sin fin– fueron el Mar Tenebroso que el musulmán Al-Idrisi describió en el siglo XII. Pero en el despunte del siglo XVI, la experiencia de la navegación transatlántica puso en jaque a gran parte de ese tipo de ideas sobre la mar océano, y dejaba demostrado "que ay passo a nosotros a las antipodes, contra la comun opinión de filosofos", lo que significaba, ni más ni menos, que declarar "la ignorancia de la sabia antigüedad"[4].

Tal vez inducidos por la experiencia de una interminable navegación o por los relatos que pintaban la penosa y prolongada travesía, los primeros cartógrafos europeos dedicaron los nombres del actual Atlántico a hablar de su inmensidad *oceánica*. El amplio *Mar Oceanum* del mapa de Juan de la Cosa[5] (1500) abre un espacio muy sugerente y, por cierto,

---

la cartografía, dado que los mapas habrían sido una herramienta logística necesaria para la articulación de una red de territorios, puertos, bienes y personas implicados en el mundo comercial portugués del siglo XV. Brotton enfatiza sólidamente que las empresas de Enrique el Navegante estaban motorizadas por propósitos mercantiles y no por preocupaciones eruditas, aunque la historiografía portuguesa decimonónica haya preferido estereotiparlo como "el primer hombre del Renacimiento" en términos buckhardtianos. Brotton, Jerry, *Trading territories. Mapping the early modern world*, Londres: Reaktion Books, 1997.

[3] "La creencia habitual entre los autores escandinavos, que puede rastrearse hasta el geógrafo islandés del siglo XII Nikolus Saemundarson era que el Atlántico era un mar cerrado, como el Mediterráneo. Groenlandia estaba unida por un puente de tierra al continente europeo, en algún punto situado al norte de Noruega; Helluland se encontraba al sur de Groenlandia; al lado estaba Markland; y no muy lejos estaba Vinland 'que algunos piensan estaba conectado con África'. El equivalente atlántico del estrecho de Gibraltar estaba entre Markland y Vinland, en un pasadizo que lo conectaba con el gran océano que rodeaba el mundo. Con excepción del puente de tierra entre Groenlandia y Europa, que pasó a la cartografía de Europa meridional en los años 1420 por medio del cartógrafo danés Claudius Clavus, ninguna de estas ideas se conocía fuera de Escandinavia. La opinión habitual fuera de ella, empezando por el intento de Adam de Bremen en el siglo XI de dar un sentido a la información que había obtenido en la corte danesa, era que los descubrimientos vikingos en el Atlántico se referían totalmente a islas". Phillips, J. R. S., *La expansión medieval en Europa*, Madrid: Fondo de Cultura Económica, 1994, 222-3.

[4] López de Gómara, *La historia de las Indias y la Conquista de México*. Real Biblioteca del Monasterio de El Escorial, 1552: 5r y v.

[5] El marino santoñés Juan de la Cosa (1462?-1510) se desempeñó como armador, navegante y cartógrafo en la villa gaditana del Puerto de Santa María. Al servicio de la corona de Castilla participó de diversas empresas de exploración. Sólo se conserva un mapa de su autoría: el que tiene la particularidad de haber sido el primero en incorporar los descubrimientos de la empresa de las Indias como parte del registro de la experiencia propia. En este manuscrito (cuyas medidas son 96 cm x 183 cm), América –que todavía no era llamada

protagónico: ocupa casi un tercio del mapa y más de la mitad de la sección occidental; su topónimo alcanza el mismo rango (la tipografía y el tamaño) que tienen los continentes; está tachonado con pequeñas islas (más visibles por las banderas que afirman las soberanías regias que por su trazado); se lo ve atravesado por la línea meridiana de las Azores, el Ecuador y el trópico de Capricornio, además de la densa red loxodrómica y una de las ilustraciones más acabadas del mapa (la de San Cristóbal).

En otro mapa contemporáneo, el conocido como mapa de Cantino[6] (1502) se repite la leyenda *Mar Oceanum*, y en la parte norte se agrega *Oceanus Occidentalis*. Hacia la derecha del mapa se lee *Oceanus Orientalis*. Es cierto que este planisferio despliega 257 grados de longitud y el resto (103°, que equivalen casi a un tercio de la superficie terrestre) permanece en la incógnita total. Pero el uso de dos denominaciones diferentes parece sugerir que son dos océanos diferentes (de todos modos, esto no puede afirmarse a ciencia cierta, ya que el archipiélago que ocupa el norte de Sudamérica bien podría estar unido a la masa asiática, cuyo límite oriental tampoco fue definido en el mapa). Otros mapas han sido más explícitos para diferenciar el *Oceanus Occidentalis* del *Oceanus Orientalis*: es el caso del mapamundi de Waldsemüller de 1507, en el que el *Occidentales Occeanvs* separa todas las Américas de Europa y, al otro lado del mapa, aparece el *Occeanvs Orientalis Indicvs*. El mapa de Caveri (1504)[7] repite la inscripción *Oceanus Occidentalis* en la sección correspondiente al Atlántico Norte. En este mapa, este es el único cuerpo de agua distinguido por su nombre, lo que insinúa una singularidad que amerita ser destacada.

En 1511, Vesconte de Maggiolo (un cartógrafo genovés que trabajó en Nápoles en las primeras décadas del siglo XVI) hizo una serie de mapas por petición de una familia noble de Córcega. Uno de esos mapas era un mapamundi conocido hoy como "carta del Atlántico"[8], seguramente por-

---

así– está representada solo en su costa oriental, y parece "caerse del mapa", porque las tierras terminan ahí mismo donde termina el portulano, sin ninguna delimitación occidental del continente. Actualmente se expone en el Museo Naval, Madrid.

[6] Es un manuscrito coloreado, formado por tres hojas de pergamino unidas, que mide 102 cm x 218 cm. Es conocido con ese nombre porque en su reverso se lee "esta carta náutica sobre las islas recién descubiertas en la región de las Indias ha sido ofrecida al duque de Ferrara Ercole d'Este por Alberto Cantino" (citado en Nebenzhal, Kenneth, *Atlas de Colón y los grandes descubrimientos*, Madrid: Magisterio 1990, 34). Actualmente se conserva en la Biblioteca Esténse, Módena, Italia.

[7] Es un manuscrito coloreado sobre diez hojas de pergamino unidas, que miden 115 cm x 225 cm. Actualmente se conserva en la Bibliothèque Nationale (París, Francia).

[8] Es un manuscrito coloreado en cuero, realizado con la proyección cónica norpolar y atravesado por una red de paralelos y meridianos. Sus medidas son 39 x 56 cm y actualmente se conserva en la John Carter Brown Library (Providence, Estados Unidos).

que ese océano –el *Mare Oceanus*– ocupa casi la mitad del mapa. El *Mare Oceanus* es una parte de un único mar, y está conectado con el *Mare Meridionales* y con el *Mare Indicum*. En este mapa se representan Europa, África y Asia (sin su extremo oriental), *Coba*, *Isabella* y unas tierras vacías (*Terra trovata par Colombo par Rei de Spania* y *Terra de Corte Reale, al Rey de Portugall*, entre otras) cuyos límites quedan fuera del mapa. Nos interesan tres aspectos de este mapa: la apertura clara y amplia del océano Atlántico, la ausencia de islas (que se agrupan frente a las costas africanas y a las grandes Antillas, pero dejan libre la inmensidad del Mar Océano) y la ilustración de tres barcos en el *Mare Meridionalis*, por debajo de la línea equinoccial, cuyas velas hinchadas sugieren que se desplazan hacia el Atlántico. Esas tierras descubiertas parecen insertarse en el extremo asiático (por cierto, ninguno de los continentes tiene nombre): mientras que la existencia de América todavía generaba dudas, la emergencia del Atlántico parece aceptada entre los cartógrafos de los primeros años del siglo XVI.

Esto no significa que hubiera un amplio consenso sobre los límites y las formas que este océano tenía. En rigor, el hecho de que varios mapas hubieran designado al Atlántico "Mar del Norte" y al Pacífico "Mar del Sur"[9] resulta, por lo menos, ambiguo si se tiene en cuenta el desarrollo longitudinal que estos océanos presentan en los respectivos mapas (recordaremos que todos los mapas mencionados están orientados con el norte en la parte superior, de modo que una diferenciación de los mares apelando a las categorías "norte" y "sur" también podría haber figurado una organización geográfica traducible en "arriba" y "abajo").

Si bien el Atlántico fue inscripto en los mapas del quinientos con diversos nombres, puede rastrearse, en este siglo, un proceso de individualización toponímica (es decir, de designación propia, independientemente del nombre asignado) en el que el Atlántico va adquiriendo forma y especificidad. Aunque algunos de los mapas más tempranos no le asignaron nombre o usaron el genérico *Mare Oceanum*, ya desde las primeras décadas del siglo aparecen también Mar del Norte y *Mare Occidentale*. Esta u otras expresiones derivadas –como *Oceanus Occidentale*– fueron el topónimo más usado para designar al Atlántico en la cartografía del periodo. Incluso, la utilización más temprana del nombre "Atlántico"

---

[9] Uno los mapas manuscritos del siglo XVI que usó estas designaciones es el de Lafreri (1556). Hacia fines del siglo XVI, e incluso durante el XVII, hubo mapas que incluyeron las inscripciones *Mar del Sur* y *Mar del Norte* con las respectivas *Pacificum Mare* y *Mare Atlanticvm* (es el caso del mapamundi *Novísima ac exactísima totius orbis terrarum* de Jodocus Hondius que abre el atlas publicado en Ámsterdam en 1634 por Henricus Hondius).

que encontramos aparece junto a la de "océano Occidental" (*Oceanvs Occidentalis sive Athlanticvs*) en el mapamundi *Typus Cosmographicus universalis*, impreso en Zurich en 1534[10].

A lo largo del siglo XVI, el topónimo Atlántico será escrito solo erráticamente en algunos mapas: si bien podemos encontrarlo en mapas relativamente tempranos, como el de Oroncio Fineo de 1536[11], vemos que hacia el final del siglo todavía no se ha consolidado como el nombre propio de esa masa oceánica. Incluso encontramos que en el Atlas de Ortelius de 1570, algunas láminas lo bautizan *Mare Atlanticvm* u *Oceanvs Atlanticvs*, pero en las hojas del mapamundi y de América perviven los nombres relativos al Mar Occidental.

Hasta aquí, hemos afirmado que el océano Atlántico se abrió en los mapas muy tempranamente e incluso alcanzó una figuración muy aproximada a la que tiene hoy en día mucho antes de que fuera efectivamente explorado en sus límites. Pero ello, sin embargo, no debe hacernos creer que tales cartógrafos hubieran sabido con certeza de qué se trataba ese *Oceanus Occidentale*, ni que la existencia y la forma del Atlántico fueran datos ampliamente conocidos y aceptados. De aquí queremos desprender un breve comentario con la intención de enfatizar que la inclusión de la nueva información geográfica traída por los navegantes en los mapas del quinientos no fue un proceso lineal ascendente, sino que tuvo muchos vaivenes. Tomamos como punto de partida que la apertura del Atlántico en los mapas fue una avanzada del conocimiento asociado a la experiencia del viaje y, en gran medida, una sospecha proféticamente cartografiada. Pero esta actitud, llamémosle laxamente *empirista*, no ha sido uniforme y excluyente en la praxis cartográfica: si bien es cierto que ha predominado en la confección de los mapas manuscritos del periodo, también es cierto que en algunos círculos más comprometidos con otras tradiciones del saber geográfico, la emergencia del Atlántico tuvo un derrotero más lento y errático. Mencionaremos un caso. Ruysch (1508) ofrece "un mapa ampliado del mundo conocido, dibujado a partir de los des-

---

[10] Se trata del mapamundi del suizo Joachim von Watt (o Joachim Vadianus), quien había estudiado en Viena y se había sumado al círculo de humanistas del emperador habsburgo Maximiliano I. Entre sus trabajos también se encuentran publicados poemas y obras de historia y teología relacionadas con la Reforma. El mapamundi mencionado (cuyas medidas son 40,5 x 31 cm) apareció en *Epitome Trium Térrea Partium Asiae Africae et Europae compendiarium* (Zurich, 1534) y es extremadamente parecido al mapamundi de Münster de 1532, aunque menos ornamentado. Véase, Wolf, Hans (editor), *America. Early maps of the New World,* Munich: Prestel, 1992, 71-72.

[11] Nos referimos al mapamundi cordiforme titulado *Recents et Integra Orbis Descriptio*, en el que el Atlántico aparece denominado *Oceanvs Atlanticvs*.

cubrimientos recientes" (así reza el título del mapa [*Universalor Cogniti Orbis Tabula Ex Recentibus Confecta Observationibus*]) incluido en la primera edición de la *Geografía* de Ptolomeo impresa con posterioridad al descubrimiento europeo de América[12]. Además de las Antillas parece haber representado solo a América del Sur (con el nombre *Terra Sancte Crucis sive Mundus Novus*). Curiosamente, usa las letras de mayor tamaño de todo el mapa para señalar el océano Índico (*Indicum Pelagus*) y no bautiza las aguas que rodean esas varias islas "nuevas". Los otros océanos parecen constituir una masa de agua indiferenciada, interrumpida por islas de diferente tamaño y conocidas de manera desigual, muy parecida a la mar océano descrita por Parry.

Dicho en otras palabras: en los mapas europeos de la primera mitad del siglo XVI, el inicio del diseño atlántico y su inscripción toponímica implicaban que esas aguas dejaban de ser una mar océano prácticamente ilimitada, tal como había sido percibida hasta el viaje colombino[13]. Pero todavía las aguas atlánticas generaban más preguntas que respuestas, más incertidumbres que certezas.

Islas y monstruos

Dos elementos caracterizaron el imaginario europeo sobre el Atlántico en el siglo XV: la abundancia de islas y la existencia de monstruos marinos. Ambos elementos representaron la tensión inherente a la experiencia de la navegación ultramarina del siglo XV: las islas alentaban la posibilidad de atravesar las aguas ofreciendo amparo a los intrépidos marineros; los monstruos recordaban cuán temeraria era esa aventura. La literatura medieval y los "descubrimientos" de las islas atlánticas que los portugueses hicieron en el quiniento animaron esas imágenes del Atlántico.

Las islas, se sabe, fueron protagonistas de muchas leyendas que circulaban ávidamente entre los navegantes. Como lugar mítico, la isla tenía la virtud de condensar muchos atractivos para los espíritus inquietos: la aventura de la búsqueda y la conquista, la experiencia del viaje, el aislamiento y la lejanía, y la dificultad de su localización de manera certera.

---

[12] Se trata de un mapamundi impreso que ha sido incluido en diversas obras (algunas de ellas se conservan en la Harvard College Library, en la Biblioteca del Congreso en Washington y en la Arthur Holzheimer Collection).

[13] Sobre la percepción y la representación de la mar océano en Europa en tiempos precolombinos, véase Corbain y Richard (editores), *La mer. Terreur et fascination*, París: Bibliothèque Nationale de France - Seuil, 2004. En particular los capítulos: Danielle Lecoq "Des eaux primitives à l'océan infranchissable"; Christiane Deluz, "La mer, infranchissable" ; y Hélène Richard, "La mer, sans fond?"

Y, como si ello no fuera suficiente, la existencia de islas atlánticas significaba la posibilidad de dar la vuelta al mundo sobre un barco. La tradición oral y algunos libros de viajes inspiraron a varios cartógrafos, quienes incluyeron islas reales y fantasiosas en sus mapas: hoy podemos distinguir que los navegantes *conocían* Islandia o las Canarias y que *imaginaban* las islas de Brasil o San Brandán[14]; pero hacia principios del siglo XVI, las noticias que circulaban sobre todas esas islas no permitían establecer esa diferenciación entre verdadero y ficticio, y, acaso, establecerla no estuviera entre los principales objetivos de la gente de la época (por cierto, la navegación transoceánica alteraría, necesariamente, estos modos de concebir la geografía y, en términos generales, de pensar el conocimiento moderno a lo largo del siglo XVI)[15].

En la *Carta portulano del Mediterráneo y de las costas atlánticas de Europa y África* de Juan Vespucci,[16] aparecen doce rosas de los vientos de ocho puntas cada una y treinta rumbos, seis de las cuales se emplazan sobre el Atlántico. El diseño de las costas africanas es incompleto, lo que revela un estilo de escritura que discrimina la geografía "verificada" en la experiencia: la interrupción de la línea de costa no solo significa que se trata de una zona desconocida ("no vista"), sino que también es una afirmación de autoridad sobre aquello que sí se dibuja. Las seis rosas de los vientos y las dos escalas de longitudes alojadas en el Atlántico parecen insistir en el asunto de la navegabilidad transatlántica. Sin embargo, encontramos que aun en este tipo de mapas náuticos hay huellas de un islario que todavía es ambiguo respecto de lo que hoy podríamos llamar "existencia real": en el Atlántico del mapa de Juan Vespucci se asienta la mítica isla de Brasil.

---

[14] Brasil y San Brandán son dos de las islas legendarias del Atlántico, que aparecieron recurrentemente en la cartografía desde el siglo XIV. Véase, Vigneras, Louis André, "La búsqueda del Paraíso y las legendarias islas del Atlántico", *Cuadernos Colombinos*, 6. (1976).

[15] Aunque pensando en otros problemas, Juan Pimentel ha estudiado la relación entre viajes y literatura, y relacionado con ello, la cuestión de la verosimilitud en los modos de producción de conocimiento en la modernidad. En particular, nos interesan sus palabras sobre el empirismo moderno: "Si hubo algo que realmente distinguió a los modernos de los antiguos fue su declaración programática de hacer conocimiento no desde el testimonio de los hombres, sino desde las evidencias del mundo, desde los hechos y no desde las palabras. No es casual que ello coincidiera con el descubrimiento del Nuevo Mundo y el ensanchamiento del horizonte, con la avalancha de nuevos hechos que dieron al traste con los viejos sistemas ptolemeaico y aristotélico". Pimentel, Juan, *Testigos del mundo. Ciencia, literatura y viajes en la Ilustración*, Madrid: Marcial Pons, 2003, 49.

[16] AGI, MP-Europa_Africa, 125. Hay dos escalas de longitudes sobre el Atlántico, en rojo y azul; al lado de la más meridional se lee: "[rúbrica] Joan Vespuchi, piloto de su Alteza, me fecit en Sevilla, anno de 1520".

Más ampliamente, las islas son el tópico central de un género de literatura geográfica: los islarios. Uno de ellos, el de Benedetto Bordone[17], comienza su descripción por las islas del *Occeano Occidentale*. Llama la atención una anotación marginal que se lee en la parte del índice correspondiente a las islas de este océano, donde acota *"queste tutte son per leuante alla Spagnola"*. Este gesto de prudencia parece hablar de un océano en expansión, que podría aportar más islas al poniente de la Española (recordemos que esta edición es de 1528). En la introducción Bordone apunta que su obra actualiza los conocimientos sobre las islas: indica los nombres antiguos junto a los modernos y también incluye las islas recientemente encontradas de las que no se tenía noticias porque anteriormente *"le lor nauigationi nõ inuestigorono piu oltre che quello che da gli loro antichi ritrouorono scritto"* (Bordone, 1528: 2). Efectivamente, la experiencia atlántica del quinientos tiene que haber reactualizado el interés por los islarios. En rigor, no es casual que otro de los más célebres islarios sea el que hizo Alonso de Santa Cruz (1505-1567), "cosmógrafo de hacer cartas y fabricar instrumentos para la navegación" en la Casa de la Contratación de Sevilla. En esta obra, titulada *Islario general de todas las islas del mundo*, Santa Cruz se ocupa del conjunto islas ("que no son otra cosa que cierta parte de tierra cercada por todas partes de agua, principalmente de la mar"[18]), isletas o peñascos, y otras "que del todo no están cercada de mar, a que los latinos llaman *penínsulas*, que en castellano suena casi islas" (p. 288). Santa Cruz plantea que su Islario es una obra que reúne la cosmografía, la geografía y la corografía[19], por lo que los textos descriptivos se

---

[17] El título completo es *Libro di Benedetto Bordone / Nel qual si raciona di tutte l'isole del mondo con li lor nomi antichi & moderni, historie, fauole, & modi del loro uiuere, & in qual parallelo & clima giacciono.* La edición consultada es la veneciana de 1528. Biblioteca Capitular y Colombina (Sevilla, España), 2-5-5.

[18] Esta y todas las citas del *Islario…* corresponden a la edición de Mariano Cuesta Domingo. Santa Cruz, Alonso de Ca 1542, *Islario general de todas las islas del mundo*. Edición de Mariano Cuesta Domingo, *Alonso de Santa Cruz y su obra cosmográfica*. Tomo I y II, Madrid: CSIC. El extracto citado, en página 287.

[19] Dice Alonso de Santa Cruz: "Cosmografía, que quiere tanto decir como descripción del mundo, porque grafía es lo mismo que pintura y cosmos que mundo, y así trata esta ciencia de la descripción del mundo superior e inferior […]. Geografía vale tanto como descripción o pintura de la tierra, porque geos quiere decir tierra y grafía descripción o pintura, porque en ella se trata de la correspondencia que tienen las partes del cielo a las de la tierra, poniendo los grados de altura y su mayor y menor día con otras muchas particularidades. Corografía quiere tanto decir como particular descripción de alguna provincia o parte de la tierra, no teniendo en respecto a la del cielo, como si quisiésemos hacer la pintura de Francia o de España do[nde] se pusiesen todos los lugares y ríos y montes que en ellas hay, cada cosa en su proporción y como en ella están. […] Podríamos añadir otro término, a

alían con láminas cartográficas (según palabras del propio autor, "grafía es lo mismo que pintura"), en las que encontramos un extenso y exhaustivo inventario isleño. Y, en tanto nos ha advertido que "la materia de la geografía consiste en la cantidad o medida de los lugares", no resulta asombroso que en sus mapas corográficos o regionales, las islas aparezcan alineadas, es decir, repitiendo un patrón estético que no está vinculado con la posición geográfica "real" de las islas y que parece un inventario sin pretensiones de estricta georeferenciación.

Algunas de las islas menos conocidas, e incluso algunas de las islas inventadas, fueron refugio de seres monstruosos y maravillosos. La creación imaginaria de estos seres no era solo una cuestión de tradiciones de los viajeros temerarios, sino que, en buena medida, también se alimentaba de algunas afirmaciones de autores clásicos y contemporáneos sobre el clima y sobre la habitabilidad de las zonas tórridas, ya que "para los autores medievales (como para los del siglo XVI), el clima no solamente ejerce una influencia sobre el físico o la moral de los hombres: los *produce*, los forma a su imagen"[20]. Ello es particularmente reconocible en los interiores de Sudamérica, en la recurrente representación figurativa o toponímica de caníbales, amazonas y patagones[21].

Mucho se ha insistido en que, durante el siglo XVI, los monstruos se desplazaban sigilosamente hacia los márgenes del mapa, arrinconándose en aquellos lugares que no habían sido visitados por viajeros europeos[22].

---

que llamamos topografía, que es la pintura muy precisa de alguna cosa, y de ésta usa más el pintor, queriendo pintar una ciudad que el propio con todas las particularidades que dentro y fuera de ella están, poniéndoles sus colores para que mejor se entiendan".Santa Cruz, Alonso de Ca 1542, *Islario general de todas las islas del mundo*, 288.

[20] La existencia de zonas lejanas con climas diferentes al europeo y las dudas que existían sobre su habitabilidad favorecieron el establecimiento de relaciones causales entre clima y monstruosidad, especialmente en el tardío medioevo. Más adelante, la diversidad climática seguiría inspirando la creación de razas monstruosas como un modo de restablecer todos los eslabones de las cadenas de la Naturaleza Veáse, Kappler, Claude (1980), *Monstruos, demonios y maravillas a fines de la Edad Media*, Madrid: AKAL, [1980]1986, 40- 45.

[21] Los caníbales, las amazonas y los patagones son tópicos de la cartografía del periodo. A modo ilustrativo, mencionamos algunos de los cartógrafos que los han incluido en sus mapas: Martin Waldsemüller (1516), Diego Ribero (1529), Münster (1532 y 1552), Diogo Homen (1558). En el mapamundi *Typus Cosmographicus Universalis*, la obra de Sébastian Münster (junto a S. Grynaeus y H. Hoblein, 1532), se incluyó una escena de canibalismo en la esquina inferior izquierda (fuera del cuadro del mapa), donde puede apreciarse a dos hombres seccionando un cuerpo a hachazos y a un tercero asando parte de un cadáver, en tanto los tres aparecen rodeados de cuerpos mutilados. Valga remarcar que en ese mapa, los interiores de los continentes están vacíos y todas las figuras se incluyeron fuera del cuadro *strictu sensu* cartográfico.

[22] Broc, Numa, *La géographie de la Renaissance*, París: Biblitheque National, 1976. Livingstone, David, *The Geographical Tradition*, Oxford: Blackwell, 1992.

Pero ¿no estuvieron siempre en los márgenes, en los márgenes del saber, en los márgenes de la experiencia, en los márgenes de lo reconocible?[23] ¿No es esa localización una forma de situar y asimilar la alteridad? Sin embargo, no vamos a detenernos en el ya muy transitado análisis de la relación entre monstruos y alteridad[24]. Más bien preferimos enfatizar que los monstruos que aparecieron en los mapas contribuyeron a ofrecer una imagen del mundo congruente con los esquemas intelectuales, religiosos y cosmográficos de la época y, en ese sentido, ocuparon en los mapas un lugar análogo al que tenían en esos esquemas. Es bien sabido que la lejanía garantizaba la distancia necesaria para la creación de seres maravillosos, cuya existencia permitía reconstituir simetrías morales y geográficas, así como ordenar la naturaleza y explicar la creación divina en su conjunto. Entonces no sorprende que hacia fines del siglo XVI los monstruos pervivieran en lugares temidos por los navegantes o remotamente conocidos. Eso hizo que los océanos, y el océano Atlántico en particular, sean el lugar preferido para alojarlos. A veces lo hicieron atemorizando a los barcos que osaban transitarlo, como puede verse en la lámina de África del Atlas de Ortelius en su primera edición (1570)[25]. Otras veces, se mostraron domesticados por el poder de los hombres, como se aprecia sobre el *Oceanvs Occidentale* en el grandicoluente tapiz que cartografía la escena del viaje de Barcelona a Túnez bajo órdenes de Carlos V que se exhibe en los Reales Alcázares de Sevilla. En general, los seres monstruosos del Atlántico fueron animales marinos, gigantes (una cualidad que solía estar asociada a la ferocidad), en ocasiones podían reforzar esa noción de gigantismo con la duplicación de algún miembro o cualidad física[26]. En los mapas del quinientos, las figuras monstruosas con rasgos

---

[23] Una parte importante de la producción cartográfica del quinientos, aquella vinculada a las empresas de navegación, parece haberse mantenido ajena a la imaginería monstruosa. Los tardíos portulanos así como las posibles copias del Padrón Real de la Casa de Contratación de Sevilla han sido reticentes en la inclusión de especies monstruosas. Dado que parecen haber predominado en mapas y libros impresos, así como en manuscritos ricamente iluminados, podemos sugerir –sin pretensión de establecer una regla– que la inscripción de monstruos y seres maravillosos prevaleció más en los géneros más artísticos y comerciales que en las obras de pretendida utilidad instrumental.

[24] Este tema ha sido muy bien tratado por diversos estudiosos. Véase especialmente, Kappler, Claude *Monstruos, demonios y maravillas a fines de la Edad Media*.

[25] En las láminas generales de los continentes del Atlas de Ortelius, la única que incluye monstruos es la de África: el título del mapa es "*Africae tabvla Nova*"; debajo de "*Oceanvs Atlanticvs*" [sobre el trópico de Cáncer] hay un monstruoso pez espada; abajo dice "Mar del Norte", debajo del Ecuador dice "*Oceanvs Lethio*". Hay un monstruo frente al "Río de la Plata, *id est argenteus fluvius*".

[26] Es el caso del ballenáceo gigante que echa agua desde dos chimeneas en la lámina "*Indiae Orientalis, Insvlarrvmque Adiacientivm Typus*" del Atlas de Ortelius (1570).

antropomórficos e incluso las sirenas parecen haber preferido otros mares (el Tirreno, el océano Oriental, también el Mediterráneo) antes que el Atlántico.

Pero también hubo monstruos que fueron incluidos en los mapas por razones de índole estética: algunos de los más refinados mapas manuscritos de la época se esmeraron mucho en el diseño actualizado de las costas, pero llenaron los interiores con finas iluminaciones que estaban ancladas en estereotipos: castillos y murallas para las ciudades europeas, banderas para los puertos, dunas para el África sahariana, hombres negros y desnudos en el corazón africano, príncipes con turbantes en Asia, algunos animales... y diversos monstruos y seres maravillosos en los confines de lo imaginable[27]. Y en muchos atlas impresos los seres maravillosos y monstruosos decoraron los marcos, las viñetas laterales y las diversas inscripciones. También han adornado las cartelas en las que se escribía el título de cada mapa, en especial, en las láminas correspondientes a las tierras lejanas (en claro contraste con las de los reinos europeos, para cuya ornamentación se recurría a figuras clásicas).

En resumidas cuentas, las islas y los monstruos fueron acomodados según el conocimiento que circulaba sobre ciertos lugares y, también, según la forma en que se experimentó ese conocimiento de tierras y aguas lejanas. Ni las tierras imaginarias ni los personajes míticos o monstruosos tuvieron una localización fija en los mapas[28]: sin dudas, su inclusión

---

[27] Esto no parece hacer sido una particularidad demasiado original de las sociedades europeas. Kappler afirma: "si nosotros hemos imaginado en los confines orientales del mundo una numerosa familia de monstruos, los asiáticos nos han devuelto el favor, y a su vez han poblado de monstruos el extremo occidental de la tierra, el nuestro. [...] Los lugares aislados, los desiertos y las montañas son también lugares favoritos para lo imaginario" (Kappler, C., *Monstruos, demonios y maravillas a fines de la Edad Media*, 39). Entre los mapas manuscritos finamente ilustrados que incluyeron este tipo de figuraciones destacamos el muy citado mapamundi de Juan de la Cosa (1500), que incluyó a Gog y Magog en el noreste de Asia. Para remarcar que la inclusión de imágenes podía estar vinculada a la participación de ilustradores o iluminadores y no necesariamente a la intencionalidad del cartógrafo, valga citar a varios autores. Véase Zumthor, Paul, *La medida del mundo. Representación del espacio en la Edad Media*, Madrid: Cátedra. 1994, 327; Jacob, Christian, *L'empire des cartes. Approche théorique de la cartographie à travers l'historie*, París: Albin Michel, 1992, 318 comentan la anécdota del mercader toscano que, al encargar cuatro mapamundis a un cartógrafo de Barcelona, se preocupó por hacer constar en el contrato que el trabajo final estaría ilustrado con ciento sesenta y cinco personajes y animales, veinticinco navíos, cien peces, ciento cuarenta árboles y trescientas cuarenta banderas.

[28] Uno de los casos de "migración cartográfica" más conocidos es el del preste Juan: hacia 1122 aparece en el Oriente cristiano (como emperador de Nubia, al sur de Egipto; por ese entonces negro); en el siglo XIII habitaba el noreste asiático; y en el siglo XV se ubicaba en el corazón del África negra, a veces como soberano de Etiopía (así aparece en el mapa de Angelino Dulcert en 1339, aunque ya entonces era una persona blanca).

estuvo más ligada a la construcción de geografías imaginarias (no el sentido de irreales sino en el que le da Said a esos términos[29]) que a la ordenación de un inventario georeferenciado.

¿Uno o varios Atlánticos?

En su clásico libro sobre el Mediterráneo, Fernand Braudel aporta una sugerente mirada sobre el Atlántico del siglo XVI: "El Atlántico del siglo XVI es la asociación y la coexistencia más o menos perfecta de diferentes espacios parcialmente autónomos. Existe el océano transversal de los ingleses y los franceses; el Gulf Stream, con sus rutas sembradas de tempestades, es su eje habitual, y Terranova la primera línea costera. El Atlántico de los españoles es una elipse de la que Sevilla, las Canarias, las Antillas y las Azores marcan el trazado, siendo a la vez puertos de arribada y sus fuerzas motrices. El Atlántico de los portugueses es ese inmenso triángulo del océano central y austral: el primer lado va de Lisboa a Brasil; el segundo, del Brasil al cabo de Buena Esperanza; el tercero es esa línea que siguen los veleros en su viaje de vuelta de las Indias, de Santa Elena a lo largo de la costa africana"[30]. En los mapas del mismo periodo, por el contrario, una de las características más destacadas es la aparición y la consolidación del océano Atlántico como un espacio único y monolítico: mientras la entidad de la *quarta pars* comienza a recortarse lentamente en un nuevo mapamundi, comienzan a tomar cuerpo las dos grandes masas de agua que la rodean. Incluso en los mapas más tempranos.

En el mencionado mapa de Juan de la Cosa, se abre un nuevo espacio marítimo que cobra una nueva entidad autónoma, longitudinal, compacta. Tal vez un poco opacado por la imponente y sugestiva mancha verdosa del continente nuevo (al menos desde las lecturas que se hicieron de él), el *Mare Occidentale* aparece surcado por una intensa red loxodrómica que lo atraviesa en todas direcciones, es un espacio que puede ser explorado. Además aloja dos rosas de los vientos y una de las figuras más finamente trabajada de todo el mapa que, en tanto parece homena-

---

[29] Nos referiremos a las geografías imaginarias en los términos que Edward Said utilizó en *Orientalismo*: "La práctica universal de establecer en la mente un espacio familiar que es 'nuestro' y un espacio no familiar que es el 'suyo' es una manera de hacer distinciones que *pueden ser* totalmente arbitrarias. Utilizo la palabra 'arbitrario' porque la geografía imaginaria que distingue entre 'nuestro territorio y el territorio de los bárbaros' no requiere que los bárbaros reconozcan esta distinción", Said, Edward, *Orientalismo*, Madrid: Debate, 1978 [2002], 87.

[30] Braudel, Fernand *El Mediterráneo y el mundo mediterráneo en la época de Felipe II*, México: Fondo de Cultura Económica, 1992[1949], 295.

jear al controvertido Cristóbal Colón[31], también vuelve sobre la experiencia de la navegabilidad atlántica.

Evidentemente fue el desarrollo longitudinal de América, extendido casi de polo a polo, lo que terminó de recortar la individualidad del Atlántico y clausurar sus límites. Uno de los primeros mapas que ha estampado esta configuración es el célebre mapamundi de Waldseemüller. Además, un océano diferente separa América[32] de Asia y, así, reafirma —casi a la manera de un presagio— que se trata de dos *pars* diferentes (recordemos que el océano Pacífico sería avistado por un europeo sólo en 1513).

En muchos mapas ibéricos, la unidad geográfica del Atlántico aparece partida según criterios diplomáticos para incluir la línea del tratado de Tordesillas. En algunos de ellos, se indicaba el nombre del océano y de algunos mares. Por ejemplo, en el mapa de Diego Ribero (1529), una línea meridiana al oeste de las islas Canarias, indica *Mare Ethiopicum* (al este) y *Oceanus Occidentalis* (al oeste). Sin embargo, esto no parece cuestionar la unidad de las aguas atlánticas. Por el contrario, esa unidad parece reafirmarse con la recurrente ubicación de las tierras americanas, que, separadas de Asia, terminaban de *clausurar* el diseño atlántico: en la mayoría de los mapamundis, el Atlántico es un océano longitudinal que queda emplazado entre dos masas de tierras, ya no en el borde del mapa.

Este desplazamiento del océano Atlántico desde el borde del mapa hacia el centro —a la izquierda, América; a la derecha, Europa— parece estar conectado a la configuración de una nueva idea acerca de la dicotomía Oriente-Occidente. Cuando Martín Fernández de Enciso organiza la nueva geografía del mundo en su *Suma de Geographia*[33] (publicada en Se-

---

[31] Se trata de una "cartela policromada que ocupa el centro occidental. Figura en ella el Xpo Ferens, la imagen del llevador o portador de Cristo, y no significa otra cosa que el nombre de Cristóbal o el bautismal de Colón", Melón, Armando, "Del portulano de Juan de la Cosa a la carta plana de Martín Fernández de Enciso", *Revista de Indias*, 42, 1950, 814. Martín-Merás agrega que esa representación de San Cristóbal es especialmente relevante, ya que por entonces, la imagen religiosa más utilizada era la de la Virgen o el Cristo crucificado, y que en este mapa, la figura de San Cristóbal ocupa un lugar central y la imagen de la Virgen y el Niño fueron dispuestas en otro lugar. Véase Martín-Merás, María Luisa, "La carta de Juan de la Cosa: interpretación e historia", *Monte Buciero*, 4, Santoña, 2000, 74.

[32] Sobre América hay tres inscripciones que dan cuenta de tres aspectos singulares: una es el nombre América, cuya trascendencia ya conocemos; otra es *Terra ultra incognita*, que consigna el estado del conocimiento empírico sobre esta parte de la geografía; además, dice *Tota ista provincia inventa est per mandatum Regis Castelle*, que reafirma el dominio y las pretensiones castellanas sobre las tierras nuevas.

[33] El título completo de la obra es *Suma de Geographia de todas las partidas e provincias del mundo: en especial de las Indias*. En esta obra, Enciso incorpora, por primera vez en la

villa en español en 1519 en las prensas del famoso Jacobo Cromberger, y reimpresa en 1530 y 1546) afirma que las tierras nuevas ocupaban esas *doce horas desconocidas*, eran uno de los dos hemisferios o "partes" en que se divide el mundo: "la una oriental […] e la otra occidental"; la oriental dividida en tres partes "como los pasados la dividieron, que son Asia, África y Europa"; y la occidental dividida en dos, por un lado, las islas próximas a las Canarias y, por otro, las Indias Occidentales. En esa división en hemisferios, el Atlántico crea la diferencia, separa dos naturalezas. Es el terreno de disputas centradas en la repartición de los dominios portugueses y españoles, es el terreno donde debe materializarse la línea de Tordesillas. Pero, a lo largo del siglo, vemos que el Atlántico se constituye en un espacio de comunicación: más que separar, une (no tanto el "viejo" y el "nuevo" mundo, sino que une dos partes de un mismo mundo: el occidente cristiano). Por lo tanto, no parece casual que el Atlántico quede dispuesto casi como un eje en los mapamundis del quinientos.

Hacia fines del siglo se consagra esa nueva configuración de la geografía del mundo: los mapamundis impresos, como el de Ortelius (1570) y Mercator (1569), reproducen y ponen en circulación para un público cada vez más amplio el esquema geográfico que representa un *nuevo Occidente*, ese esquema geográfico que hoy nos resulta tan familiar, en el que el Atlántico deja enfrentadas a Europa y América.

El Atlántico como espejo

El pensamiento especular de los exploradores y los conquistadores que podemos leer en los actos de nominación constituye una de las principales estrategias cognitivas: clasificar las vivencias y las observaciones según sus semejanzas y sus diferencias respecto del universo europeo. En efecto, gran parte de la toponimia que se encuentra hoy en América reproduce e implanta la lógica metropolitana. Tal vez la toponimia haya sido el síntoma más elocuente del pensamiento especular: en los territorios descubiertos, los nombres reconstituyeron el universo religioso y político del explorador. Desde el punto de vista político, podría pensar-

---

historia, a América en la literatura geográfica impresa: este tratado general de geografía, a diferencia de las décadas y otras narrativas históricas, no tiene referencias directas a ningún viaje en particular ni se alude a ninguna cronología de descubrimientos geográficos, sino que en esta obra "todo el mundo es un dato, es el objeto del geógrafo que lo mide y lo describe". Gerbi, Antonello, *La naturaleza de las Indias nuevas. De Cristóbal Colón a Gonzalo Fernández de Oviedo*, México: Fondo de Cultura Económica, 1975, 96. Enciso afirma que acompaña su descripción con una carta plana, que no habría llegado a imprimirse.

se, incluso, que nombres tales como Nueva España, La Española, Nueva Inglaterra, Nueva Francia, Nueva Ámsterdam —y la lista es muy larga— tienen implícita una "reivindicación de anterioridad"[34].

No obstante ello, quisiéramos corrernos del lugar común que concentra el análisis de esos actos de nominación en la retórica eurocéntrica que, indudablemente, suponen. Nos interesa volver sobre ellos para conectarlos con las estrategias epistemológicas posibles dentro del horizonte intelectual hacia el cambio de siglo. Como nos muestra Michel Foucault, para el saber del siglo XVI, "el mundo está cubierto de signos que es necesario descifrar y estos signos, que revelan semejanzas y afinidades, solo son formas de la similitud. Así, pues, conocer será interpretar" y "conocer las cosas es revelar el sistema de semejanzas que las hace ser próximas y solidarias unas con otras"[35]. Mientras lo semejante era una categoría fundamental del saber, la denominación especular de la geografía cumplía, también, una función epistemológica orientada a hacer comprensible esa nueva realidad. En ese sentido, podemos pensar que el Atlántico abrió una distancia física e intelectual entre un mundo que les era conocido a los europeos y un mundo que tenían por conocer, un mundo sobre el que han proyectado su propio imaginario. Esa bisagra atlántica parece haber potenciado lo que, usando los términos de Foucault, podríamos denominar la heterotopía americana: América era un lugar, por cierto, real y material, pero al mismo tiempo era ilusorio y extraño (incomprensible) para los ojos y la imaginación europeos. En rigor, el Atlántico parece reunir las cualidades que Foucault le asigna al espejo: la comunión de la utopía y la heterotopía[36]. La utopía porque el Atlántico

---

[34] Jacob, Christian, *L'empire des cartes. Approche théorique de la cartographie à travers l'histoire*, 268.

[35] Foucault, Michel, *Las palabras y las cosas*, México: Siglo XXI, 1996[1968], 40, 49.

[36] Con la intención de clarificar esta propuesta conceptual, nos permitimos una extensa glosa de Foucault, que nos ha resultado muy iluminadora para reflexionar sobre el Atlántico como dispositivo cultural en el quinientos: "Il y a d'abord les utopies. Les utopies, ce sont les emplacements sans lieu réel. Ce sont les emplacements qui entretiennent avec l'espace réel de la société un rapport général d'analogie directe ou inversée. C'est la société elle-même perfectionnée ou c'est l'envers de la société, mais, de toute façon, ces utopies sont des espaces qui sont fondamentalement essentiellement irréels. Il y a également, et ceci probablement dans toute culture, dans toute civilisation, des lieux réels, des lieux effectifs, des lieux qui ont dessinés dans l'institution même de la société, et qui sont des sortes de contre-emplacements, sortes d'utopies effectivement réalisées dans lesquelles les emplacements réels, tous les autres emplacements réels que l'on peut trouver à l'intérieur de la culture sont à la fois représentés, contestés et inversés, des sortes de lieux qui sont hors de tous les lieux, bien que pourtant ils soient effectivement localisables. Ces lieux, parce qu'ils sont absolument autres que tous les emplacements qu'ils reflètent et dont ils parlent, je les

participa en la creación de un lugar –América– que era tan irreal o intangible como la imagen que devuelve el espejo, imaginario y apenas visto (generalmente desde las costas, desde el Atlántico), un lugar que era interpelado según protocolos culturales europeos. La heterotopía porque el Atlántico permite materializar prácticas de apropiación y ordenamiento intelectual para domesticar las incógnitas cosmográficas y culturales, para generar una ilusión (no menos material) asociada a la asignación de nombres y demarcaciones, a la reescritura de su historia, a la cristianización de las "doce horas desconocidas", a la yuxtaposición de historias, sistemas y tiempos incompatibles[37].

También el Atlántico mismo multiplicó ese juego heterotópico de espejos: si consideramos que los navegantes conocieron las rugosidades oceánicas *leyendo* las estrellas y el firmamento, podremos sugerir que el Atlántico se espejaba en el cielo. Dicho en otras palabras, la imagen del cielo le daba *visibilidad* al océano.

En suma, a partir del siglo XVI, el Atlántico parece haber orquestado un nuevo juego de espejos en el que se reflejaría la modernidad.

A modo de reflexiones finales: la configuración del mundo Atlántico

Las prácticas de nominación y la praxis cartográfica formaron parte del proceso de construcción intelectual que hicieron los europeos para imaginarse el nuevo mundo, para ordenar e inventar una nueva geografía, para darle una "tangibilidad textual"[38] a un paisaje incompresible, para apropiarse de América. Ciertamente, no se puede discutir el rol protagónico que tuvo el Atlántico en la reconfiguración de las geografías imaginarias europeas en los tiempos de la exploración y la conquista ibérica de las tierras americanas.

Después de analizar algunas dimensiones de ese protagonismo y, llegados a este punto, quisiéramos apuntar dos reflexiones finales, que todavía tienen mucho de hipótesis de trabajo. La primera de ellas se articu-

---

appellerai, par opposition aux utopies, les hétérotopies. Foucault, Michel, "Des autres espaces. Heterotopies" (conférence au Cercle d'études architecturales, 14 de marzo 1967). En *Dits et écrits* [1984], Architecture, Mouvement, Continuité, 5, octubre 1984, 46-49.

[37] Después de todo, Foucault afirmaba: "le bateau a été pour notre civilisation, depuis le XVIe siècle jusqu'à nos jours, à la fois non seulement, bien sûr, le plus grand instrument de développement économique [...], mais la plus grande réserve d'imagination. Le navire, c'est l'hétérotopie par excellence". Foucault, Michel, "Des autres espaces. Heterotopies",47.

[38] Craib, Raymond, "Cartography and power in the conquest and creation of New Spain". *Latin American Research Review*, 35, 1, 2000, 7-36.

la en torno al lugar, geográfico y metafórico, que encarna el Atlántico para Occidente desde el siglo XVI: en el quinientos, el Atlántico pasó de ser una frontera, un límite que desafiaba la imaginación europea a ser el eje axial del mundo occidental. Pasó de ser el límite entre Occidente y Oriente a ser "la columna vertebral" de Occidente. Y las cartografías del quinientos permiten avizorar ese desplazamiento, que ha cristalizado en la expresión "mundo atlántico", que remite a una fluida red de comunicaciones a uno y otro lado del océano y, sobre todo, a un horizonte cultural compartido.

La segunda de ellas pretende recuperar el rol que tuvo el Atlántico en la producción de conocimiento: no solo porque el establecimiento de derroteros transoceánicos entre Europa y América implicó el desarrollo del arte de navegar y, a su vez, llevó a formular interrogantes y a ensayar respuestas sobre las nuevas geografías del mundo; sino también porque, a partir de los diálogos que generó entre la experiencia náutica y el estudio erudito de los cielos, sintetizó, en sus albores, uno de los dilemas de la ciencia moderna, a saber, la relación entre teoría y práctica.

El diseño cartográfico y, sobre todo, la clausura del Atlántico son una señal de la captura de la finitud del mundo experimentada en el siglo XVI. Si bien es cierto que esa finitud era apenas una intuición, también es cierto que el flujo hacia ambos lados del Atlántico era auspicioso y alentador. Probablemente esta clausura fue intelectualmente admisible porque, ya bien avanzado el siglo, aparecieron nuevas e inquietantes formas de lo ilimitado, ya no inspiradas en el horizonte de un mar abierto de dimensiones incalculables, sino de la mano del teórico espacio celeste galileano. Pero los mapas que hemos recorrido en estas páginas, que ya habían separado la geografía terrestre de la geografía de los cielos, no nos llevan a transitar esa otra historia.

Paisajes de civilización y progreso. El viaje de Sarmiento a los Estados Unidos (1847)

Perla Zusman

Los paisajes y las narrativas de viajes

Los relatos de viajes acostumbran a construir representaciones sobre los sujetos, naturalezas y culturas visitadas[1]; muchas veces, aquellas son presentadas por los viajeros bajo la idea de paisaje.

Para Nicolás Cantero[2] el paisaje supone una doble aproximación a esta composición/fusión entre la naturaleza, los sujetos y las culturas. Por un lado, ella es científica, ya que describe y explica, y, por el otro, artística y estética, ya que siente y comprende. "La convergencia de razón y sentimiento, la de la explicación naturalista y de la comprensión cultural, es uno de los rasgos más sobresalientes del paisajismo moderno"[3].

Razón y emoción se combinan en la producción de las imágenes sobre Estados Unidos que nos ofrece Sarmiento a través del relato de su viaje de 1847. El objetivo de este artículo es analizar algunos de los paisajes que emanan de dicha narrativa. Ellos dan cuenta de una naturaleza y una sociedad en transformación. Un medio "virgen" ofrece las condi-

---

[1] Castro, H., *Las ventajas naturales del Noroeste. Relatos de viaje y construcción de la naturaleza en la Argentina de entre siglos*, Tesis de Maestría en Políticas Ambientales y Territoriales, Facultad de Filosofía y Letras, Universidad de Buenos Aires, 2004.

[2] Cantero, N., "Naturaleza y cultura en la visión geográfica moderna del paisaje". En: Nicolás Cantero (ed), *Naturaleza y Cultura del Paisaje*, Madrid: UAM, Fundación Duques de Soria, 2004, 9-35.

[3] Cantero, N., "Naturaleza y cultura en la visión geográfica moderna del paisaje", 16.

ciones adecuadas para la realización de una sociedad democrática e igualitaria. Sarmiento vivencia la mutación del ambiente de "desierto" en paisajes de civilización y progreso[4]. Los avances tecnológicos en materia de infraestructura y comunicación permiten la integración del país en una unidad, a la vez que aseguran la organización de pequeños poblados, centros de la vida comunitaria y garantías de la continuidad democrática. La combinación de ambientes transformados con otros "vírgenes" y sublimes forman un mosaico que hacen del paisaje de Estados Unidos un modelo a imitar. El ambiente inicial no ofrece elementos diferentes de los que Sarmiento ha encontrado en el Cono Sur, por lo tanto, la puesta en práctica de políticas semejantes a las llevadas adelante en los Estados Unidos garantizará la reproducción de estos paisajes[5] de civilización y progreso en América del Sur.

El viaje a Estados Unidos y su relato

En su primer viaje a Estados Unidos[6], Sarmiento llega a Nueva York, el 14 de setiembre de 1847 mediante el vapor Moctezuma, procedente de Liverpool, Inglaterra. En ese entonces, Nueva York era la ciudad más destacada –en términos demográficos, y de dinámica económica y cultural– de los Estados Unidos y uno de los puertos más importantes del mundo. En su viaje de cincuenta y ocho días, realizado en tren y barco, visita diez de los estados de la Unión[7] (Nueva York, Ohio, Pensilvania,

---

[4] Las ideas de civilización y progreso son asociadas directamente a la modernidad. Svampa destaca que la idea de civilización posee una doble dimensión. Por un lado, ella alude al "movimiento (...) por el cual la humanidad había salido de la barbarie original, dirigiéndose al perfeccionamiento colectivo e ininterrumpido. Por el otro, la noción apuntará a definir un 'estado' de civilización, un 'hecho actual', que era dable observar en las sociedades europeas". Svampa, M., *El dilema argentino: civilización y barbarie,* Buenos Aires: Edición El Cielo por Asalto, 1994, 17.

[5] Una exploración estética de los paisajes vivenciados por Sarmiento puede encontrarse en Graciela Silvestri, "Paisajes con figuras en mundos opuestos: relaciones entre el Río de la Plata y América del Norte en los años de conformación nacional", *Iberoamericana. America Latina-España-Portugal,* 4, 2001, 113-132.

[6] Sarmiento vuelve a Estados Unidos en 1865 como embajador argentino. Regresa a la Argentina en 1868, en oportunidad de ser elegido presidente.

[7] Jaime Pellicer detalla el recorrido realizado por Sarmiento: "Después de visitar la ciudad de Nueva York y sus alrededores, hizo una excursión a la represa del río Croton, en el condado de Westchester, por barco a la capital del estado de Nueva York, Albany, y por tren a Buffalo. De allí al río Niágara, al lago Erie y a las cataratas del Niágara. Por tren a Queenstown y en barco por el lago Ontario al río St. Lawrence. Pasó por las Thousand Islands y conoció Montreal y Québec en Canadá. De vuelta, pasó por La Prairie, lago Champlain, Troy y Boston. Esta ciudad había sido el objetivo máximo de todo su viaje. De

Massachussets, Nueva Jersey, Maryland, Tenesse, Kentucky, Mississipi, Lousiana) y las ciudades de Québec y Montreal en Canadá.

El viaje de 1847 acaba siendo para Sarmiento una especie de *Grand Tour.* Se trata de una visita incentivada por el ministro chileno Manuel Mont con un fin explícito, realizar un informe sobre el estado de la educación en otros continentes, y otro implícito: apaciguar los enfrentamientos provocados por las opiniones de Sarmiento volcadas en la prensa chilena, tanto en el nivel interno como en relación con los políticos e intelectuales de la Confederación Argentina[8]. Su paso, particularmente por Estados Unidos, acaba transformando su ideario. Se trataba de una sociedad que podía servir de modelo a otros estados nuevos que quisieran adquirir una organización democrática. A partir de aquí, Sarmiento se convierte en un admirador incondicional de este país. Si bien Estados Unidos es "una especie de disparate que choca a la primera vista i frustra la expectación pugnando contra la ideas recibidas"[9], también es el lugar "donde está ya realizada las idea que [lo] embarga"[10].

Sarmiento elije expresar sus ideas sobre los países recorridos bajo el género relato de viaje. Si bien se muestra heredero de una actividad cultivada por Chateaubriand, Lamartine, Dumas o Jaquemont, desea desprenderse del peso que significa seguir esta tradición, de aquí que escoja componer su relato a partir de cartas dirigidas a sus amigos. El género epistolar le permite dar cuenta de su forma de "pensar, a la par que se siente i de pasar de un objeto a otro [...] que tan bien cuadra con la natural variedad del viaje"[11]. Si bien la carta le parece "dúctil y elástica", el conjunto de ellas acaban constituyendo un relato de viaje, una serie de "impresiones" (término que Sarmiento considera que le queda grande) sobre los países visitados[12].

Boston a Nueva York, Baltimore, Washington, Philadelphia, Harrisburg, Pittsburg. A través del río Ohio llega a Cincinatti y por el río Mississipi a Nueva Orleáns, parando en Marieta, Louisville, Rome y Cairo. Permaneció diez días en Nueva Orleáns, mientras buscaba un barco que lo llevara a Cuba, donde encontraría cómo llegar al canal de Panamá para retornar a Chile" Ver Pellicer, Jaime O., "Los Estados Unidos en Sarmiento". En: *Domingo Faustino Sarmiento. Viajes por Europa, Africa y América (1845-1847) y Diario de Gastos.* Edición Crítica Javier Fernández (coord.), Buenos Aires: Fondo de Cultura Económica, 1993, 915.

[8] Rockland, M.A., "Introduction". *Sarmiento' s Travel in the United States in 1847,* (Nueva Jersey: Princeton University Press, 1970, 12-13.

[9] Sarmiento, D. F., *Viajes por Europa, Africa y América 1845-1847 y Diario de Gastos,* 329.

[10] Sarmiento, D. F., *Viajes por Europa, Africa y América 1845-1847 y Diario de Gastos,* 386.

[11] Sarmiento, D. F., *Viajes por Europa, Africa y América 1845-1847 y Diario de Gastos,* 386.

[12] La segunda parte del relato del viaje a Estados Unidos, denominada "Incidentes de Viaje", se estructura siguiendo el itinerario realizado.

El análisis del texto correspondiente a su visita a Estados Unidos nos deja inferir que el conocimiento empírico –a través de su viaje– y bibliográfico –mediante la lectura de textos como la *Democracia en América* (1835-1840), de Alexis de Tocqueville; *The History of the United States*, de George Bancroft (1834-1874), o *Nations of the Americans* (1828), de James Fenimore Cooper– le permite delinear un modelo de civilización y progreso, diferenciado de aquel que hasta entonces había sostenido y que encontraba en Francia su inspiración. La desilusión que le produce enfrentarse con una sociedad francesa desigual, donde algunos de sus habitantes apenas cuentan con las condiciones económicas y políticas para desempeñarse como ciudadanos, contrasta con su visión optimista del Estados Unidos gobernado por James Polk (1845-1849) en plena expansión territorial que culminará con la anexión de Texas luego de la guerra contra México (1846-1848). En realidad, Sarmiento encuentra aquí la realización efectiva del ideario de Guizot, "un pueblo en movimiento, no para cambiar de lugar, sino de estado, un pueblo cuya condición consiste en extenderse y mejorar"[13].

En este contexto, su utopismo de base saintismoniano, según el cual el progreso también supone la disminución de diferencias económicas y sociales entre los privilegiados y proletariados, será redefinido a favor de un liberalismo de corte individual. Sarmiento consideraba que en esta sociedad "cada hombre podría llegar a ser su propio patrón, y no necesitaba de falansterios, talleres, granjas comunitarias u organizaciones patrocinadas por un estado humanitario y paternalista, [...] monitor de la distribución justa de lo producido"[14].

Así Sarmiento se inscribe en la tradición de los viajeros que tejen una visión optimista de los procesos que están acaeciendo en este país, desde donde se construye "una admiración por una América progresista y democrática, por la mentalidad del *new frontier*, que continuamente es redefinida y superada en virtud de las energías morales de un *American creed* individualista, democrático, igualitario y antiestatal"[15]. Sin embargo, el futuro presidente de la Argentina observa que su lectura es diferente de la que realizan europeos como Tocqueville. De esta manera, mientras que para Tocqueville, "la observación del experimento social norteamericano siempre ha sido motivo de una interpretación reflexiva sobre

---

[13] Guizot citado en Svampa, M. *El dilema argentino: Civilización y Barbarie,* 19.

[14] Zalazar, D.E., *La evolución de las ideas de Domingo Faustino Sarmiento,* Nueva Jersey: Ed. Slusa,1986, 45.

[15] Offe, Clauss, *Autorretrato a distancia. Tocqueville, Weber y Adorno en los Estados Unidos de América,* Buenos Aires: Ed. Katz, 2006,14.

la propia identidad europea"[16], desde su perspectiva no puede confrontarse la visión de alguien que ha nacido en las "tierras bajas" con las miradas de aquellos que nacieron en "regiones demasiado altas"[17].

Sarmiento busca en Estados Unidos el modelo para idear un proyecto político para la Argentina, solo un país "nuevo" podría ser fuente inspiradora para constituir una sociedad democrática e igualitaria y vencer la "barbarie". Este proyecto político se encarna en una materialidad que Sarmiento observa en los paisajes de América Septentrional. A pesar de que muchas de sus observaciones lo perfilan como un turista en estas tierras, él no sucumbe tanto frente a las formas exóticas sino que se encanta con aquellas otras representativas de la modernidad, las vinculadas a los progresos de los medios de comunicación y las que reflejan la transformación de los paisajes "desérticos" en ambientes de civilización.

Los medios de comunicación y la espaciotemporalidad de la modernidad

Cuando Sarmiento llega a Estados Unidos, este país estaba viviendo una revolución en materia de comunicaciones. En efecto, entre 1811 y 1853 se levantó la National Road que une Maryland con el estado de Illinois. Desde el año 1823 el barco a vapor había facilitado las comunicaciones con el Oeste. Con objetivos similares se había construido el primer ferrocarril Baltimore-Ohio en el año 1828. La construcción del canal de Erie, que unió Nueva York con los Grandes Lagos en 1835, fue el desencadenante de un conjunto de obras de canalización que se llevaron adelante en otras zonas del país como el canal de Ohio, Chesapeake, el del Oeste de Massachussets y el canal de Rhode Island[18].

Sarmiento se fascina con estas innovaciones tecnológicas que facilitan la circulación de pasajeros y mercaderías, permiten la integración de la Unión y la constitución de un mercado nacional:

Inútil sería detenerse en las líneas de caminos de hierro, que completan en parte la de los lagos, o se cruzan con ellas, facilitando a cada estado, a cada ciudad i a cada aldea, las comunicaciones baratas, rápidas, diarias, fáciles, al alcance de todas las fortunas, apropiadas a todas las mercaderías. [...] Los canales han abolido casi el flete, pues apénas es

---

[16] Offe, C., *Autorretrato a distancia. Tocqueville, Weber y Adorno en los Estados Unidos de América*, 12.

[17] Sarmiento, D. F., *Viajes por Europa, Africa y América 1845-1847 y Diario de Gastos*, 7. En todas las citas se ha conservado la ortografía original.

[18] Bosch, A., *Historia de Estados Unidos (1776-1945)*, Barcelona: Ed. Crítica, 2005, 94.

sensible; i sin embargo, tal es la afluencia de productos, que estas obras producen al estado millones de renta anual[19].

A través del ferrocarril, el telégrafo, el barco a vapor y los canales, las distancias y los costos de transporte se reducen. El tiempo y el espacio de la modernidad irrumpe en forma uniforme en todos los estados de la Unión, aun en áreas de frontera.

El vapor o el convoy del ferrocarril atraviesan bosques primitivos, entre cuyas enramadas oscuras i solitarias teme el viajero meditabundo ver aparecer el último resto de las tribus salvajes que no hace diez años llamaban a aquellos parajes las cacerías de sus padres[20].

La construcción del ferrocarril sirvió para el avance de la "civilización" sobre el "desierto", a la vez que significó la transformación de la naturaleza en recurso. En un contexto de escasez de capital para invertir y de poca mano de obra, la apropiación de la tierra y el uso extensivo de los recursos naturales se convierten en la principal fuente de riqueza. Por ello, Schivelbuch sostiene: "la historia del transporte en Norteamérica, y la del ferrocarril en particular, solo puede entenderse en términos de una relación con la naturaleza de carácter inmediata, no de carácter estética sino netamente económica"[21].

Vinculado al protagonismo del ferrocarril en la apropiación de la tierra y en la expansión de Estados Unidos hacia el Oeste, se crea un imaginario que concibe a su habitante como un sujeto eminentemente móvil. En efecto, las facilidades de comunicación hacen del norteamericano un viajero nato que goza de la sensación de "ganar" el tiempo, de desplazarse rápidamente a través del espacio. La vivencia de la comprensión espacio-temporal lo lleva a sentirse incorporado a las concepciones espacio temporales hegemónicas[22]. Así "la costumbre" de viajar se torna un rasgo del ser *yankee*.

La concurrencia de pasajeros permite la baratura del pasaje; i la baratura del pasaje tienta a viajar a los que no tienen objeto preciso para ello, el yankee sale de su casa a respirar un poco de aire, a tomar un paseo, i hace de ida i vuelta cincuenta leguas en un vapor o convoy, i vuelve a continuar sus ocupaciones. [...] Un habitante de Nueva York va a Troya

---

[19] Sarmiento, D. F., *Viajes por Europa, Africa y América 1845-1847 y Diario de Gastos*, 297.

[20] Sarmiento, D. F., *Viajes por Europa, Africa y América 1845-1847 y Diario de Gastos*, 303.

[21] Schivelbusch, W., *The railway journey. The industrialization of time and space in XXth Century*, Hamburg y Nueva York: Berg Publishers, 1986, 92.

[22] "En contaposición, la lentitud se torna un signo de marginalización económica y social". Al respecto ver: Ollivro, Jean, "Les classes móviles" *L'information géographique*, 3, 2005: 32.

o Albano en la noche; habla por la mañana del día siguiente con su corresponsal, i en la tarde está en Nueva York de regreso, a vacar las ocupaciones del día, habiendo hecho en la interrupción de diez o doce horas de tiempo hábil, cien leguas de camino.[23]

Si bien este afán por desplazarse podría ligarse a un proceso que se observaba a nivel mundial y que era el de la "invención" del turismo como actividad económica, o como algunos autores dicen, la transformación del ocio en un negocio[24], Sarmiento analiza las implicancias de este movimiento desde un punto de vista político. Al igual que Tocqueville, se compenetra con el discurso imperante según el cual el desarrollo del ferrocarril alimentaría el ideal democrático, ya que todas las clases sociales tendrían acceso por igual a este medio de transporte. El propio diseño de los vagones supone la superación de cualquier tipo de segmentación social.

> En Francia hai tres categorías de wagones, en Inglaterra cuatro; la nobleza se mide por el dinero que puede pagar cada uno, i los empresarios para envilecer al hombre que paga poco, han acumulado comodidades i lujo en la 1ª clase, i dejado tablas rasas, estrechas i duras para los de 3ª. No sé por qué no han puesto púas en los asientos para mortificar al pobre. En los Estados-Unidos [...] las comodidades i los cojines son excelentes e iguales, i por tanto el precio del pasaje es el mismo para todos. Me han mostrado a mi lado el gobernador de un Estado, i las callosidades de las manos de mi otro vecino me revelaban en él un rudo leñador [...] la democracia de Norte-América ha distribuido el confort i el lujo igualmente en todos los wagones para alentar i honrar la pobreza"[25].

Sin embargo, la asociación entre la idea de acceso del ferrocarril para todos y el ideal democrático borra de la escena el hecho que la extensión de este medio de comunicación se da a expensas de la apropiación de las tierras indígenas y sobre el trabajo de mano de obra no blanca[26]. Como

---

[23] Sarmiento, D. F. *Viajes por Europa, Africa y América 1845-1847 y Diario de Gastos*, 302.

[24] Un análisis sobre el desarrollo de la actividad turística entre mediados del siglo XIX y principios del XX se puede ver en Lluis Riudor, "Entre la curiositat i el plaer: del viatger al turista o la mutació d'una espècie". En: Garcia Ramón, M.D., J., Nogue; P., Zusman. *Una mirada catalana a l'Àfrica Viatgers i viatgeres dels segles XIX i XX (1859-1936)*, Barcelona: Ed. Pagès, en publicación.

[25] Sarmiento, D. F., *Viajes por Europa, Africa y América 1845-1847 y Diario de Gastos*, 319.

[26] A ello puede agregarse la hipótesis de Schivelbusch, según la cual hasta 1860 la inexistencia de vagones para distintas clases sociales se debe a que la inspiración en la construcción interna de los trenes puede encontrarse en el medio de transporte más usado por el norteamericano hasta entonces, el barco a vapor. Ver Schivelbusch, W., *The railway journey. The industrialization of time and space in XXth Century*, 104.

afirma Verstraete, el resultado de la extensión del ferrocarril es la acentuación de "la diferencia, la exclusión más que la homogeneidad, la inclusión o la universalidad"[27].

Esta realidad escapa (¿explícitamente?)[28] a los ojos de Sarmiento que construyen el paisaje norteamericano. Él visualiza la significatividad económica y cultural de este medio de transporte, representativo de la revolución industrial en este país[29]. La rapidez en su expansión por el pretendido territorio de dominación norteamericano lo lleva a inferir que Estados Unidos se encontraba en un estadio de progreso y civilización más avanzado que el de los países europeos.

> En Francia dejé líneas de telégrafos de este jénero en via de ensayo, de Ruan a Paris, de Paris a Lille, i esto para el servicio del gobierno. En los Estados-Unidos habia en los momentos de mi salida: de Nueva York, 455 millas; otro anillo que liga a Nueva-York, New-Haven, Hasford, Springfield, Boston, i vuelve a Nueva-York, 452 millas. Una línea a Albano que parte desde el mismo centro, 150, i de allí estienda un brazo a Buffalo, 250 millas. Otra a Rochester, 252, otra a Monreal, 205 [...] El sud-americano que acaba de desembarcar de Europa, donde se ha extasiado admirando los progresos de la industria i el poder del hombre, se pregunta atónito al ver [...] aquellas facilidades de locomoción, *si realmente la Europa está a la cabeza de la civilización del mundo!*[30]

A lo dicho hasta aquí, se suma el valor geopolítico que Sarmiento atribuye al desarrollo de estas infraestructuras. Para este viajero, el contar con estos medios de comunicación permite a Estados Unidos tener una proyección internacional y constituirse en "reyes del universo"[31]. Así, Sarmiento coincide (¿se inspira?) con el pensamiento de Toqueville al sostener que Estados Unidos podría convertirse "un día en la primera potencia marítima de globo"[32].

---

[27] Verstraete, Ginette, "Railroading America. Towards a material study of the nation". *Theory, Culture & Society*, Vol.19 5/6, 149.

[28] La aversión de Sarmiento frente a las sociedades indígenas, y el requerimiento de ocupar las tierras del Arauco bajo su dominio son destacadas por Pedro Navarro Floria en "*Sarmiento y la frontera sur argentina y chilena. De tema antropológico a cuestión social (1837-1856)*", *Jahrbuch für Geschichte Lateinamerikas*, Universidad de Hamburgo, 37, 2000, 125-147.

[29] Schivelbusch, *The railway journey. The industrialization of time and space in XXth Century*, 89.

[30] Sarmiento, D. F., *Viajes por Europa, Africa y América 1845-1847 y Diario de Gastos*, 296-303. Los destacados son nuestros.

[31] Sarmiento, D. F., *Viajes por Europa, Africa y América 1845-1847 y Diario de Gastos*, 335.

[32] Tocqueville, Alexis de, *La Democracia en América 1835-1840*, México: Fondo de Cultura Económica 2002[1835], 378.

El buque es para el yankee su medio internacional, la prolongación de su nación para ponerse en contacto con todas las otras de la tierra; i en esta época de movimiento universal, el pueblo que tenga buques mas lijeros, de construcción más barata i por tanto ménos subidos, es el rei del universo[33].

De esta manera, Sarmiento intuye que el grado de avance en materia de comunicación que observa en los Estados Unidos, mayor que el de los países europeos, supone una concepción espacio-temporal particular, ligada al movimiento que observa en este país y que, desde su perspectiva, acabará imponiéndose como universal. La existencia de indicios que dan cuenta de la transformación de Estados Unidos en una potencia es otro elemento que lo lleva a embelezarse con esta sociedad. En términos de David Viñas[34], este país le irá ofreciendo "un doble modelo: poderío y actualización", que lo llevará a no cuestionar sus intereses expansionistas evidentes en la Guerra contra México.

Estados Unidos: la composición de un mapa de paisajes en progreso[35]

Siguiendo el estilo de Tocqueville, Sarmiento identifica en el inicio de su relato de viaje a Estados Unidos ciertas condiciones naturales providenciales que son las que permiten el desarrollo de este modelo de sociedad democrática. Tocqueville considera que contar con una gran extensión "despoblada" y "rica" ha asegurado que la pobreza no fuese un mal que aquejase a este país, que el poder no estuviese centralizado y que la "dispersión y desunión de los codiciosos" evitase la "concentración de las pasiones políticas en las grandes ciudades"[36].

Dentro de este marco, para Sarmiento las condiciones naturales también participan de la construcción material de un proyecto de país. Ellas son valorizadas, en primer lugar, como escenario para la instalación de los asentamientos humanos y para la extensión de los medios de comunicación; en segundo lugar, como medios para el desarrollo del comercio

---

[33] Sarmiento,D. F., *Viajes por Europa, Africa y América 1845-1847 y Diario de Gastos*, 335

[34] Viñas, D., "Sarmiento en seis incidentes provocativos". En: *De Sarmiento a Dios*, Buenos Aires: Ed. Sudamericana, 1998 (www.literatura.org/Vinas/dvsarm.html).

[35] El término "paisajes en progreso" es recuperado del texto de Navarro Floria, P. *Paisajes de un progreso incierto. La nordpatagonia en las revistas científicas argentinas (1876-1909)*, 2005 (mimeo).

[36] Offe, C., *Autorretrato a distancia. Tocqueville, Weber y Adorno en los Estados Unidos de América*, 46.

(en el caso de las vías navegables); y, en tercer lugar, como recursos que permiten contar con la energía suficiente para asegurar la realización de la revolución industrial.

> Si Dios me encargara de formar una gran república, nuestra república a nous por ejemplo, no admitiría tan serio encargo, sino a condición de que me diese estas bases por lo ménos: espacio sin límites conocidos para que se huelguen un dia en él doscientos millones de habitantes; ancha exposición a los mares, costas acribilladas de golfos i bahías; superficie variada sin que oponga dificultades a los caminos de hierro i canales que habrán de cruzar el estado en todas direcciones; i como no consentiré jamás en suprimir los de los ferro-carriles, ha de haber tanto carbón de piedra i tanto hierro, que el año de gracia cuatro mil setecientos cincuenta i uno se estén aun explotando las minas como el primer dia. [...] encargándome yo personalmente de dar direcciones oportunas a los ríos navegables que habrian de atravesar el pais en todas direcciones, convertirse en lagos donde la perspectiva lo requiriese, desembocar en todos los mares, lugar entre sí todos los climas, a fin de que las producciones de los polos viniesen en via recta a los países tropicales i viceversa[37].

Pero esta geografía, libre de intervención humana, una especie de escenario sobre el cual se puede construir la república, no es la que Sarmiento reconoce en sus viajes, en tren o en barco. Por el contrario, él percibe la república en construcción. Sarmiento va aprehendiendo la misma a través del ritmo impuesto por los medios de comunicación, es decir, en una forma "veloz y condensada"[38], configurando así un mapa donde va dando cuenta de la transformación que observa en los paisajes[39].

Sarmiento reconstruye así múltiples paisajes en movimiento. En primer lugar, esta sociedad se extiende hacia el Oeste, ocupando territorios, presentados como libres. Detrás de la forma épica de presentar este avance se acallan las bases que aseguraron el cumplimiento del ideal jeffersoniano[40] de construir una república agrícola-comercial de propietarios

---

[37] Sarmiento, D. F., *Viajes por Europa, Africa y América 1845-1847 y Diario de Gastos*, 291.

[38] Viñas caracteriza a Sarmiento como topógrafo. Ver "Sarmiento en seis incidentes provocativos".

[39] La idea de construcción del paisaje desde el movimiento es trabajado por Marc Desportes. *Paisajes en mouvement*, París: Gallimard, 2005.

[40] Según Thomas Jefferson, se trataba de planificar un Estado continental en virtud del ideal democrático y agrario, inspirado en los fisiócratas (de los cuales Jefferson era adepto) y en Corboz, Rousseau A., "De la grille territoriale américaine". En: *Le Territoire comme palimpseste et autres essais*, Besançon: Les éditions de l'imprimeur, 2001, 173-174.

familiares. La posibilidad de realizar este ideal fue garantizada por un conjunto de acciones estatales que permitieron el vaciamiento de estas tierras. Por un lado, se estimuló la realización de exploraciones de reconocimiento del pretendido territorio de dominación. Así la expedición de Lewis Clark (1804-1806) reconoce la cuenca del Mississipi y llega hasta el Pacífico. Por el otro, se obligó a los indígenas que habitaban entre el Atlántico y el Mississipi a trasladarse hacia el denominado Territorio Indio. Por último, la Ley de Tierras de 1785 dividió las tierras "libres" en lotes de 160 acres (64,75 hectáreas). Estos lotes serían vendidos en subasta pública al precio mínimo de dos dólares el acre, valor que se reduciría a un dólar y veinticinco centavos en 1820[41].

En segundo lugar, como ya vimos, esta población va ocupando el pretendido territorio de dominación a partir de la extensión de las infraestructuras del desplazamiento, como las redes de ferrocarriles y de medios de transporte fluvial y del telégrafo. Junto con la expansión de infraestructuras, Sarmiento observa el crecimiento de ciudades, que pasan de ser pequeñas aldeas a urbes. Así, la oferta natural empalidece frente a la expansión de los componentes de la ciencia y de la técnica, y frente al asentamiento de habitantes con valores cívicos que permiten transformar esa naturaleza "salvaje" en "civilización".

El movimiento es, por un lado, espacial: en una corta extensión es posible reconocer el pasaje de paisajes "vírgenes" a "civilizados"; pero, por el otro, también es temporal: un mismo paisaje pierde su carácter "salvaje" y se transforma en un área agrícola o una aldea. Pero ¿cuáles de estos paisajes provocan su razón y su emoción?

Por un lado, Sarmiento se conmueve frente a aquellos paisajes venerados por el movimiento romántico europeo, incorporados en los ambientes civilizados y preservados para ser contemplados. Así, frente a los montes Alleghanies, Sarmiento se sitúa en la tradición de "sentir" las montañas, de la cual formaban parte tanto Kant como Humboldt[42]. La

---

[41] Recién en el marco de la Guerra Civil, a través del Homestead de 1862, se establecerá el acceso libre a la tierra pública para quienes las cultivaran o se establecieran en ella. El éxito de esta ley fue geográficamente diferencial. Mientras que ella logró su objetivo en las tierras más húmedas del este de los estados de las Dakotas y Nebraska no alcanzó los mismos propósitos en las tierras del lejano oeste. En este caso las sequías llevaban a que la unidad de 160 acres no fuera la económicamente adecuada para satisfacer los requisitos de las familias instaladas allí. Bosch, *Historia de Estados Unidos (1776-1945)*, 239.

[42] Varios autores destacan las influencias de Humboldt en la obra de Sarmiento. Al respecto ver Pickenhayn, J. A., "Trama geográfica en las ideas de Sarmiento", *Scripta Nova*, 62, 2000 (http://www.ub.es/geocrit/sn/sn-62.htm) y Zalazar, D. E., *La evolución de las ideas de Domingo Faustino Sarmiento*, Nueva Jersey: Ed. Slusa, 1986.

descripción de estos paisajes como bellos habla de la sensación de "agradabilidad y de alegría"[43] que producían en nuestro observador.

> Cuando habíamos llegado a la parte más elevada, bajaron algunos pasajeros, i una voz de mujer dijo en frances dentro de la diligencia: bajen a ver el paisaje que es bellísimo. Aprovechéme de la indicación descendí tras los otros, i pude gozar en efecto de uno de los espectáculos más bellos i apacibles de la naturaleza. Los montes Alleghanies están cubiertos hasta la cima de un (sic) frondosa i espesa vegetación; las copas de los árboles de las lomadas inferiores, iluminadas de lo alto por los rayos de la luna, presentaban el aspecto de un mar nebuloso i azulado, que por cambio continuo del espectador iba desarrollando sus olas silenciosas i oscuras, sintiéndose, sin embargo, aquella escitación que causa en el ánimo la vista de objetos que se conocen i comprenden, pero que no pueden discernirse bien, porque el órgano no alcanza o la luz es incierta i vagarosa.[44]

Por el otro, delante de aquellos paisajes que dan cuenta de la destrucción de espacio-temporalidades anteriores frente al establecimiento de una nueva espacio-temporalidad, Sarmiento muestra una admiración menos emotiva y más racional. Esta perspectiva se revela en la decisión de usar las estadísticas para construir este tipo de paisajes en progreso. Un caso paradigmático en su relato es el análisis de la transformación que, en menos de cincuenta años, vivenció el Estado de Ohio, incorporado a la Unión en 1803, y su ciudad principal en aquel momento, Cincinnati.

> Para darle noticia del progreso asombroso del estado de Ohio, debo principiar por el sicut erat in principio, es decir, el aspecto del país ayer no mas. [...] La cantidad de tierras arables se reputa en 35,000 millas, el resto es la parte cenagosa, quebrada o estéril. Hasta 1840 la parte labrada no pasaba de 12,000 millas. [...] La población cristiana se presentó en Estado en 1802, en número de 50,000 habitantes. En 1810 había aumentado a 230,760; en 1820, a 937, 679; i en 1840, a mas de un millon i medio. Hoy tiene mas de dos millones[45].

---

[43] Eduardo Martinez de Pisón alude a la diferenciación que realiza Kant en su teoría estética entre lo bello y lo sublime. Así, lo sublime asocia a la vez, agradabilidad y terror, mientras que lo bello produce a la vez agradabilidad y alegría. Ver Martínez de Pisón, E., "El paisaje de Montaña. La formación de un canon natural del paisajismo moderno". En: Cantero, Nicolás (ed.), *Naturaleza y Cultura del Paisaje*, 53-121. Zalazar, D. E., *La evolución de las ideas de Domingo Faustino Sarmiento*, 109-117.

[44] Sarmiento, D. F., *Viajes por Europa, Africa y América 1845-1847 y Diario de Gastos*, 417.

[45] Sarmiento, D. F., *Viajes por Europa, Africa y América 1845-1847 y Diario de Gastos*, 422.

Pero, las propias características de las ciudades ofrecen otra dimensión de este paisaje de progreso. Ellas no son únicamente centros de concentración de población sino también centros cívicos y culturales.

> La ciudad principal de este Estado es Cincinnati, cuya población es de cincuenta mil habitantes, i está situada en la abertura de un valle delicioso formado por colinas que van ascendiendo suavemente hasta la altura de trescientos piés enseñando en sus flancos grupos de árboles i aun manchas de bosque. [...] Las calles están sombreadas de árboles i mui bien pobladas de edificios. Sus comunicaciones con el interior las facilitan canales que la ligan con el lago Erie i el canal Wabasch. [...] De su puerto parte un vapor diario para Pittsburg, i otros para San Luis, Nueva Orleáns rio abajo, tambien diariamente. Dilijencias hacen la travesía entre las vecinas ciudades en todas las direcciones. Hai cuarenta iglesias, un teatro, un museo, una oficina de venta de tierras del Estado, cuatro mercados, i un consistorio. La ciudad se suple de agua del rio, levantada por poderosas máquinas de vapor. Pero lo que más distingue a Cincinnati son el crecido número de sociedades literarias, científicas i filantrópicas.[46]

Sarmiento estaba describiendo la situación de una urbe que, a través del sistema de canales y de los ríos Ohio y Mississipi, se conectaba con el resto de la Unión, enviando carne de cerdo en salmuera mediante barcazas y barcos de vapor y harina por botes del canal a Nueva York[47]. El paisaje que se le ofrece da cuenta del grado de civilización alcanzado por esta población, que él visualiza en la presencia de centros de tipo cultural, como los museos, los centros de enseñanza, las sociedades literarias, científicas o filantrópicas. Este paisaje se completa con su conocimiento de la dinámica política que, según su punto de vista, junto con los aspectos religiosos e industriales, actúa también como elemento civilizador. En efecto, el funcionamiento municipal, la posibilidad de organizar las propias instituciones y de elegir las autoridades locales constituyen las bases de la democracia estadounidense para el viajero en cuestión. Siguiendo a Tocqueville, Sarmiento considera que participar en la dirección de la comuna lleva a su habitante a amarla, "porque no tiene que quejarse de su suerte y cifra en ella su ambición y su porvenir"[48].

En síntesis, los múltiples paisajes de Estados Unidos construidos por Sarmiento, reflejan aquellas ideas de Guizot señaladas anteriormente. Desde la perspectiva de este viajero, ellos muestran una sociedad que, a

---

[46] Sarmiento, D. F., *Viajes por Europa, Africa y América 1845-1847 y Diario de Gastos*, 422.

[47] Morrison, S.M.; H. S. Commager; W.E. Leuchtenburg, *Breve Historia de los Estados Unidos*, México: Fondo de Cultura Económica, 1999, 258.

[48] Tocqueville, Alexis de, *La Democracia en América. 1835-1840*, 84-85.

la vez que se extiende hacia el Oeste, procura su mejoramiento social, un movimiento que asegura que este país se encuentra andando el camino del progreso.

Ideas viajeras, paisajes utópicos viajeros

En su libro *The World, the text and the critic*, E. Said sostiene que las ideas viajan a través del espacio y del tiempo. En los distintos destinos, estas ideas pueden ser aceptadas, resistidas, incorporadas total o parcialmente o transformadas por sus nuevos usos y su nueva posición en el espacio y en el tiempo[49].

El relato de viaje puede presentarse como una fuente para identificar ideas viajeras y sus posibilidades de adopción en contextos ajenos a los que dieron su origen. Estas últimas estarían definidas por el interés que muestre su autor para trasladarlas a otros espacios/tiempos.

Domingo Faustino Sarmiento fue uno de estos viajeros que encontró en su recorrido por Europa, África y Estados Unidos una fuente de inspiración para definir una propuesta de inserción de la Argentina en la modernidad a partir de "la confianza, inspirada en la ciencia, en un progreso infinito del conocimiento y un infinito mejoramiento social y moral"[50]. Él mismo destaca la relevancia de esta experiencia con las siguientes palabras: "Mi viaje fue, pues, uno de Marco Polo, descubrí un mundo y adherí a él. Una chispa traje, como los misioneros que robaron semilla de gusanos de seda"[51].

En este viaje, la mirada de Sarmiento sobre Estados Unidos nos permite aproximarnos a las geografías que sustentan la construcción de esta sociedad. El viajero identifica una serie de transformaciones en el paisaje que da cuenta del camino hacia la civilización y el progreso que recorre la sociedad norteamericana a la vez que contribuyen a la definición de dicho camino. Sarmiento buscará implementar en la Argentina los proyectos políticos que, a manera de una ingeniería geográfica, servirían para definir en el Cono Sur una república igualitaria.

Algunas de estas ideas en sus dimensiones educativas y políticas serán expresadas en sus textos *Educación Popular* (1849), *Argirópolis* (1850), *Co-*

---

[49] Said, E., *The World, the Text and The Critic*, Londres: Faber and Faber, 1984, 226-227.

[50] Habermas, Jürgen, "Modernidad: un proyecto incompleto". En: Casullo, N. (comp.) *El debate modernidad- posmodernidad*, Buenos Aires: Punto Sur, 1989, 132.

[51] Sarmiento, D. F., *Obras Completas*, Buenos Aires: Luz de Día, 1948-1956, Vol XXIX, 8. Citado en Katra, "Sarmiento en los Estados Unidos". En: Sarmiento. *Viajes por Europa, Africa y América (1845-1847) y Diario de Gastos*, 853.

mentarios (1853). Quizás *Argirópolis* sea el texto en el que Sarmiento mejor delinea el proyecto de construir un estado inspirado en el modelo norteamericano. Este texto fue escrito cuando se estaban diseñando distintas estrategias para conformar el estado argentino. En términos de Roig[52], se trataba de imaginar un país a partir de la negación plena y total de lo existente. Sarmiento propone aquí constituir una federación entre los tres estados del Plata (Paraguay, Uruguay y la Confederación Argentina) con la capital, Argirópolis, en la isla Martín García. Este estado se denominaría Estados Unidos del Río de la Plata.

La base de su organización política sería el modelo federativo; el crecimiento económico estaría garantizado por el comercio –asegurado por las posibilidades que ofrecen los ríos de la región para la circulación–; el incentivo a la migración anglosajona; la venta y puesta en producción de los terrenos hasta ahora "improductivos". La adopción de las tecnologías vigentes en Norteamérica y en Europa también aseguraría la incorporación de los Estados Unidos del Río de la Plata a la civilización y al progreso.

Una república de esta índole estaría construida a imagen y semejanza de los Estados Unidos: Argirópolis "sería una capital creada por la nación, como Washington", los ríos tendrían una utilidad semejante a la que se le otorga al Mississipi, Buenos Aires podría convertirse en un puerto con una actividad de carga y de transporte equivalente a San Francisco, el Departamento Topográfico de la provincia de Buenos Aires llevaría adelante los trabajos de reconocimiento y mensuración de tierras, parecidos a los que realiza la Oficina de Tierras conformada en 1874 de la mano de Tomas Jefferson. Finalmente, los inmigrantes europeos, en ritmos comparables a los que se observa en América Septentrional, "traerían consigo una parte de la ciencia, de la industria y de los medios mecánicos de producir de las naciones civilizadas"[53]. Un país creado bajo el espejo de Estados Unidos no solo podría convertirse en una república, sino que más aún, estaría en condiciones de rivalizar "en poder y progreso con la raza sajona del Norte"[54].

---

[52] Citado en Castro, L. A. "La América reinventada. Notas sobre la utopía de la 'civilización' *Argirópolis*, de Domingo Faustino Sarmiento". *Espéculo. Revista de Estudios Literarios*, 25, 2003 (http://www.ucm.es/info/especulo/numero25/argiropo.html).

[53] Sarmiento, D.F., *Argirópolis*, Buenos Aires: A.Z, 1994[1850], 105.

[54] Sarmiento, D.F., *Argirópolis*, 80.

Los viajeros de las alturas: narrativas de viajeros y científicos sobre Los Andes argentino-chilenos en el siglo XIX

Cristina Hevilla

Los escritos de los viajeros del siglo XIX que recorrieron las tierras de América Latina, aventureros en algunos casos, y científicos en otros, tuvieron diferentes funciones y consecuencias en la época en que fueron publicados. Particularmente en la Argentina y Chile, muchos de estos científicos fueron contratados por los gobiernos y prestaron diferentes servicios a las repúblicas nacientes. De alguna manera, con sus publicaciones afianzaron en el mundo industrializado europeo las imágenes de los países, de las ciudades, de los diferentes ámbitos que recorrieron, de sus riquezas y de sus productos que, en su opinión, solo esperaban capitales para ser explotados. Los lugares "viajados" estarían de esta manera en condiciones de formar parte de la civilización, entendida esta última como el ámbito de influencia económica y cultural europea.

Los viajeros, a través de sus cartas, diarios, crónicas, inventarios, descripciones, ilustraciones y cartografías, interpretaron la realidad social, económica, cultural y geográfica de estas tierras, y así contribuyeron a la producción de las imágenes de América. Asimismo la experiencia del viaje y las representaciones del territorio estuvieron impregnadas de la mirada europea.

El conocimiento producido por estos relatos permitió la apropiación simbólica de territorios menos explorados y no sometidos a un régimen colonial explícito (de Europa a América). Además, al generar un conocimiento considerado como verdadero[1], sus opiniones adquirieron autoridad al ser leídas, reproducidas y muchas veces citadas por los autores de los textos fundadores de las repúblicas argentina y chilena. De esta manera estas imágenes creadas sobre los lugares orientaron las prácticas de los estados para lograr su apropiación.

Así, los relatos de viajes se constituyeron en uno de los dispositivos que conformaron las identidades nacionales, y también en una fuente en la comprensión histórica de los procesos de configuración territorial y de constitución de fronteras.

Nos interesa destacar particularmente en este capítulo las impresiones de aquellos viajeros que se desplazaron en el ámbito cuyano y chileno (actuales regiones IV y V) durante el siglo XIX y que atravesaron la Cordillera de los Andes en uno u otro sentido, dejando, a través de sus narrativas, diversas representaciones territoriales y observaciones sobre las relaciones entre las repúblicas nacientes de la Argentina y Chile. Nos preguntamos si la experiencia del paso de los Andes, las penurias y las privaciones vividas durante esta travesía les hicieron percibir la Cordillera como una barrera naturalmente divisoria de entidades estatales. Lo que intentamos dilucidar, entonces, es en qué medida estos escritos favorecieron el alzamiento de la Cordillera como un límite natural, como un muro, una barrera infranqueable y si estos relatos contribuyeron, a la vez, a sumarle a dicha frontera características tales como la desolación, la peligrosidad y la ilegalidad.

Este texto está organizado en tres partes: en la primera se estudia la influencia de Humboldt en la lectura que los viajeros realizan sobre los Andes. En la segunda se analizan las imágenes territoriales de los viajeros extranjeros seleccionados que cruzaron la Cordillera y luego, los enviados por los estados nacionales a estas áreas. Se indaga en una tercera parte, las transformaciones en la imagen de los Andes a lo largo del siglo

---

[1] Adolfo Prieto en su obra precursora sobre los viajeros ingleses demuestra el valor que alcanzaron las opiniones e imágenes dadas por estos viajeros en el Río de La Plata en el primer tercio del siglo XIX, a través del estudio de la trama intertextual evidenciada en el sistema de citas. Entre ellos, en el caso de la Argentina sirven de ejemplo: J. B. Alberdi, E. Echeverría, J. Mármol y D. F. Sarmiento. Prieto, Adolfo, *Los viajeros ingleses y la emergencia de la literatura argentina 1820-1850*, Buenos Aires: Sudamericana, 1996, 97-157. Ideas similares sugieren igual influencia en los fundadores de la república chilena, Andrés Bello y José Victorino Lastarria, en quienes se prueba la lectura de Humboldt, Darwin y Head. Ver: Fernández Bravo, Álvaro, *Literatura y Frontera. Proceso de territorialización en las culturas argentina y chilena del siglo XIX*, Buenos Aires: Sudamericana, 1994, 64. Sobre la crítica a los relatos que aparece en la época de estos viajeros ingleses véase: Cicerchia, Ricardo, *Journey, rediscovery and narrative*, Londres: ILAS, 1998.

XIX a través de los relatos de los viajeros en continuo desplazamiento, y su influencia en Domingo Faustino Sarmiento y en autores sanjuaninos que participaron en la definición de la Cordillera como elemento que contribuía a definir el territorio del estado provincial sanjuanino y del estado nación argentino.

Con el fin de lograr los objetivos propuestos nos remitiremos brevemente al contexto científico del siglo XIX que, sin duda, fue decisivo en la manera de mirar e imaginar el mundo y de describirlo. Los historiadores de la ciencia han demostrado que durante este siglo la narrativa de viajes estuvo relacionada con el impacto de las ideas propuestas por Alejandro de Humboldt. En los pensamientos del naturalista alemán se unieron dos tendencias de la época: la etapa final de la Ilustración y el Romanticismo alemán, coyuntura que de alguna manera fundamentó su ideología científica[2].

Los naturalistas del siglo XIX y la fascinación por la montaña

El trabajo de los naturalistas del siglo XVIII despertó la preocupación y la pasión por la montaña. En esta época, el ambiente ideológico, artístico y literario europeo promovió el interés por las alturas y favoreció, en gran medida, el redescubrimiento de la naturaleza y simultáneamente, el replanteo de la relación que se establecía entre el hombre y ella. Luego, los románticos del siglo XIX aprovecharon la lograda seducción por las alturas para exaltar las emociones y la superación de la vida cotidiana. En palabras de Jordi Martí-Henneberg: "La montaña actuó como un eje catalizador en el proceso de sensibilización de la naturaleza que se apreció durante el siglo XIX. Al subir a ella se estimula el sentimiento patriótico con la contemplación del país, la liberación de la monotonía urbana y el acercamiento a Dios. De esta manera la montaña reafirmó una doble simbología como punto de referencia del país y altar de la divinidad, incorporándose al discurso nacionalista, donde adopta el papel de elemento diferenciador y reserva espiritual de la comunidad"[3].

---

[2] Horacio, Capel, *Filosofía y ciencia de la geografía contemporánea*, Barcelona: Barcanova, 1981,5-40.

[3] El romanticismo de la segunda mitad del siglo XVIII dio origen a estas ideas, vinculadas a las propuestas y pensamientos de Jean Jacques Rousseau (1712-1778), en las que el hombre primigenio "el buen salvaje" era naturalmente bueno en relación a los vicios sociales de las ciudades. Rousseau admiraba los Alpes, la individualidad de cada cima, la libertad que proponen, así como la superioridad moral de los habitantes de la montaña. E. Rambert

Alejandro Von Humboldt, continuador de las ideas científicas y culturales prevalecientes en la época, realizó importantes contribuciones al conocimiento del paisaje, impregnado siempre de su espíritu romántico[4]. Humboldt concebía la naturaleza como un todo de partes vinculadas, un todo armonioso movido por fuerzas internas. Su proyecto científico trataba de demostrar empíricamente esa concepción idealista de la armonía universal[5]. Este autor observaba la montaña como algo trágico e inaccesible, no solo por su propia experiencia al escalarlas, sino también por las lecturas previas de Benedicto de Saussure y Johann Wolfgang Goethe[6].

Las expresiones difundidas en los escritos del naturalista alemán procuraban dar no solo una sensación de armonía, sino también de autenticidad por medio de frases sencillas que buscaban revivir en el lector las sensaciones de belleza, de colorido y de movimiento experimentadas en las ascensiones. La naturaleza, para él, era la protagonista e influía sobre el medio social. La idea de espacio vacío coincidía con los ámbitos de las montañas, el mar, las planicies o las llanuras extensas, donde –en su opinión– era escasa o inexistente la intervención humana; estos eran ámbitos deshabitados y de soledad[7].

Adolfo Prieto sostiene que Humboldt llegó a producir un modelo que fue seguido por la literatura de viajes inglesa, que incluyó determinados temas, formas de narración y hasta cierto tipo de sensibilidad: "de esta premisa, en efecto, los más de los viajeros ingleses que incursionaron en territorio argentino durante la tercera y cuarta década del siglo extrajeron la posibilidad de combinar las articulaciones de los discursos racionalistas y románticos; el gusto por la andadura del relato; por las dimensiones de la peripecia personal; la confianza en las doctrinas de la especificidad del paisaje americano y de la armonía del hombre y la naturaleza y extra-

---

(1830-1886) –escritor y profesor de Lausana de gran influencia en los cánones literarios en la visión de la montaña durante el XIX en Europa– en su obra sobre los Alpes suizos opinaba que estas montañas habían aportado a este país sus rasgos específicos, por lo que es allí donde debe ser preservada la esencia nacional; de ahí el sentido e interés de las excursiones. Martí-Henneberg, Jordi, "La pasión por la Montaña. Literatura, pedagogía y ciencia en el excursionismo del siglo XIX", *Geocrítica*, 66, 1986, 12-13.

[4] Pere Sunyer, M., "Humboldt en los Andes del Ecuador, ciencia y romanticismo en el excursionismo del siglo XIX", *Geocrítica*, 58, 2000,1-15.

[5] Miranda, Miguel Angel, "El 'Cosmos': Entre la crisis de la Ilustración y el romanticismo alemán", *Geocrítica*, 11, 1977, 5-15.

[6] Pere Sunyer, M., "Humboldt y las montañas: ciencia y sentimiento", *Serie Varia*, 5, 2003, 43-49.

[7] Martí-Henneberg, Jordi, "La pasión por la Montaña. Literatura, pedagogía y ciencia en el excursionismo del siglo XIX", 12-13.

jeron también, por abuso de procedimientos, la tendencia a extrapolar observaciones y juicios que no podían o no debían, estrictamente, extrapolarse"[8]. Así, por ejemplo, en algunas descripciones del cruce de los Andes –según Prieto– apenas se disimula la gesticulación y el sentido escenográfico recortado en pasajes parecidos pero no idénticos de la obra de Humboldt en su *Personal Narrative*.

Puede sostenerse, entonces, que la narrativa de viajes fue una importante difusora de las características y de las imágenes de los ámbitos menos conocidos de América, popularizando estas representaciones a través del poder de divulgación del mundo editorial, primero en Europa y luego en América.

Vinculado a lo anterior nos podemos preguntar qué influencia tuvieron estas imágenes de la naturaleza, del hombre y de la montaña como ámbito desolado, inhabitado y peligroso en los viajeros que cruzaron los Andes durante el siglo XIX.

La Cordillera de los Andes, la fuerza del paisaje en viajeros y científicos extranjeros del siglo XIX, traducción y apropiación

Los viajeros que cruzaron el territorio de la Confederación Argentina a principios del siglo XIX utilizaron en general dos importantes caminos; uno que los llevaba desde Buenos Aires al Perú y otro, de Buenos Aires a Santiago de Chile. Este último itinerario usualmente atravesaba las llanuras de Buenos Aires y de Santa Fe, las serranías cordobesas y de San Luis, y, finalmente, Mendoza para luego cruzar los Andes hasta Chile. Este camino, de alguna manera, garantizaba el conocimiento del Cono Sur y, a la vez, mostraba el territorio y las direcciones sobre las que discurría una parte importante de la historia de la Confederación. La inclusión de ciertos territorios en estos recorridos y la exclusión de otros en la primera mitad del siglo XIX estuvieron relacionados con los beneficios que la metrópoli inglesa pensaba obtener a través de la explotación minera y el comercio.

El cruce andino se hacía generalmente por el Paso de La Cumbre, como muestra el siguiente mapa incluido en el libro de viajes de P. Campbell Scarlett publicado en 1838[9] y, en menor medida, por el paso del Portillo, al sur del anterior.

---

[8] Prieto, Adolfo, *Los viajeros ingleses y la emergencia de la literatura argentina 1820-1850*,19.
[9] Campbell Scarlett, P., *Viajes por América a través de las Pampas y los Andes desde Buenos Aires al Itsmo de Panamá*, Buenos Aires: Editorial Claridad, 1957[1838].

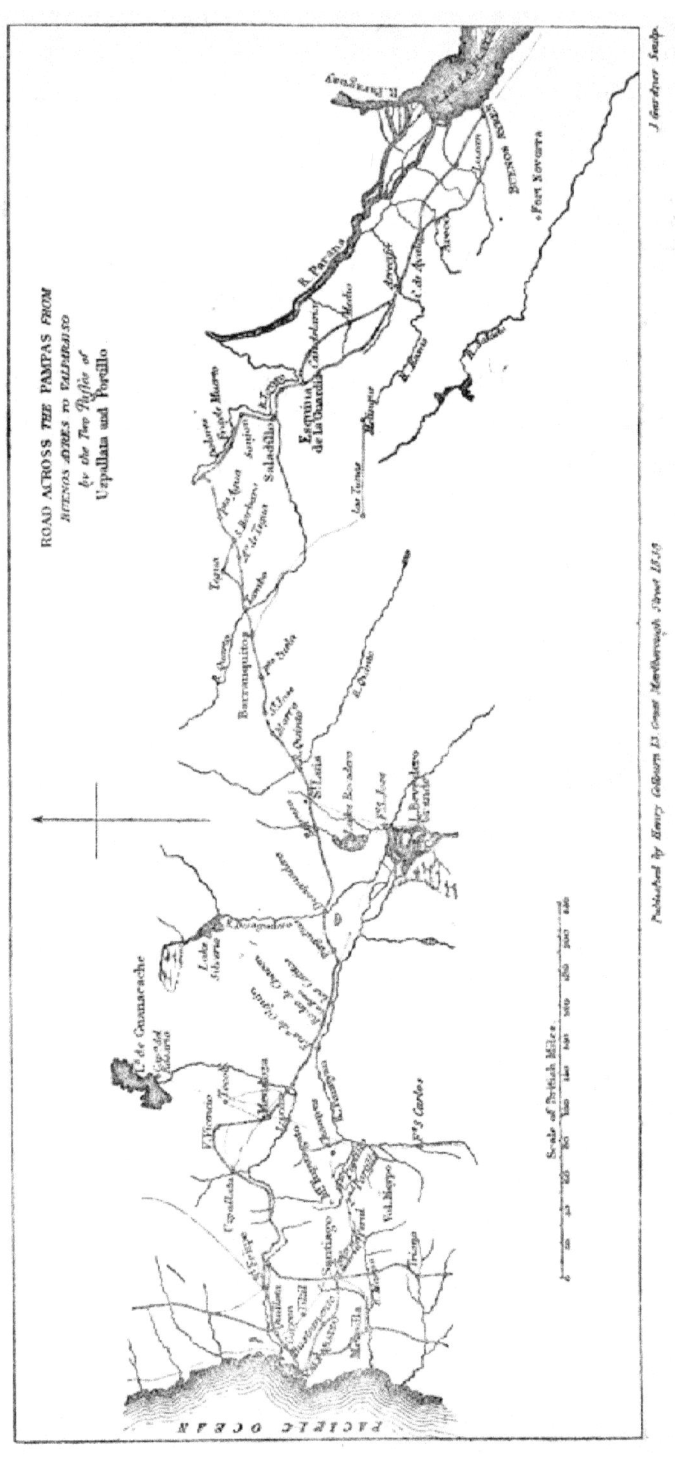

Road Across the Pampas from Buenos Aires to Valparaiso: Campbell Scarlett, Peter, *Viaje por América a través de las Pampas y los Andes desde Buenos Aires al Itsmo de Panamá*, 66.

El cruce de los cordones andinos por parte de los viajeros así como sus travesías por la Pampa en camino a Chile o a Buenos Aires dejaron huellas en sus relatos. Fue tal la difusión y el éxito de la literatura de viajes en las metrópolis europeas que muchos de ellos, antes de pisar suelo americano, poseían juicios de valor sobre estas tierras, en muchos casos basados en las descripciones de los textos de otros viajeros leídos previamente. Viajar por estos territorios implicaba un desplazamiento espacial y un desplazamiento temporal, porque se sumaban al tiempo del recorrido y a los tiempos de las actividades cotidianas –impuestos por las particulares lógicas del mundo sudamericano– los tiempos contenidos en las lecturas de otros viajes, de manera que el relato de los viajeros se convertía en el relato de más de un viaje.

Las montañas se transformaron en ámbitos de desplazamientos, senderos de posibles itinerarios (re)construidos por la experiencia, que a lo largo del siglo XIX presentarían variaciones en las representaciones del cruce andino y, a la vez, evidenciarían las modificaciones en los intereses de estos viajeros por la zona.

Desde principios del siglo XIX, viajeros ingleses atravesaron la Pampa y cruzaron la Cordillera de los Andes en ambos sentidos. Varios de ellos, John Miers, Alexander Caldcleugh, así como Robert Proctor, Peter Schmidtmeyer y Peter Campbell Scarlett, habían leído y estaban influenciados por los relatos de Humboldt. Ni la Pampa ni los Andes los habían impresionado positivamente; la Cordillera les pareció un ámbito agreste en comparación con las montañas conocidas hasta entonces por ellos[10]. Las montañas son descriptas como murallas que parecen imposibles de pasar y cada paso como una "grieta larga en la Cordillera"[11]. Al mismo tiempo comentaron los itinerarios de los arrieros, sus costumbres y preferencias como también el cruce de los ejércitos sanmatinianos. Este grupo y algunos viajeros franceses sumaron en sus narraciones su percepción sobre la peligrosidad del itinerario por lo Andes[12].

---

[10] Miers, John, *Viajes por Chile y el Plata*, Buenos Aires: Ediciones El Solar, 1968, 271. Haigh, Samuel, Alejandro Caldcleugh, Max Radiguet, *Viajeros en Chile 1817-1847*, Santiago de Chile: Editorial del Pacífico,1955,121-130. Caldcleugh, Alexander, *Travels in South Améri-ca, during the years 1819-20-21*, Londres, 1825, Schmidtmeyer, Peter, *Travels into Chile over the Andes*, Londres, 1824 y Proctor, Robert, *Narrative of a Journey across the Cordillera of the Andes, and of a residence in Lima, and other parts of Perú, in the years 1823 and 1824*, Londres, Archibal Constable an Co. Edinburgh, 1825. Ver A. Prieto, *Los viajeros ingleses, 32-36.*
[11] Haigh, Samuel, Alejandro Caldcleugh y Max Radiguet, *Viajeros en Chile 1817-1847*, Santiago de Chile: Editorial del Pacífico,121-130.
[12] Por ejemplo, Julian Mellet, al describir el cruce de los Andes desde Mendoza hacia Chile, en su texto publicado en 1824 expresó: "El largo trayecto que hay que recorrer es muy

Entre los relatos de viaje de esta época de mayor éxito editorial se destaca el del capitán Francisco Bond Head, quien realizó varios viajes entre Buenos Aires y Chile durante los años 1825 y 1826, y publicó *Las Pampas y los Andes*[13] y en unos de sus comentarios observó:

> La Cordillera de los Andes corre de norte a sur por toda Sud América y, en consecuencia, es casi paralela a las Costas respectivas del Atlántico y del Pacífico, dividiendo el país intermedio en dos porciones desiguales, cada una limitada por un océano y la Cordillera. A primera vista se esperaría que estos países gemelos separados sólo por una cadena de montañas tuviesen gran semejanza entre sí; pero la variedad es atributo del Omnipotente, y la Naturaleza ha concedido a estas dos regiones diferencias muy notables del clima y formación geológica[14].

Aquí Head atribuyó las diferencias existentes a un lado y a otro de la Cordillera a causas trascendentes, como Dios y la naturaleza. De esta manera, y en forma indirecta, si Dios y la naturaleza eran los que creaban la diferencia, se le otorgaba a la separación entre ambos estados un carácter natural y eterno, y no político. A la vez, observaba que esta partición era algo injusta al considerar como desiguales las partes que correspondieron a cada país. Continuó en su obra afirmando:

> Este valle –el de Uspallata– es la base superior de la gran cordillera; y al principio es sorprendente ver que los cerros del Paramillo, que parecían

---

peligrosos para los viajeros. Los mismos habitantes acostumbrados a hacer ese camino toman las mayores precauciones, las cuales a menudo son inútiles, ya que como los demás viajeros se ven obligados en invierno a detenerse muchas veces antes de llegar a Chile". Mellet, Julián, *Viajes por el interior de América Meridional 1808-1820*, Santiago: Editorial del Pacífico, 1959, 68. "El collado de Uspallata tiene pues leyendas de muerte, cuya sombría realidad atestiguan las numerosas cruces plantadas en todo su trayecto pero debo confesar que cuando lo atravesé apenas era yo accesible no a la admiración que produce su naturaleza sublime, ni al temor de los peligros que allí podrían amenazarme". Guinnard, Auguste M., *Tres años de cautividad entre los* patagones, Buenos Aires: El Elefante Blanco, 2002[1863], 83- 84.

[13] Francisco Bon Head se alistó en el Cuerpo de Ingenieros y en 1825 siendo Capitán aceptó el cargo de director de la Compañía Minera del Río de la Plata. Cruzó varias veces la Pampa y los Andes, y volvió a Buenos Aires en 1826 para embarcarse a Inglaterra. Este libro es producto de anotaciones, en palabras del autor, que ignoraban los aspectos del país y que tenían por objeto proyectar luz en la oscuridad visible sin más propósito que eso. Esta obra se publicó en Londres en 1826 y fue el primer relato de viajes escrito por Head. Por su confianza en el progreso y en las industrias acordaba con el pensamiento liberal. Es importante aclarar que el negocio que pretendió realizar en el Río de la Plata no le pareció económicamente conveniente. Adolfo Prieto señala que de la obra de Head se realizaron cuatro ediciones en Londres y una en París entre 1826 y 1828. Prieto, A., *Los viajeros ingleses*, 44.

[14] Bond Head, F., *Las Pampas y los Andes*, 21.

tan elevados son humildísimos trozos comparados con la estupenda barrera que, a pesar de su distancia, parece obstruir el paisaje. Esta enorme masa pétrea, pues parece perfectamente compacta, es tan salvaje y áspera en sus rasgos y formación, que nadie juzgaría que ningún animal se abriese camino hasta la cumbre que cubierta de nieve, en algunos sitios eterna, parece región entre los cielos y la morada practicable del hombre; y en efecto, intentar pasarla, a menos de seguir por la quebrada el curso del torrente, sería totalmente imposible[15].

Influenciado por el romanticismo de la época, F. Bond Head reforzó la idea de la montaña como una masa pétrea y compacta, más asociada a una necesidad de destacar su hazaña personal que a demostrar una verdadera inviabilidad de tránsito en la Cordillera, ya que, de hecho, este viajero destacó sus encuentros con otros viajeros, pastores con sus ganados, gauchos, comerciantes, el correo y familias completas.

En este momento llegaron una dama inglesa, un niño de siete años, dos o tres más pequeños y algunos peones. Sin otra protección habían pasado la Cordillera y andando aquel día doce o catorce horas a caballo hasta llegar a Uspallata[16].

vimos algo distante un arria de mulas sueltas entre los peñascos [...] fui donde ellas se hallaban y encontré dos arrieros dormidos en el suelo[17].

Seguidor de las ideas que otorgaban relevancia a la influencia de los rasgos ambientales en el modo de vida de las sociedades, Head consideraba que la Pampa y la cordillera de los Andes eran barreras implacables que alejaban a la ciudad del "progreso" y hacían a sus habitantes indolentes. Por tal motivo, afirma que en Mendoza:

[...] no hay sitio en la tierra donde el hombre pudiera ser más indolente y más independiente [...], pues dormiría el día entero y tomaría nieve por la tarde [...]. El clima es cansador y toda la gente indolente [...].Su situación los destina a la inactividad; están limitados por los Andes y las Pampas, y, con tan formidables e implacables barreras a su derredor, y ¿qué tienen que ver con las historias progresos o naciones del resto del mundo? Sus necesidades son pocas y la Naturaleza fácilmente las llena[18].

Head consideraba que el área no ofrecía posibilidades para la explotación minera. A ello sumó las hostilidades climáticas y la inseguridad

---

[15] Bond Head, F., *Las Pampas y los Andes,* 98.
[16] Bond Head, F., *Las Pampas y los Andes,* 101.
[17] Bond Head, F., *Las Pampas y los Andes,* 110.
[18] Bond Head, F., *Las Pampas y los Andes,* 62. Ideas similares se reproducen en Miers, John, *Viaje al Plata,* 178.

percibida en este ámbito. Referido a este último aspecto durante el cruce andino expresó:

> En la cumbre ví una grandísima cruz de madera y me acerqué a ella...En el salvaje sitio desolado donde se levantaba, parecía en verdad muy apropiado e interesante [...] y entonces el peón me dijo que fue puesta allí por dos arrieros en conmemoración del asesinato de un amigo. Esto me recordó que aun no nos habíamos remontado arriba de las malas pasiones del hombre[19].

En este grupo de viajeros ingleses de principios de siglo es particular la obra de Charles Brand, que en la misma época [1827] se animó a proponer una visión diferente de la Cordillera. A pesar de hacer referencia a los viajeros que anteriormente habían realizado el cruce andino, lo que demuestra que Brand había leído los relatos de sus predecesores, buscó desmitificar el peligro que suponía el cruce andino. A su vez, pretendió dar información a una clase particular de viajero que, según Prieto, ya comenzaba a distinguirse en la época, el "turista". Ello se observa en su intención explícita de proveer una guía para el viajero.

En efecto, Brand fue uno de los primeros en hacer referencia a los usos sociales del paisaje andino con acotaciones que podrían parecer extrañas para un espacio que en esos momentos no estaba incorporado al consumo turístico. Brand incluyó en su obra un grabado de varios hombres a punto de ascender a la Cordillera de los Andes a pie en agosto de 1827. Además dedicó treinta páginas a destacar la belleza de los Andes comentando las percepciones que, desde su punto de vista eran exageradas, respecto a la inseguridad expresadas por los otros viajeros cuando cruzaron la Cordillera. Brand incluyó un calendario en el que indicaba las estaciones más recomendables para el cruce[20].

La historiografía a ambos lados de la Cordillera ha considerado el viaje de C. Darwin como el más destacado del siglo XIX. Cruzó la Cordillera de los Andes desde Santiago de Chile por el Paso del Portillo en 1835 y volvió a Chile por Uspallata. Las siguientes citas dan cuenta de algunas de sus impresiones respecto del paisaje andino:

> Las montañas que limitan esta parte del valle tienen de 3 a 6 y hasta 8.000 pies de altura, son redondeadas y de faldas enteramente desnudas. Por doquier es la roca rojiza y sus capas muy determinadas. No puede decirse que el paisaje sea hermoso pero es grandioso y severo.

---

[19] Bond Head, F., *Las Pampas y los Andes*, 114

[20] Brand, Charles, *Journal of Voyage to Peru: a Passage Across the Cordillera of the Andes, in the Winter of 1827. Perfomed on Foot in the Snow, and a Journey Across the Pampas.* Colburn, Henry, Londres, 1828. Citado en Prieto, A., *Los viajeros*, 60-65.

Encontramos varias manadas de toros conducidos por algunos hombres desde los valles más altos de la Cordillera. Este signo de la proximidad del invierno nos hace avanzar más de prisa[21].

Darwin comparte la visión gloriosa de los Andes ya ofrecida por Bon Head; sin embargo, se distanció del mismo al considerar que el riesgo ofrecido por las correntadas y laderas andinas era menor que aquel que presentaban los textos del viajero que lo antecedió.

Más adelante el naturalista observó:

No deja de chocarme la gran diferencia que hay entre la vegetación de estos valles orientales y la de Chile, porque el clima y la naturaleza del suelo son casi idénticos y la diferencia de longitud insignificantes […] En efecto, estas montañas han constituido siempre barrera infranqueable desde la aparición de las actuales razas animales; por lo tanto y a menos que supusiéramos que se habían creado las mismas especies en dos puntos diferentes no debemos esperar hallar una semejanza absoluta entre los seres que habitan los lados opuestos de los Andes como tampoco los que habitan costas opuestas del Océano. En ambos casos deben exceptuarse las especies que han podido atravesar las barreras de rocas o de aguas saladas[22].

Darwin vino a señalar lo que ya decía Head respecto a las diferencias existentes entre uno y otro lado de la montaña con relación a las características naturales. Sin embargo, y a diferencia de Head que se valió de criterios vinculados al clima y a las formaciones geológicas para dar cuenta de estas distinciones, Darwin utilizó las diferencias de flora y fauna. Cabe destacar que esta supuesta diferenciación –tanto la fundamentada en criterios climáticos y geológicos como la focalizada en la fauna y flora– contribuirá a la construcción de la idea de barrera natural que separará dos estados diferentes.

En otro párrafo afirmó que la montaña andina era una mejor "defensa" para Chile que el mar, puesto que solo algunas especies excepcionales podían atravesarla.

Escribir y describir estos territorios fueron instrumentos puestos al servicio generalmente de los intereses económicos de las metrópolis. Traducir lo que vieron y vivieron en estas tierras tuvo como punto de partida los paisajes conocidos, la necesidad de resaltar sus hazañas personales o sus descubrimientos científicos y la intención de llegar de forma sencilla

---

[21] Darwin, Charles, *Viaje de un naturalista alrededor del Mundo,* Madrid: Anjana Ediciones, 1982, XV, 296.

[22] Darwin, Charles, *Viaje de un naturalista alrededor del Mundo,* 304-306.

a un público y a intereses europeos. De algún modo, la operación de traducción consistió en la intención de los viajeros de ser intermediarios entre su propio mundo y el de su público para dar a conocer un mundo desconocido y todas sus posibilidades e inconvenientes.

La imagen ofrecida por los viajeros extranjeros en esta época, con pocas excepciones, mostró más de un significado. La Cordillera fue considerada como una barrera que mostraba aspectos naturales (en términos de vegetación, fauna, clima o formaciones geológicas) distintos en cada banda. Al mismo tiempo los viajeros registraron el tránsito y el movimiento de hombres y ganado a través de los diferentes pasos cordilleranos, lo que evidenciaba la fluidez de las relaciones y la unidad del ámbito andino para la realización de estas dinámicas.

La mirada institucionalizada: los viajeros al servicio de la nación

Como vimos hasta aquí, desde el viaje de Humboldt el interés de la ciencia europea en el continente americano había recobrado sentido en relación con las posibilidades culturales, económicas y de inversión de los capitales de aquel origen. Pero, como ya se ha planteado, el hecho de que el naturalista alemán no llegara hasta el sur del continente había animado a otros a intentarlo y sus escritos pretendieron completar o llenar el "vacío" en el conocimiento –entendido como descripción y explicación, como el caso de Darwin– de estos alejados ámbitos.

Es en este contexto en el que los grupos dirigentes de ambos estados en constitución idearon estrategias para lograr el conocimiento científico de los territorios que proyectaban dominar. Así los nuevos gobiernos contrataron a científicos europeos con el fin de explorar, cartografiar, describir e inventariar las riquezas de estas naciones. La presencia de viajeros extranjeros disminuyó al finalizar el siglo XIX por varios motivos, entre ellos, la aparición de los primeros grupos de científicos nacionales en ambos estados.

La corriente cultural del Atlántico

A mediados del siglo XIX, Alfred Du Graty y Víctor Martín De Moussy fueron naturalistas que trabajaron para el gobierno argentino y produjeron obras reconocidas que buscaron plasmar la primera cartografía estatal nacional. Estos textos fueron, en el primer caso, *La Confédération Argentina* (1858), y, en el segundo, la *Description Geographique et Statistique de la Confédération* (1860-1864).

La contribución de De Moussy fue usada en la posterior delimitación del territorio de pertenencia de la provincia de San Juan y en la producción de argumentaciones de carácter cartográfico en los problemas de límites interprovinciales en Cuyo. Cuando señaló los límites de la provincia de San Juan expresó:

> [...] al Oeste con Chile hasta la cresta de los Andes; al Norte y al Nordeste con La Rioja; con San Luis por las Sierras de las Quijadas y Lagunas de Huanacache. Estas mismas lagunas, y una línea tirada directamente al Oeste pasando por el Ramblón, señala su límite con Mendoza [...]. Afirmó que todo el sistema orográfico de San Juan pertenecía a los Andes y al referirse a los valles fronterizos los describió como 'anchos valles en gran parte áridos como los de Pismanta y Jáchal [...] No existe ningún volcán en las montañas de San Juan, éstas son generalmente áridas y descarnadas'[23].

A mitad del siglo XIX se publicaba en Londres la obra del ingeniero Ignacio Rickard[24], *Viaje a través de los Andes*, quien comenzó su recorrido desde Chile a Cuyo, es decir, en sentido inverso que el del capitán Head. Los vínculos del ingeniero Rickard con los grupos de poder de la Argentina se aprecian en la dedicatoria de su obra al presidente Bartolomé Mitre y al teniente coronel D. F. Sarmiento, gobernador de San Juan, como testimonio de su amistad[25].

---

[23] Martín De Moussy, Víctor, "La provincia de San Juan. Dirección General de Escuelas", *Boletín de Educación*, Año I, V, 15-16.

[24] Ignacio Rickard, militar e ingeniero en minas de origen inglés, viajó a América radicándose en Chile. Posteriormente, contratado por el gobernador sanjuanino Domingo Faustino Sarmiento, trabajó para el gobierno argentino vinculado al negocio minero. El presidente Bartolomé Mitre lo nombró Inspector Nacional de Minas. Su obra, *Viaje a través de los Andes*, publicada en Londres en 1863, es el resultado de su informe sobre las posibilidades mineras en San Juan para el *English Minig Journal*. El nombre original de la obra es *Mining Journey across the Great Andes; with explorations in the silver minig district of the provinces of San Juan and Mendoza, and Journey across the Pampas to Buenos Aires by Major F. Ignacio Rickard*, Londres: Smith Elder&Co, 1863. El ministro de Sarmiento, Dalmacio Vélez Sarfield, le encomendó una inspección general de los distritos mineros de toda la República, recorrió entonces el país durante siete meses reconociendo yacimientos de varias provincias, Catamarca, la Rioja, Córdoba, San Luis, Mendoza y San Juan. En 1872 fue el gerente de la colonia inglesa *Alexandra* en el gran Chaco (norte de Santa Fe). Perteneció a reconocidas sociedades científicas, como por ejemplo, la Sociedad Británica de Antropología, la Sociedad de Geología y la Real Sociedad de Geografía de su país.

[25] Las relaciones de Rickard con Sarmiento, además de ser expresadas en el libro de viajes del primero, se pueden comprobar en numerosas cartas, como la del 29 de septiembre de 1863 en la que el gobernador de San Juan comentó con el ingeniero un plan de colonización en la zona de Caucete a la que llegarían irlandeses. Archivo General de la Provincia de San Juan, L 292, f.301 a 304.

Rickard explora las posibilidades mineras de la Argentina. En su texto señala que el nombre del país estaba relacionado con sus riquezas y que su extensión era enorme, expresando:

> [...] se extiende desde los 34 grados de latitud sur en el Río de la Plata hasta los 55 grados en el Cabo de Hornos, y su ancho es casi el del continente, hasta los Grandes Andes, que forman una barrera *semi-impenetrable* en la frontera chilena; al norte toca con Bolivia hacia la latitud de 22°, y al este de Brasil; [...] el problema es su gran falta de población, que se hace sentir gravemente en un territorio tan extenso. Miles de millas cuadradas del suelo más rico y productivo quedan en este estado primitivo [...]. Pero confío en que no esté lejano el tiempo en que la marea de emigración [...] tome esta dirección[26].

La descripción de los Andes de Rickard, realizada treinta y seis años después que la de Bond Head, presenta algunas similitudes y diferencias con la ofrecida por aquel capitán. Por ejemplo, ambos consideraron problemática la relación entre la "despoblación" y las dimensiones del país y, a la vez, confiaron la solución de esta cuestión a la llegada de inmigración. Sin embargo, Rickard es más optimista respecto a las potencialidades mineras del país[27], y su opinión sobre la Cordillera como barrera es menos categórica que la de Head. Sugiere entonces los meses de verano para realizar el viaje y no experimentar contratiempos climáticos.

Rickard comenzó su viaje en Valparaíso hasta la Cordillera de los Andes. A partir de allí recorrió los distritos mineros de San Juan. El itinerario del ingeniero incluye el cruce de la precordillera describiendo las minas de plata de El Tontal, pasando por Barreal y Calingasta. Luego también exploró el mineral de La Huerta al norte de la provincia, y siguió el itinerario expresado en el siguiente croquis de su libro.

---

[26] Rickard, Ignacio, *Viaje a través de los Andes*, Buenos Aires: Emecé, 1999[1863], 149-150. El resaltado es nuestro.

[27] Ver informes del ingeniero Rickard al Gobierno de San Juan. Archivo General de la Provincia de San Juan. Fondo Histórico, L, 293, f. 265 (28-08-1862); L 293, F264-266 vta, L 293., F. 325 y vta.

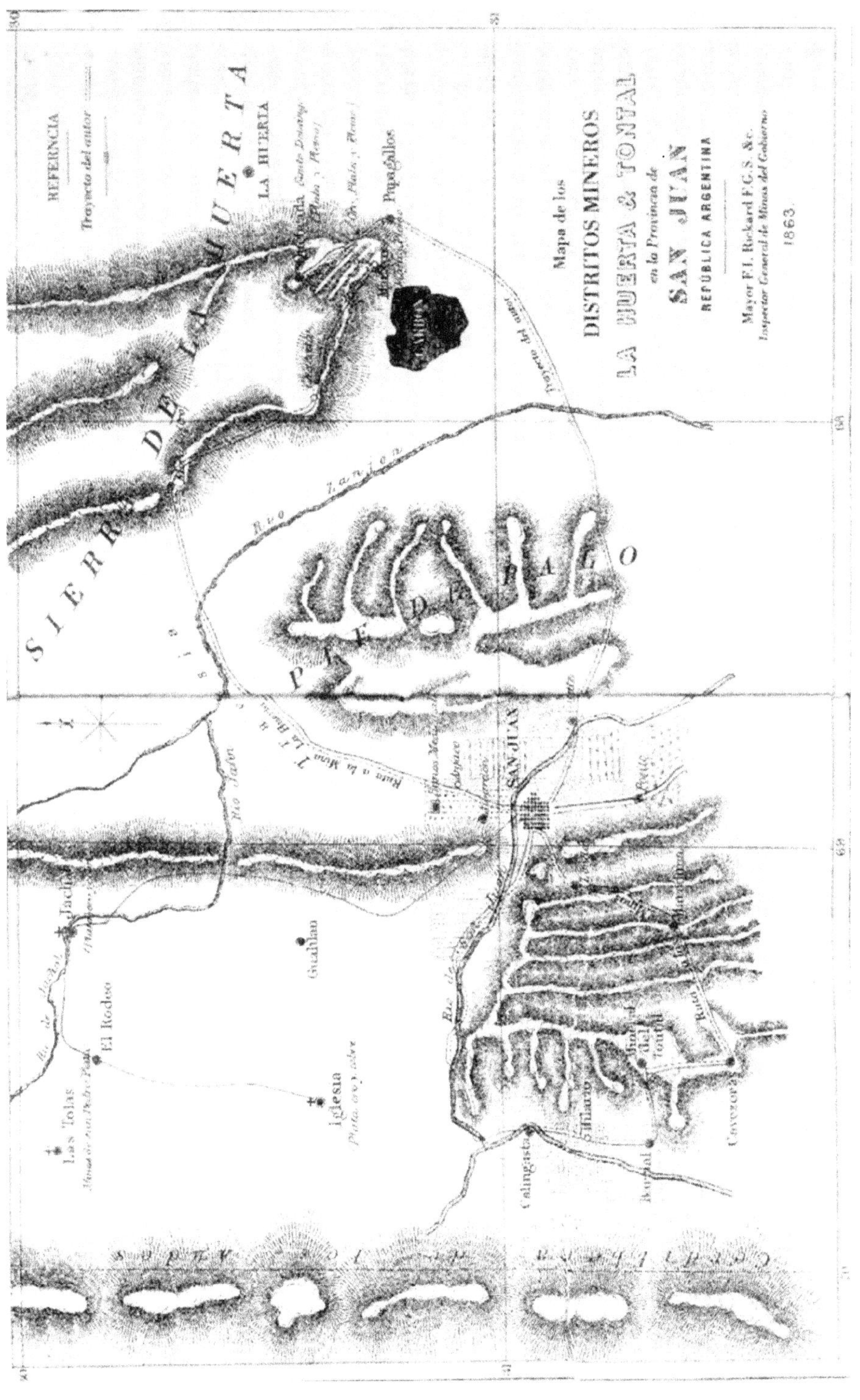

Mapa de los distritos mineros, La Huerta & Tontal, en la Provincia de San Juan. Rickard, Ignacio, *Viaje a través de los Andes*, 106-107.

Este ingeniero, aunque puso particular atención en los distritos mineros, describió las características de la fauna y la flora así como también de las formas de vida de la población. De hecho, este viajero da cuenta del encuentro con pastores y del tráfico ganadero cordillerano que observa entre la Argentina y Chile comentando:

> el principal negocio agrícola de San Juan es el engorde de ganado vacuno de invernada. Se lo compra en la Pampa, flaco, por una cifra entre 10 y 13 ó 14 dólares la cabeza, y son llevados a San Juan a ser engordados en las ricas pasturas de los campos irrigados. Esto se hace usualmente a comienzo de invierno (mayo) y el engorde se prolonga hasta comienzos del verano (noviembre); entonces el ganado está listo para ser enviado a Chile a través de los Andes, y allí tiene un mercado ávido en el que obtienen de 30 a 45 dólares por cabeza, lo que significa una ganancia del más de ciento por ciento[28].

A mitad de siglo, los viajeros que cruzaron la Cordillera sumaron a sus observaciones descripciones sobre las posibilidades productivas de tan "inmenso y despoblado" territorio. Ellas formaban parte de un proyecto que generalmente contemplaba la inmigración y la inversión de capitales. Es esta también la época en que surgieron las primeras cartografías nacionales que, completadas con las descripciones de los mismos científicos y naturalistas, contribuyeron a conformar las argumentaciones sostenidas por los políticos y diplomáticos durante la definición del límite interestatal.

La corriente cultural del Pacífico

Los gobiernos chilenos durante la primera mitad del siglo XIX contrataron científicos europeos para realizar las cartas geográficas y topográficas del país, así como también para la búsqueda de riquezas minerales en Chile. De la lectura de investigaciones sobre el tema se desprende que la producción de estos científicos fue tomada como criterio de verdad, a la vez que fue considerada como los comienzos de los estudios sistemáticos de Geografía. Así, el gobierno chileno mandó a levantar los primeros croquis de las fortificaciones españolas, se creó el cargo de Jefe de la Sección Ingenieros y Depósito Topográfico y se contrató al francés Carlos Ambrosio Lozier con el objeto de que éste realizara el levantamiento de la carta topográfica del territorio[29].

---

[28] Rickard, I., *Viaje a través de los Andes*, 187-188.

[29] Ver Gangas, Mónica, *La evolución de la Geografía chilena durante el Siglo XX, contexto, tendencias y autores,* Universidad de Barcelona, Tesis doctoral, Vol. I, 41- 45.

César Famín, agente consular en Chile –y sujeto perteneciente a varias instituciones científicas–, publicó una *Historia de Chile* (1839) donde se refirió al territorio chileno con las siguientes palabras:

El reino de Chile forma una de las subdivisiones más naturales de la América del Sur, confina al norte con la República de Bolivia, de la cual le separan el río Salado y el gran desierto de Atacama; al sur con la Patagonia y ocupa la parte occidental de los Andes entre 25 y 44 grados de latitud austral. Su anchura se extiende desde la cumbre de la Cordillera hasta el gran océano en un espacio que varía de veinte a setenta leguas; su longitud es de quinientas leguas comunes, y su superficie de trece mil cuatrocientos treinta y seis. Su figura es la de una faja estrecha o bien la de un paralelogramo dividido oblicuamente por grupos de altas montañas y valles profundos que bajando gradualmente llegan hasta la orilla del océano [...]. El río Bio-Bio, que sirve de límite entre Chile español y Chile independiente: este río es navegable por el espacio de cerca de dos millas.

El autor mencionó las dificultades del cruce andino expresando:

El paso de los Andes está expuesto a muchos peligros, y no puede hacerse sin fatigas extraordinarias [...]. Los arrieros y los peones que acompañan al viajero, cuidan de llevar los víveres y muebles necesarios a la caravana, mientras dura el viaje premeditado, porque allí el hombre no puede esperar otro socorro que el de sí mismo; corre la suerte de sufrir la pena que merece su audacia, pues que atravesando esta barrera, ha hecho lo que la naturaleza creía imposible. Llegado a la cima de la Cordillera, y sufriendo una opresión dolorosa, conocida en el país con el nombre de puna, causada a la vez por la rarefacción del aire, y oír la marcha ascendente de las últimas miradas a las llanuras del Río de la Plata que se extienden a lo lejos; las hecha a menos entonces y se arrepiente de su temeridad, pero ya le es inútil; el desierto se presenta delante de él con su nieve relumbrante y su eterno silencio, es preciso atravesarlo, es necesario soltar las riendas sobre el cuello de las mulas, seguir a sus guías y pasar saludando con ellas las cruces de madera[30].

C. Famín no parece haber cruzado él mismo la Cordillera. Sin embargo, su relato evidenció un conocimiento bastante acertado de los pasos andinos que permitieron los vínculos en la zona centro oeste entre Chile y la Argentina. Famín coincide en varios puntos con lo expresado por los viajeros anteriormente citados. Audacia y temeridad son las virtudes que,

---

[30] Famín, César, *Historia de Chile. Agente consular, individuo de varias sociedades científicas*, Barcelona: Imprenta del Guardia Nacional, 1839, 1-3.

según el autor, había que poseer para cruzar la Cordillera ante la soledad, el desierto y la fatiga que presenta el itinerario. Destacó también el carácter de barrera de la montaña, señalando las dificultades de un viaje que calificó de "naturalmente imposible". Al mismo tiempo dio cuenta de la existencia de arrieros y pastores (a los cuales más adelante consideró descendientes de españoles) que demostraban sus saberes expertos en la consecución de esta hazaña. Finalmente el autor incluyó un mapa en su libro que nos señaló la apropiación simbólica del territorio por parte del naciente estado chileno, dejando fuera la región patagónica que denominó Chile español. Invisibilizó la presencia indígena y comparó la figura del territorio chileno con una figura geométrica, el paralelogramo.

A mediados del XIX, se destacaron los estudios de Ignacio Domeyko, quien escribió y publicó importantes obras sobre la geología de la Cordillera trabajando al servicio del gobierno chileno. Entre ellas, *Mis Viajes. Memorias de un exiliado*, libro en el que cuenta su cruce de los Andes con las siguientes palabras:

> Ningún temporal ni las nevazones de invierno pueden compararse con el mal tiempo de aquí. Y sin embargo, el pensamiento de que estábamos cruzando la más grande y acaso la más joven cadena cordillerana del mundo, venció la gran fatiga y casi jugaba con los enfurecidos elementos [...]. Atravesamos sin darnos cuenta la frontera del país, pues la guardia fronteriza se halla a diez millas más abajo de este lugar[31].

Domeyko, como muchos viajeros en la época, apeló al romanticismo fusionándolo con su mirada científica. En este relato, nos interesa destacar que la frontera se evidencia en la presencia de la guardia fronteriza y no en la existencia de muros naturales infranqueables. Conjuntamente a la difusión de la imagen de la Cordillera como ámbito de diferenciación, algunos científicos extranjeros, como Aimé Pissis[32] y Rodolfo A. Philippi, comenzaron a diseñar en Chile una propuesta de línea divisoria de aguas en la Cordillera de los Andes, posterior referente para la delimitación internacional de finales de siglo.

---

[31] Domeyko, Ignacio, *Mis Viajes. Memorias de un exiliado*, Santiago de Chile: Universidad De Chile,1978, V. I, 343-345. El naturalista polaco escribió varias obras vinculadas a la geología y a la mineralogía de Chile y llegó a cubrir el cargo de rector de la Universidad de Chile.
[32] Pissis, Aimé, *Atlas de la Geografía Física de la República de Chile*, París: Instituto Geográfico de París, Ch. Delagrave Editor de la Sociedad Geográfica,1875 y Pissis, Aimé, *Geografía Física de la República de Chile*, París: Instituto Geográfico de París, Ch. Delagrave Editor de la Sociedad Geográfica,1875.

Miradas viajeras de fines de siglo

A fines del siglo XIX, desde la firma del Tratado de 1881 y hasta la de los Pactos de Mayo de 1902, la situación de guerra latente entre la Argentina y Chile era expresada por la prensa y por las acciones de los diplomáticos y políticos a ambos lados de la Cordillera. Los viajeros que transitaron los Andes en uno u otro sentido se hicieron eco de la situación y expresaron sus opiniones. Al mismo tiempo, durante el transcurso del siglo se habían logrado las comunicaciones telegráficas entre los dos países, existían más proyectos de caminos y el ferrocarril trasandino había reducido considerablemente el tiempo del cruce cordillerano.

Fue en este contexto que Francisco Seeber Dingskirchen publicó su obra *De Buenos Aires a Santiago de Chile* hacia fines del siglo. Seeber procuró resaltar los lazos de unión entre ambas naciones a pesar del posible enfrentamiento bélico.

> El camino de la cordillera es hoy una senda recorrida constantemente por un crecido números de pasajeros, y no se anda una legua sin tropezar con un grupo de viajeros, algunos de ellos con niños pequeños que cargan en árganas a uno u otro lado de su mula. Entre ellos percibo una valiente mujer que lleva su niño de pechos, lo que me hace admirar y pensar en la degeneración de los hombres que se quejan de una fatiga tan insignificante, como es hoy el paso de los Andes[33].

Comentando las necesidades del viajero para cruzar la Cordillera expresó:

> Son estos los atavíos indispensables para todo Tartarín[34] que resuelva, en pleno verano, emprender el difícil paso a la cordillera, que con tantos

---

[33] Seeber Dingskirchen, Francisco, *De Buenos Aires a Santiago de Chile*, Buenos Aires: Imprenta Latina, 1894, 112. También a fines de siglo, el ingeniero puertorriqueño José María Hostos -que había conocido el proyecto del ferrocarril trasandino- cada vez que se detuvieron las obras por los problemas limítrofes opinó: "La naturaleza tiene demasiado que hacer para entretenerse en demarcar límites providenciales a los pueblos con los cuales no contó al trazar los contornos del continente. La naturaleza ha hecho la tierra para el hombre, el hombre para la civilización, la civilización para completar la vida humana" (T.VI, 196-197). "Hoy cuando se golpee el suelo de Los Andes para encadenar el riel que lo subyuga para siempre, se habrá dado un martillazo de muerte al necio espíritu que, en nombre de intereses microscópicos, se agita por dividir lo que es necesario que esté unido" (Tomo VII, 451). Hostos, Eugenio. *Obras Completas*. Puerto Rico, La Habana: Cultural S.A. 1939, citado en Arpini, Adriana. "El ferrocarril como símbolo del progreso y unidad continental en Eugenio María Hostos". *Revistas de Estudios Trasandinos, Argentina y Chile 500 años de integración*, 1, 1997, 195-196.

[34] Tartarin es el personaje principal del libro *Tartarin de Tarascon* escrito en clave humorística escrito por Alphonse Daudet en el año 1872. En el mismo se parodia la figura del turista.

peligros describen algunos turistas extravagantes, no obstante que lo realizan señoras gordas y de avanzada edad[35].

Refiriéndose al ferrocarril trasandino, Francisco Seeber opinó:

Cuando se pone uno a pensar en todas las dificultades, contrariedades y retardos que ha sufrido la construcción de esta importante línea, no se puede menos que admirar el tesón y el valor con que sus iniciadores han luchado y siguen combatiendo todavía, para dar cima al pensamiento grandioso de unir el Atlántico con el Pacífico en el continente sudamericano. Empresa magna si se considera el obstáculo formidable que presentan, por esta parte, los Andes que parecen haber sido colocados por la naturaleza entre ambos mares, más para agudizar el ingenio y la actividad de los moradores respectivos de ambos valles, que con el propósito de aislarlos y separarlos [...]. Cuando los rieles unan definitivamente a Santiago y a Valparaíso con Buenos Aires, la comunicación de las cosas y de las ideas, de una y otra región, serán más rápidas y más frecuentes modificando por completo la situación económica y las relaciones internacionales de ambos países[36].

El autor prevé que las ventajas de terminar las líneas férreas son muchas. Afirma que desde la Argentina irán

muchos pasajeros a Chile para pasear y respirar los aires de montaña, tomar baños de mar y termales. Conocer las ciudades y visitar sus pintorescas regiones del sud, será también considerable y los argentinos aficionados a viajar y casi siempre rumbosos dejarán a fin de año fuertes sumas que gastarán allí. A su vez, los chilenos visitarán a Buenos Aires en invierno, que podrá convertirse, por su población y por su situación, en una ciudad cosmopolita como lo es París.[37]

Y por último sostuvo:

La única reflexión que se me ocurre es compadecer á la naturaleza por las fuerzas gastadas y el tiempo empleado en crear estos escollos peligrosos en medio del continente sud-americano; digo mal, en medio del continente, porque Chile protesta, con razón que las cordilleras de los Andes no han sido colocadas equitativamente entre los países limítrofes. En efecto, desde la cumbre de los Andes, en el punto que se divide Chile de la Argentina, frente a Mendoza, hay 1220 kilómetros en línea recta hasta Buenos Aires, y desde allí a Valparaíso solamente 200[38].

---

[35] Seeber Dingskirchen, F., *De Buenos Aires a Santiago*,15.
[36] Seeber Dingskirchen, F., *De Buenos Aires a Santiago*, 81-82.
[37] Seeber Dingskirchen, F., *De Buenos Aires a Santiago*, 84.
[38] Seeber Dingskirchen, F., *De Buenos Aires a Santiago*, 88.

Como podemos advertir, este viajero de fines de siglo ya no percibe gran dificultad en traspasar los Andes. Sin embargo, la misma se transforma en obstáculo sólo a hora de enfatizar la necesidad de continuar la construcción del ferrocarril. Este serviría para satisfacer los requerimientos de la industria del turismo de acuerdo a sus ideales de "progreso" de las naciones. El tránsito cordillerano es presentado como continuo y fácil de realizar para cualquier persona. A la vez, el relato de Francisco Seeber da cuenta del desarrollo de la industria del turismo; sus descripciones apuntan a considerar y promover el ámbito cordillerano y sus valles adyacentes como posibilidades de descanso, pasatiempo, con potencialidades económicas para ambas naciones, lo cual aseguraría el mejoramiento de las relaciones entre la Argentina y Chile.

La imagen de la Cordillera en D. F. Sarmiento y en los primeros historiadores sanjuaninos

Antes de escribir *Facundo* (Chile, 1845), *Viajes por Europa, África y América* 1845-1847, (Chile, 1849) y *Recuerdos de Provincia* (Chile, 1850), D. F Sarmiento había realizado cuatro viajes a Chile por motivos comerciales, educativos y también políticos. Sarmiento da cuenta así de una movilidad que era propia de muchos de los habitantes de la región y nos habla de las continuas relaciones mantenidas entre Cuyo y el centro de Chile desde la época colonial que caracterizan su movilidad regional[39].

Sarmiento entonces desconocía muchos de los ámbitos que describió en el *Facundo* y, sin embargo, conocía bien y había recorrido la región de Cuyo y su provincia con su padre, que era arriero. Parte de los datos que alimentaron las imágenes de este libro fueron, como ya demuestra Prieto, los relatos de los viajeros que previamente habían recorrido estos ámbitos. En el primer capítulo de *Facundo*, titulado "Aspecto físico de la República Argentina", Sarmiento expresó:

El continente americano termina al sur en punta, en cuya extremidad se forma el Estrecho de Magallanes. Al oeste, y a corta distancia del Pacífico, se extienden paralelos a la costa, los Andes chilenos. La tierra que queda al oriente de aquella cadena de montañas y al occidente del Atlántico, siguiendo el río de la Plata hacia el interior por el Uruguay arriba, es el territorio que se llamó Provincias Unidas del Río de la Plata, y en el que aún se derrama sangre por denominarlo República Argentina o Confe-

---

[39] Sobre el tema ver Brizuela, Gabriel, "Sarmiento por los senderos y huellas de la región". *III Encuentro de Historia Argentina y Regional. Cambios y Permanencias en Cuyo*, 1997, T. II, 362-366.

deración Argentina. Al norte están el Paraguay el gran Chaco y Bolivia, sus límites presuntos[40].

Es interesante destacar que Sarmiento enmarcó la República Argentina entre zonas de límites difusos –o presuntos, en sus propias palabras– y zonas para él tácitamente definidas como es el último caso del oeste con los Andes y el este con el Atlántico. Este párrafo demuestra que Sarmiento perpetúa aquella tradición en la cual los Andes separan los dos estados, ya propuesta por Bon Head. Pensamos que la menor atención prestada a los Andes en el *Facundo* se debe a que este era un ámbito conocido y no conflictivo para el autor. Además, en la medida que la demarcación limítrofe no era una cuestión en discusión en el momento de la redacción de esta obra, no fue necesario incorporar la cuestión de la definición de las fronteras en el desarrollo de sus ideas político-sociales.

Sin embargo, en *Recuerdos de Provincia*, Sarmiento describe la Cordillera como espacio vivido y traspasado, lo cual coexiste con una percepción de la presencia de entidades estatales diferenciadas a partir de ella. En esta obra expresa:

> En la tarde del 25 de septiembre, yo y tres amigos más asomábamos sucesivamente las cabezas sobre la areta principal de la cordillera de los Andes. El penoso ascenso de un día a pie, hundiéndonos en la nieve, reblandecida por los débiles rayos del sol, nos traía fatigados y reclamaban nuestros miembros un momento de reposo en aquel páramo batido por la brisa glacial que ha desenvuelto el deshielo del día. La vista descubre hacia el oriente cadenas de montañas que achican y orlan el horizonte, valles blancos como cintas que fueran serpenteando por entre peñascos negros que brillan al reflejarse el sol; y abajo al pie de la eminencia, como una cabeza de alfiler, la casucha de ladrillo que ofrece amparo y abrigo al viajero. ¡Salud República Argentina, exclamábamos cada una saludándola en el horizonte y tendiendo hacia ella nuestros brazos![41]

Continúa el relato comentando que en el camino se enteró de la derrota de los unitarios y de la huída a Chile de lo que quedaba del ejército. En este contexto, la Cordillera se convirtió en el escenario atravesado por los derrotados a los que Sarmiento ayudó a cruzar a partir de su amplio conocimiento de la zona.

Sarmiento había cruzado la Cordillera por Mendoza y también por el paso de los Patos (San Juan), como mencionamos, por diferentes moti-

---

[40] Sarmiento, D. F., *Facundo*, España: Biblioteca Ayacucho, 1985, 23.
[41] Sarmiento, D. F., *Recuerdos de Provincia*, Buenos Aires: Emecé, 1998, 256.

vos. En la misma época otros sanjuaninos debieron recurrir al exilio. Tal es el caso de Damián Hudson, vinculado a una importante familia terrateniente de San Juan y autor de una de las primeras historias provinciales. Al cruzar la Cordillera, Hudson decidió llevar un diario de viajes en el cual describió los aspectos "que presenta aquella naturaleza tan variada en vistas salvajes de una tétrica soledad y aspereza, en describir las grandes neveras perpetuas que allí se mantienen desde remotos siglos, los tributarios infinitos que brotan para concurrir a dar el abundoso caudal que hace los grandes ríos que desembocan poderosos en torrentosas mole a la grande hoya del Cuyo, en anotar las variantes, día a día, que experimentaba la atmósfera en sus fenómenos, en dar cuenta de las plantas, de las flores silvestres que allí crecen, y por último en narrar los episodios [...] del viaje [...]"[42].

Nos interesa señalar las diferencias entre los dos últimos autores citados. Sarmiento, que cruzó más de una vez la Cordillera, no le dio la misma importancia que Hudson, quien llevó un diario con el fin de registrar los sucesos del viaje. Para este último, la Cordillera fue un espacio menos familiar que para Sarmiento, digno de anotaciones que el propio Hudson consideraba científicas.

Hudson finaliza su obra comentando:

Al fin después de doce días de parada resolvimos trasmontar el último obstáculo que nos ofrecían los Andes en nuestra peregrinación, afrontando el peligro de las nieves y precipicios que en ese pasaje encontramos. Aún no estaba del todo fácil el acceso a la Cordillera. No obstante salimos sin novedad de la peligrosa barrera, descendiendo a los primeros valles poblados de la pintoresca Provincia de Coquimbo (República de Chile)[43].

Así, el autor recurre a la idea de los Andes como barrera llena de peligros, enunciada ya en las descripciones realizadas por los viajeros de principios de siglo. Sin embargo, su relato también entreteje descripciones que señalan el tránsito de otros agentes cordilleranos, previamente observados en varios de los viajeros citados.

Nicanor Larraín fue también uno de los primeros historiadores provinciales que se exilió en Chile. Su obra, titulada *El País de Cuyo*, fue publicada en 1906. Aunque no dejó una impresión de su viaje cordillerano, su texto nos interesa porque constituye un ejemplo de la lectura y del uso de los relatos de los viajeros extranjeros, como De Moussy y

---

[42] Hudson, Damián, *Recuerdos históricos sobre la Provincia de Cuyo,* Buenos Aires: Imprenta de Juan Alsina, 1898, 472.

[43] Hudson, Damián, *Recuerdos históricos sobre la Provincia de Cuyo,* 477.

Rickard, ya sea para apoyar sus aseveraciones o para ponerlos en duda. Según Larraín, el límite oeste era el menos conflictivo, aunque él destaca en su obra los intentos chilenos por apropiarse de tierras bajo dominio argentino;

> Existió un hecho peligroso en cuanto a los límites del Poniente, el Gobierno de Chile, prevalido de nuestra indolencia y en la necesidad de dar ensanche a sus poblaciones, ha hecho varias tentativas para establecer su dominio sobre el Valle de los Patos[44].

Este párrafo muestra una actitud nacionalista de base territorial característica en la Argentina de finales del siglo XIX frente a los conflictos de límites con Chile. Es desde aquí que puede entenderse que la actividad de "invernada" de los pastores chilenos en territorios argentinos haya sido vista como un hecho que atentaba tanto contra la soberanía territorial provincial como contra la nacional. La protección de la frontera como tributaria de la defensa del nacionalismo será difundida por su obra, una de las primeras de la historia y la geografía regional realizada por un sanjuanino que gozó de prestigio en la sociedad local y una de las fuentes más citadas del pasado provincial. A todo lo dicho hasta aquí debe agregarse que cuando se publicó su libro, en 1902, los conflictos con el vecino país acababan de superar su etapa diplomática más crítica.

Pareciera, entonces, que la Cordillera quedó imaginada como una barrera difícil de traspasar entre los sanjuaninos que vivieron en el exilio en el XIX. Así esta imagen fue adquiriendo fuerza ante los problemas de límites que surgieron con Chile a fines de dicho siglo.

A partir de aquí, la Cordillera como barrera o muro se transformó en una metáfora territorial que sería transmitida a través de la educación o mediante las asociaciones científicas y culturales en la acción homogeneizadora emprendida por los Estados adyacentes a los Andes.

A modo de conclusión. Las miradas sobre los Andes

La obra de Humboldt promovió una forma científica y narrativa de "redescubrir" y "resignificar" América, y un modo de aproximarse al conocimiento de la montaña de la que se valieron los viajeros del XIX en sus relatos. El ámbito fronterizo centro-oeste argentino-chileno fue caracterizado por las narrativas escogidas, entretejiendo imágenes diferentes que fueron desde el muro impenetrable, desolado y peligroso a un ámbito posible para el turismo. Así observamos cómo el discurso de la

---

[44] Larraín, Nicanor, *El país de Cuyo. Relación histórica hasta 1872,* Buenos Aires: Imprenta de Juan Alsina, 1906, 302.

barrera andina cambiará de acuerdo a intereses diversos y hasta por las modas narrativas seguidas por los autores que refieren su paso. Estos viajeros describen la Cordillera resaltando el cruce como una hazaña personal como era dado hacerlo bajo la influencia del Romanticismo. Se trataba de una muralla casi impenetrable que ellos lograban atravesar. A la vez, en sus obras señalaron la circulación de pastores y ganado, comentando que los guías conocían sitios donde los viajeros "continuamente" descansaban. Asimismo, mientras los viajeros de principios de siglo rescataron el cruce de los ejércitos independentistas, los que atravesaron el país a fines del siglo destacaron el paso de los exiliados durante la dictadura rosista. El llamado muro andino entonces puede advertirse poroso, con fisuras. Éste no es solo atravesado por gente que va y viene, sino también por las ideas, la ciencia, los libros y los periódicos.

Por otra parte, algunos de los científicos que visitaron la zona cordillerana participaron en el diseño de la línea divisoria de aguas en un momento en que el límite internacional entre las dos repúblicas aún no se había demarcado sobre el terreno, ya que entre ambos estados en conformación existía el acuerdo de mantener los límites heredados desde la Colonia. Este criterio naturalista destacado por los científicos extranjeros fue seguido por los grupos de poder en el momento de buscar argumentaciones que facilitaran la demarcación de los límites entre estos países.

Fueron las representaciones de la montaña como separación, elaboradas por los viajeros y los naturalistas, las que colaboraron en la construcción de la frontera como una línea que distinguía sociedades diferenciadas. Al mismo tiempo ella logró borrar las dinámicas de colaboración e intercambio. La Cordillera descripta como un muro, una barrera que se mostró impenetrable, solo fue relativizada y considerada "exagerada" por algunos que –como Brand o Seeber– destacaban las potencialidades turísticas de la región.

D. F. Sarmiento cruzó varias veces los Andes y en sus relatos estas montañas se hacen presentes, paradójicamente, por su casi omisión. Sin embargo, al proyectar intelectualmente la Nación y definir sus contornos, la Cordillera separaba dos repúblicas a uno y otro lado del macizo andino, aun cuando los límites oficiales no estaban todavía demarcados.

Aunque la apropiación del territorio por parte de viajeros y naturalistas fue simbólica y respondió a diversos objetivos, sus relatos participaron en la construcción material del límite internacional y en la construcción del territorio sanjuanino.

Los Andes se alzaron a fines del siglo XIX y principios del siglo XX como una barrera natural durante la delimitación internacional y ante las discusiones sobre los territorios que los nuevos estados argentino y chileno pretendían dominar. La percepción de viajeros, naturalistas y científicos, sus estudios y sus mapas, fueron recuperados o explícitamente desestimados para constituir una nueva mirada desde las naciones, en la cual el macizo andino se construyó como una frontera separadora, que contrastaba identidades estatales diferenciadas.

Otras miradas, otros lugares. Los relatos de viajeros en la construcción de la Puna argentina

Hortensia Castro

Introducción

Una extensa y variada bibliografía ha analizado al viaje como un dispositivo que participa en la construcción de la "otredad"[1]. En efecto, se considera que el viaje, en tanto desplazamiento espacio-temporal, posibilita el encuentro con "otros" (sujetos, pueblos, culturas, naturalezas) e implica y produce un conjunto de ideas y representaciones sobre ellos. Aquí nos interesa indagar, en particular, de qué manera esas construcciones simbólicas participan de la construcción de lugares[2], es decir cómo

---

[1] Entre otros, se destacan Litvak, Lily, *El ajedrez de estrellas. Crónicas de viajeros españoles del siglo XIX por países exóticos (1800-1913)*, Barcelona: Editorial Laia, 1987; Pratt, Mary Louise, *Ojos imperiales. Literatura de viajes y transculturación*, Buenos Aires: Universidad Nacional de Quilmes, 1997[1992]; Prieto, Adolfo, *Los viajeros ingleses y la emergencia de la literatura argentina, 1820-1850*, Buenos Aires: Fondo de Cultura Económica, 2003[1996]; Gómez Mendoza, J., y N. Ortega, *Viajeros y paisajes*, Madrid: Alianza Universidad, 1998; Ricardo Cicerchia: *Journey, rediscovery and narrative*, Londres: ILAS, 1998; Duncan, James y Derek Gregory (eds.), *Writes of passage. Reading travel writing*, Londres: Routledge, 1999; Elsner, Jás y Joan-Pau Rubies (eds.), *Voyages and visions. Towards a cultural history of travel*, Londres: Reaktion Books, 1999; Livon-Grosman, Ernesto, *Geografías imaginarias. El relato de viaje y la construcción del espacio patagónico*, Rosario: Beatriz Viterbo editora, 2003.

[2] Se utiliza el concepto de lugar en el sentido de ámbito concreto, que articula a) "el 'locale', [es decir] los lugares en que se constituyen las relaciones sociales [...], b) la localización, el área geográfica que abarca los marcos para la interacción social definidos por los procesos sociales y económicos que operan en una escala más amplia, y c) el sentido de lugar, la 'estructura de afinidad' local". Agnew, John, *Place and politcs*, Winchester: Allen Unwin, 1987, 3.

esas representaciones sobre los "otros" configuran los lugares donde estos se materializan.

Nos interesa analizar, en particular, un tipo de desplazamiento que, al menos desde fines del siglo XVI hasta principios del siglo XX, se constituyó en uno de los principales dispositivos para la producción de conocimiento sobre el territorio: el viaje de exploración y relevamiento[3]. Varios estudios han analizado el rol de ese tipo de viajes en la conformación del territorio argentino, más precisamente en el marco del proceso de modernización económica y político-institucional del país[4]. En general, se trata de investigaciones centradas en ámbitos que, en aquel contexto, aún no estaban sometidos o "pacificados", fundamentalmente con relación a los pueblos originarios, como la Patagonia y el Chaco. Sin embargo, consideramos que esos procesos de exploración y relevamiento también se efectúan en aquellos ámbitos ya sometidos, como gran parte de las Pampas o el Noroeste. Bajo esta premisa, en este trabajo centraremos nuestro análisis en un sector de estos ámbitos, la Puna, durante los primeros años del siglo XX, es decir, cuando se está cerrando ese proceso de modernización económica e institucional.

¿De qué manera se indaga sobre la relación entre viajes de exploración y construcción de lugares? A través de uno de los registros materiales del viaje: el relato. Al respecto cabe señalar que interpretamos los relatos de viaje como *filtros*, es decir, como dispositivos que seleccionan y describen, bajo determinadas estrategias, ciertos elementos de las áreas recorridas y relevadas; también, como *lentes*, es decir, dispositivos que definen para otros (los destinatarios o lectores en general del relato) qué y cómo mirar. Por lo tanto, estamos conceptualizando los relatos como

---

[3] En tiempos modernos, la posibilidad de observación y registro directos define el viaje de exploración, junto con la experimentación en laboratorio, como fuente de conocimiento y garantía de su autenticidad. Al respecto véase Livingstone, David, *The Geographical Tradition. Episodes in the History of a Contested Enterprise*, Cambridge: Blackwell Publishers, 1996, 33.

[4] Por ejemplo, Naylor, Simon, "Discovering nature, rediscovering the self: natural historians and the landscapes of Argentina", *Environment and Planning D: Society and Space*, 19 (2001): 227-247; Dócola, Silvia, M. Puig y P. Payró, "Imágenes de las pampas: viajar para contar, contar para proyectar. Territorios al norte, 1852-1884", *Actas del 1er. Encuentro Las metáforas del viaje y sus imágenes. La literatura de viajeros como problema*, Rosario: UNR, 2002; Carla Lois, "Del desierto ignoto a territorio representado. Cartografía, estado y territorio en el Gran Chaco argentino (1866-1916)", *Cuadernos de Territorios*, 10 (2002); Williams, Fernando, "Paisaje y literatura de viajes en la colonia galesa de la Patagonia", *III Jornadas Interdisciplinarias: Formas y Representaciones del Territorio y la Ciudad*, Buenos Aires: Facultad de Filosofía y Letras de la Universidad de Buenos Aires, 2002; Livon-Grosman, *Geografías imaginarias*; Navarro Floria, Pedro (comp), *Patagonia. Ciencia y conquista. La mirada de la primera comunidad científica argentina*, Neuquén: Centro de Estudios Patagónicos, UNCo, 2005.

registros de la realidad provistos de perspectiva –y no como fuentes objetivas de información– y también, como instrumentos que participan de la producción de un espacio de conocimiento y, al mismo tiempo, de un espacio de poder[5].

Para llevar adelante tales objetivos se han seleccionado dos relatos de viajeros por la Puna que representan, tal como se muestra más adelante, distintos proyectos institucionales y perspectivas teóricas: *Viaje a la Puna de Atacama. De Salta a Caurchari* (1905), de Juan Bautista Ambrosetti, y *Desert trails of Atacama* (1924), de Isaiah Bowman. Una serie de preguntas organizan el análisis de esas fuentes; fundamentalmente, ¿qué caracterización elaboran acerca de aquel ámbito?, ¿de qué manera la construyen? y, finalmente, ¿con qué derivaciones para la configuración de la Puna como lugar?

A partir de aquí, este artículo se estructura en cinco partes: en la primera, se presenta una breve caracterización sobre los viajes de exploración en el marco del proyecto modernizador del país; en la segunda, se exponen algunas de las principales transformaciones que registra el área en ese contexto; en la tercera y cuarta parte se presenta el análisis de los relatos de Ambrosetti y Bowman; en la quinta y última parte se exponen algunas reflexiones en torno a esos relatos en la construcción de la Puna como lugar.

Los viajes de exploración y el proyecto modernizador

Tal como se señala en la introducción, los viajes de exploración y relevamiento han sido, durante los tiempos modernos, uno de los dispositivos centrales para la producción de conocimiento sobre los territorios, lo que ha involucrado, además, diferentes actores e intereses: los estados nación en conformación, las potencias imperiales, los inversores privados, las instituciones científicas. Por ejemplo, para el estado argentino –más precisamente desde la unificación política lograda hacia 1862 hasta las primeras décadas del siglo XX– este tipo de viajes tiene un rol central para la construcción de un país moderno conforme a los cánones de la época, es decir, organizado bajo los ideales de "civilización y progreso"[6]. ¿Por qué presentan un rol central? Porque tales viajes tienen por

---

[5] Duncan y Gregory, *Writes of passage*, 2-3.

[6] Botana, Natalio, *El orden conservador. La política argentina entre 1880 y 1916*, Buenos Aires: Hyspamérica, 1977; Oszlak, Oscar, *La formación del estado argentino*, Buenos Aires: Editorial de Belgrano, 1990 [1982]; Panettieri, José, *Argentina: historia de un país periférico. 1860-1914*, Buenos Aires: Centro Editor de América Latina, 1986.

objetivo el relevamiento sistemático de las características del territorio nacional y permiten argumentar reclamos territoriales y organizar el aprovechamiento productivo y los asentamientos de población. En definitiva, porque implican la producción de un conocimiento que posibilita y garantiza la apropiación y transformación, tanto simbólica como material, del territorio nacional.

La implementación de estos viajes de exploración y relevamiento está asociada, de manera fundamental, al proceso de institucionalización de la ciencia y la técnica en el país; en términos de Zusman, "¿Cómo hacer el reconocimiento preciso del territorio sin contar con los especialistas adecuados para ello?"[7]. Frente a esa necesidad, y sobre todo a partir de 1880, la ciencia y la técnica son conformadas como asuntos de interés público y, en especial, como temas de interés estatal-nacional, bajo diferentes formas o prácticas de institucionalización, como la convocatoria a científicos extranjeros, la conformación de instituciones científicas y técnicas estatales y la creación de sociedades científicas privadas[8]. Se destaca, por ejemplo, la contratación de científicos alemanes y norteamericanos (como Germán Burmeister y Benjamín Gould) y la creación de un *pool* de ciencia aplicada en la ciudad de Córdoba, integrado por la Academia Nacional de Ciencias, el Observatorio Astronómico y la Oficina Meteorológica, entre otras instituciones; también, la conformación de una serie de sociedades científicas de carácter privado, como la Sociedad Científica Argentina (1876) y el Instituto Geográfico Argentino (1879).

Al respecto cabe señalar los múltiples entrecruzamientos de sujetos, instituciones y prácticas que constituyen, en cierta manera, una marca de la época. Por ejemplo, en múltiples ocasiones las exploraciones de aquellas asociaciones privadas han sido financiadas por el estado nacional o, más aún, sus miembros han participado directamente en acciones estatales de apropiación territorial, como ha sido el caso del Instituto Geográfico Argentino, que "acompaña el proceso de ocupación del Chaco así como también los acontecimientos vinculados a la resolución de los conflictos limítrofes con Chile, Bolivia y Brasil"[9]. De hecho, gran parte de los

---

[7] Zusman, Perla, *Sociedades Geográficas na promoçao dos saberes a respeito do território. Estratégias políticas e acadêmicas das instituições geográficas na Argentina (1879-1942) e no Brasil (1838-1945)*, Dissertação de Mestrado, Programa de Pós-graduação em Integração da América Latina, Universidad de San Pablo, 1996, 34.

[8] Babini, José, *La evolución del pensamiento científico en la Argentina*, Buenos Aires: Editorial La Fragua, 1954; Marcelo Monserrat (comp.), *La ciencia en la Argentina entre siglos. Textos, contextos e instituciones*, Buenos Aires: Editorial Manantial, 2000; Zusman, *Sociedades Geográficas*.

[9] Zusman, *Sociedades Geográficas*, 40.

viajeros de la época desarrollan diferentes tareas, a veces simultáneamente y otras en forma alternada, como "adelantados estatales"[10] (y, por tanto, cumpliendo funciones claramente utilitarias para diferentes instituciones del estado) y, en otras, como hombres de ciencia en un sentido más "puro", siguiendo en gran medida el modelo de Alexander von Humboldt.

En el proceso de exploración y relevamiento del territorio desarrollado en esos años también cabe reconocer la presencia de viajeros extranjeros no vinculados, al menos de manera directa, al proyecto estatal-nacional argentino, a los que hemos denominado en un trabajo anterior como "viajeros no oficiales"[11]. Se trata, en gran medida, de viajeros que protagonizan expediciones organizadas en el marco de universidades, pero no por ello ajenos, en muchos casos, a las tramas imperiales[12]. Por ejemplo, durante las primeras décadas del siglo XX se destaca la presencia de viajeros norteamericanos, como John Bell Hatcher e Isaiah Bowman[13], en consonancia con el creciente interés[14] de los Estados Unidos en América latina. También es relevante la presencia de viajeros franceses, ingleses, alemanes y suecos, entre otros; es el caso de Pierre Denis, geógrafo francés que recorre la Argentina entre los años 1912 y 1914, con el objetivo específico de elaborar una descripción de América del Sur para "la *Geografía Universal*, obra de gran aliento concebida por Paul Vidal de la Blache"[15].

---

[10] Oszlak, *La formación del estado argentino*, 141. Este autor utiliza la expresión "adelantados estatales" para dar cuenta del doble carácter de algunos funcionarios estatales: exploradores y empresarios; es el caso, por ejemplo, de los funcionarios del Departamento de Agricultura que recorren el país para relevar las potencialidades agrícolas y, al mismo tiempo, promueven su colonización con inmigrantes, o de los enviados por la Dirección de Minas y Geología para determinar los recursos mineros y promover las inversiones privadas.

[11] Castro, Hortensia, *Las ventajas naturales del Noroeste. Relatos de viaje y construcción de la naturaleza en la Argentina de entre siglos*, Tesis de Maestría en Políticas Ambientales y Territoriales, Facultad de Filosofía y Letras, Universidad de Buenos Aires, 2004. Ahí se ha planteado una distinción entre "viajeros oficiales" y "no oficiales"; la primera acepción involucra a aquellos sujetos que, más allá de su nacionalidad, participan plenamente de las instituciones estatales argentinas y desarrollan viajes de exploración bajo sus objetivos.

[12] Elsner y Rubies, *Voyages and visions*.

[13] John Bell Hatcher viaja por la Patagonia entre los años 1896 y 1899 como miembro de una expedición de la Universidad de Princeton; se trata, en particular, de una de las primeras exploraciones paleontológicas realizadas por el sur del continente. Con respecto a Isaiah Bowman, véase ítem 5 en este artículo.

[14] Una expresión de ese interés, mediado por la realización de viajes de exploración, es la elaboración de un mapa de América Latina a escala millonésima por parte de la Asociación de Geógrafos Americanos, bajo la coordinación de Isaiah Bowman. Smith, Neil, *American Empire. Roosevelt's geographer and the prelude to globalization*, Berkeley: University of California Press, 2003.

[15] Chiozza, Elena, "Estudio preliminar", En: Denis, Pierre, *La valorización del país. La República Argentina, 1920*, Buenos Aires: Ediciones Solar, 1987, 10.

La Puna argentina: transformaciones y desplazamientos

Hacia 1914 la Puna argentina cuenta con alrededor de 38.000 habitantes, apenas unas 7.500 personas más que en 1869, momento en que se realiza el primer censo nacional de población[16]; ello, a pesar de que la superficie y la población del área se habían incrementado con la anexión, en el año 1900, de un sector de la Puna de Atacama como resultado de un acuerdo limítrofe con Bolivia (tratado Vaca Guzmán – Quirno Costa, 1889)[17]. Esos datos dan cuenta del lento crecimiento demográfico de la población puneña, situación que es mucho más elocuente si se la compara con las pautas de crecimiento del Noroeste en general, cuya población prácticamente se duplica entre esos años[18].

En paralelo a ese comportamiento demográfico se evidencia, a su vez, una transformación en las estrategias de subsistencia de la población del área[19]. En efecto, las principales actividades productivas habían sido, tradicionalmente, la ganadería y la agricultura organizadas en función de la disponibilidad estacional de pasturas y riego; por ejemplo, se destaca la cría de auquénidos (como llamas) y de ganado criollo (ovinos, caprinos, mulares) bajo un sistema de trashumancia. Esas actividades, además, se complementaban con la organización de ferias y caravanas, que permitían el intercambio de los excedentes entre comunidades de diferentes zonas, por ejemplo, desde la Puna de Atacama hacia la Quebrada de Humahuaca, los valles Calchaquíes y los oasis situados al sudeste de San Pedro de Atacama[20]; a estos circuitos mercantiles vinculados a la

---

[16] Esos valores han sido obtenidos a partir de la información censal, que ofrece datos agregados a nivel departamental; constituye, por lo tanto, solo una aproximación a la cantidad de población que vivía en la Puna argentina en esos años. Para el año 1914 se han considerado los departamentos jujeños de Santa Catalina, Rinconada, Cochinoca y Yavi, la totalidad del Territorio Nacional de los Andes y los departamentos catamarqueños de Tinogasta y Belén. Para el año 1869 se han considerado solo los departamentos citados de las provincias de Jujuy y Catamarca.

[17] Como resultado de ese tratado, Argentina renuncia a sus pretensiones sobre el área de Tarija a cambio de un sector del Chaco Central y otro de la Puna; este último sector es incorporado y organizado en el año 1900 como Territorio Nacional de Los Andes.

[18] Censos Nacionales de Población 1869 y 1914, www.indec.mecon.ar

[19] La mayor parte de los habitantes del área eran indígenas de diferentes filiaciones étnicas, probablemente atacamas. Al respecto véase: Rutledge, Ian, *Cambio agrario e integración. El desarrollo del capitalismo en Jujuy: 1550-1960*, San Miguel de Tucumán: ECIRA - CICSO, 1987; Lorandi, Ana María, "El contacto hispano-indígena y sus consecuencias ambientales", en Reboratti, Carlos (comp.), *De hombres y tierras. Una historia ambiental del Noroeste argentino*, Salta: Proyecto Desarrollo agroforestal en comunidades rurales del Noroeste argentino, 1997, 39-48.

[20] Langer, Erick y Viviana Conti, "Circuitos comerciales tradicionales y cambio económico en los Andes centromeridionales (1830-1930)", *Desarrollo Económico*, 31 (121), 1991:

producción de subsistencia se incorporan, desde mediados del siglo XIX, los arreos de ganado que atraviesan la Puna con destino al litoral Pacífico chileno[21]. Tanto esas actividades productivas como las de intercambio registran una importante desarticulación, sobre todo desde principios del siglo XX.

¿En qué consisten esas transformaciones, tanto las demográficas como las económicas, y cuáles son sus causas? Una de las interpretaciones más extendidas aduce el lento crecimiento demográfico y la desarticulación de las economías de subsistencia a la expansión de los ingenios azucareros en las áreas bajas del Noroeste, más precisamente en el valle del río San Francisco[22]. En efecto, la expansión de la actividad azucarera implica una importante demanda de mano de obra, especialmente para la zafra, que es resuelta, desde principios del siglo XX, con la migración de campesinos desde la Puna[23] y los valles andinos, muchas veces bajo formas de cooptación extraeconómica[24].

Asimismo, cabe reconocer otros factores explicativos de escala regional y nacional. Por ejemplo, la prolongación del Ferrocarril Central Norte Argentino desde San Salvador de Jujuy hasta La Quiaca, en 1907, y la

---

90-111; Delgado F. y B. Göbel, "Departamento de Susques: la historia olvidada de la Puna de Atacama". En *Jujuy en la historia. Avances de investigación II*, San Salvador de Jujuy: Universidad Nacional de Jujuy, 1995, 81-104.

[21] La expansión de la explotación de los recursos salitreros en la zona de Antofagasta genera, a partir del último cuarto del siglo XIX, una fuerte demanda de productos y la implementación de una compleja red de circulación de mercaderías; en ella van a participar diferentes sectores del Noroeste argentino, sobre todo con la provisión de ganado vacuno en pie y forraje. Viviana Conti: "Entre la plata y el salitre. Los mercados de Pacífico para las producciones del Norte argentino (1830-1930)". En Conti V. y M. Lagos (comp.), *Una tierra y tres naciones. El litoral salitrero entre 1830 y 1930*, San Salvador de Jujuy: UNIHR, Universidad Nacional de Jujuy, 2002, 119-149; González Pizarro, José Antonio: "Esquema de periodificación histórica de las relaciones entre el Noroeste argentino y el norte de Chile", *Revista de Estudios Trasandinos* 4, Año IV (2000), 97-115.

[22] Bisio, Raúl y Floreal Forni, *Economía de enclave y satelización del mercado de trabajo rural: el caso de los trabajadores con empleo precario en un ingenio azucarero del Noroeste argentino*, Buenos Aires: INTA, Serie Investigación 19, 1975; Rutledge, *Cambio agrario e integración*; Ana Teruel: "Población, mano de obra y transformación social en Jujuy a fines del siglo XIX y comienzos del XX", *Jujuy en la historia. Avances de investigación I*, San Salvador de Jujuy, Facultad de Humanidades y Ciencias Sociales, Universidad Nacional de Jujuy, 1993, 133-151.

[23] Como resultado de ello, por ejemplo, en 1869 el 30% de la población de la provincia de Jujuy vivía en la Puna; en 1914, solo el 16%, cfr. Teruel: "Población, mano de obra".

[24] En particular, la captación de mano de obra era asegurada a partir del control, mediante compra o arriendo, de aquellas tierras en las que vivían esos campesinos y el establecimiento de deudas que solo podían ser pagadas con el trabajo en los ingenios. Al respecto véase, entre otros, Bisio y Forni, *Economía de enclave,* y Rutledge, *Cambio agrario e integración*.

reactivación de la explotación minera en la zona impulsan un proceso de redistribución de la población y de concentración, especialmente en aquella localidad y en la de Abra Pampa. También cabe identificar un conjunto de procesos vinculados al avance de las normativas estatales, como la imposición de obligaciones impositivas, que van desarticulando aquellas economías de subsistencia; por ejemplo, para el caso de la provincia de Jujuy, Teruel precisa que "los puneños tuvieron que asumir nuevas cargas impositivas: impuestos a la extracción de sal, al intercambio realizado con Bolivia en las aduanas nacionales y a la propiedad del ganado"[25].

Algunos factores internos o locales también presentan un importante valor explicativo. Por ejemplo, Rutledge y Madrazzo han realizado extensos y reconocidos estudios que indagan sobre la estructura agraria puneña, a la que caracterizan como de tipo señorial, es decir, conformada por unos pocos hacendados, propietarios de grandes extensiones de tierra, y un amplio campesinado de base indígena desposeído; en ese marco, los primeros imponían el pago de cánones por derecho de pastaje o cultivo y, en ocasiones, hasta la imposición de prácticas como la obligación de servicio personal[26] que, en muchos casos, habrían inducido al abandono de las prácticas agrarias y a la migración.

Como hemos visto, se trata de un área (la Puna argentina) y un tiempo (las dos primeras décadas del siglo XX) en que se produce una serie de transformaciones en las formas de vida y en la geografía material. En ese contexto se llevan a cabo los viajes de exploración y relevamiento de Ambrosetti y Bowman, cuyos relatos analizaremos en las dos secciones siguientes.

El relato de un viaje "oficial" a la Puna de Atacama

Juan Bautista Ambrosetti (1865-1917) realiza un viaje de exploración por la Puna de Atacama durante los meses de enero y febrero de 1902 por encargo de la Sección Minas y Geología del Ministerio de Agricultura. El objetivo central del viaje es el de explorar "la región de las borateras del

---

[25] Teruel, Ana, "Estructuras agrarias comparadas: la Puna argentina y el sur boliviano a comienzos del siglo XX", *Mundo Agrario. Revista de estudios rurales* 11(2005), s/p.

[26] Rutledge, *Cambio agrario e integración*; Madrazzo, Guillermo: *Hacienda y encomienda en los Andes. La Puna argentina bajo el Marquesado de Tojo, siglos XVII a XIX*, San Salvador de Jujuy, Universidad Nacional de Jujuy, 1990; Teruel, "Estructuras agrarias comparadas: la Puna argentina y el sur boliviano a comienzos del siglo XX". Aquella caracterización intenta dar cuenta de la situación predominante en la estructura agraria puneña a principios del siglo XX; sin embargo, cabe señalar la presencia de situaciones divergentes, como la de la Puna catamarqueña, con un sistema de tenencia menos polarizado, o la del departamento jujeño de Santa Catalina, donde el estado implementó, entre 1886 y 1904, mecanismos para el acceso de campesinos a la propiedad de la tierra.

Salar de Caurcharí"[27], situadas en el Territorio Nacional de los Andes; de hecho, esta exploración formaba parte de un plan más general de conocimiento y fomento de ese Territorio Nacional, fundamentalmente centrado en la exploración minera, considerada el principal potencial económico del área[28]. Participan de ese viaje, además de Ambrosetti, Iberio Sanromán, un ingeniero del Ministerio de Agricultura que realiza un relevamiento geodésico de la zona, Delfín Leguizamón y Alejandro Sierra, ambos funcionarios de la administración del Territorio de Los Andes (secretario y comisario de la Gobernación, respectivamente).

Al momento de realizar el viaje, Ambrosetti era un naturalista[29], miembro del Instituto Geográfico Argentino y director del Museo Arqueológico y Etnográfico de esa institución. Ya había emprendido varios viajes de exploración y relevamiento en el marco de instituciones científicas privadas y estatales[30] y había desarrollado un creciente interés en la colección y análisis de materiales de carácter etnográfico y arqueológico[31]. Según

---

[27] Ambrosetti, Juan B., "Viaje a la Puna de Atacama. De Salta a Caurcharí", *Boletín del Instituto Geográfico Argentino* XXI, (1905): 87.

[28] Con posterioridad a la constitución del Territorio Nacional de los Andes, el Gobierno nacional (a través del Ministerio del Interior) decide conformar una comisión encargada de explorar el área, integrada por su gobernador, el general Daniel Cerri, y los naturalistas Oscar Doering y Eduardo A. Holmberg, entre otros. En un informe posterior, Cerri concluye que la mineralogía constituye el "único porvenir del Territorio de los Andes" y, en particular, que en la zona sur de la Puna el principal recurso minero son las borateras, fundamentalmente por su mayor facilidad de extracción y elaboración en comparación, por ejemplo, con los yacimientos de oro o plata. Cerri, Daniel, *El Territorio de Los Andes. Reseña geográfica descriptiva*, San Salvador de Jujuy: Universidad Nacional de Jujuy, 1993 [1903], 30.

[29] En su formación ejercen gran influencia dos notables naturalistas de la época: Eduardo Holmberg (1852-1937) y Florentino Ameghino (1854-1911). Ambrosetti establece un fuerte vínculo personal con Holmberg y su familia; de hecho, se casa con una de sus hijas (Elena) y comparte muchos viajes científicos con uno de sus hijos (también de nombre Eduardo), ilustrador de la mayor parte de sus trabajos. Por otra parte, Ambrosetti se contacta con Ameghino en el año 1882 (cuando tenía diecisiete años), en oportunidad de la Exposición Continental Sudamericana; a partir de entonces integra el círculo de Ameghino, junto con Angel Gallardo, Carlos Spegazzini y Félix Outes, entre otros.

[30] Por ejemplo, en 1893 realiza un viaje a la Pampa Central en el marco del Instituto Geográfico Argentino; en 1895 es comisionado por esa misma institución para realizar la expedición anual a la provincia de Salta, financiada por el Gobierno nacional, con el propósito de estudiar las áreas ocupadas por los indios calchaquíes; en 1898 realiza un viaje a la provincia de Mendoza, cumpliendo funciones para el programa de lucha contra la langosta del Ministerio de Agricultura de la Nación.

[31] Dos años después del viaje a la Puna de Atacama, Ambrosetti participa de la creación del Museo Etnográfico de la Facultad de Filosofía y Letras de la Universidad de Buenos Aires, institución que dirige entre los años 1905 y 1917 y desde la cual organiza las primeras expediciones arqueológicas sistemáticas que se desarrollan en el país.

Cáceres Freyre, el viaje a la Puna de Atacama "es el último que realiza Ambrosetti como naturalista viajero, vale decir, como observador perspicaz de todos los fenómenos y creaciones de la naturaleza, en especial de la flora, la fauna y la geografía, salpicándolas con abundantes observaciones antropológicas y costumbristas [...]. De aquí en adelante es ya al antropólogo puro al que veremos actuar definida su orientación y cimentada en los conocimientos de campo y teórico, a través de sus lecturas y del contacto con los colegas nacionales y extranjeros"[32].

Una naturaleza útil

El relato de aquel viaje se publica tres años después, en 1905, bajo el título "Viaje a la Puna de Atacama. De Salta a Caurcharí" en un boletín del Instituto Geográfico Argentino[33]. En él se describe no solo el ámbito de destino, el Salar de Caurcharí, sino también todo el itinerario recorrido[34]; de hecho, el texto está estructurado según los diferentes tramos del viaje ("La Quebrada del Toro", "De la Puerta de Tastil a Chorrillos", "De Chorrillos a Caurcharí" y "El Salar de Caurcharí"), cada uno con una participación o peso similar dentro del relato general.

El relato de Ambrosetti conjuga una serie de temas: la topografía, las características geomorfológicas del relieve y su composición mineral. También el texto da cuenta de las mediciones sistemáticas que se realizan a lo largo del viaje (sobre todo, de las alturas, temperaturas, distancias y pendientes) y su comparación con otras realizadas anteriormente sobre esas mismas áreas, en especial las de Brackebusch y las de la Comisión del Ferrocarril a Bolivia, tal como se observa en la siguiente cita:

> En este camino [de las Cuevas] los cerros varían mucho en su composición, algunos bajos como barrancas presentan bancos de calcáreo oolítico, otros muestran masas de pórfido, y otros conglomerados de grandes rodados de gneiss mal cimentados, lo que prueba que son productos de levantamientos relativamente modernos del plan de la antigua cuenca que debió rellenarse con restos de los cerros vecinos.

---

[32] Cáceres Freyre, Julián, *Juan B. Ambrosetti*, Buenos Aires: Dirección General de Difusión Cultural, 1967: 42.

[33] Ambrosetti, "Viaje a la Puna de Atacama".

[34] El recorrido se inicia en la ciudad de Salta, continúa por Cerrillos y las Quebradas del Toro y de Tastil, la cuesta de Chorrillos, la Quebrada de Tocomar hasta Caurcharí, con un rodeo previo por San Antonio de los Cobres, capital del Territorio de los Andes.

> La marcha es N., N. W. y se sigue ascendiendo siempre por buen camino, pero la temperatura baja [...], la altura es de 3420 metros según mi barómetro. Brackebousch señala 3150[35].

En el segmento correspondiente a su estadía en Caurcharí, la atención se centra en las dimensiones y morfología del salar, la composición química de sus materiales y la explotación de las borateras. También se presenta una explicación de su origen:

> El Salar de *Caurcharí* se halla en una gran cuenca sobre una altiplanicie, cuya dirección constante es de Norte á Sud, y con una extensión de ochenta kilómetros de largo, por unos diez de ancho, término medio; pero la parte más importante y que encierra el Salar propiamente dicho, solo tiene de cincuenta á sesenta kilómetros de largo de Sud á Norte, formando los restantes veinte kilómetros, una gran Salina que recibe las aguas de la región Norte, y que lleva el nombre de *Salina de Olarós*.

> La superficie del Salar según el Ingeniero San Román es de 29.920 hect. 73 áreas 61 centiáreas.

> [...] El plan del Salar, se ve que sido rellenado lentamente con arcillas y con arena, estas últimas finas de un color rojo pardo y contienen una cierta cantidad de hierro.

> Estas arenas son las mismas que con tanta abundancia, se hallan en toda la cuenca del río Tocomar formando verdaderos médanos; lo que con toda probabilidad hace suponer, que por allí mismo hayan sido acareadas por medio de las grandes avenidas y aun por el viento.

> Depositadas las arenas sobre las arcillas y casi rellenada la cuenca hasta el nivel actual, se produjeron las grandes erupciones de los Geyssers de aguas calientes, cargadas de carbonato de cal que formaron la capa de Caliche que cubre la arena y forma en muchos puntos el piso actual del Salar[36].

En definitiva, tal como era habitual en la época, el viaje es también un laboratorio en el que se elaboran, validan o refutan teorías. En particular, Ambrosetti señala la presencia de movimientos relativamente recientes (los "levantamientos") y de procesos lentos (la erosión y sedimentación) en su formación. Esta y otras explicaciones que desarrolla en el texto evidencian su adscripción a las teorías uniformistas, es decir, aquellas que postulan que las formas de la Tierra son producto de procesos lentos

---

[35] Ambrosetti, "Viaje a la Puna de Atacama", 95.

[36] Ambrosetti, "Viaje a la Puna de Atacama", 106 a 108; los destacados en itálica corresponden a la edición original.

y continuos, que actúan de manera uniforme, y que discuten las interpretaciones catastrofistas dominantes hasta entonces[37].

Sin embargo, la descripción de los ámbitos recorridos excede el inventario y las explicaciones topográficas, geomorfológicas y mineralógicas. También detalla todos aquellos elementos que permitirían sostener la explotación minera del área; es decir, no solo describe la existencia de minerales, sino también de pasturas, alimentos, agua y también de arreos que suministran lo que no se produce en el área. En ese sentido, por ejemplo, destaca las diferentes utilidades de los cardones, tan comunes en el área, entre ellas la de apuntalar y revestir las galerías de las minas:

> Hay cardones (*cereas sp.*) que miden hasta cuatro metros de altura, gruesos y utilizables en esa dimensión. Su madera es liviana y muy resistente; por la disposición de sus fibras hace recordar al importante descubrimiento del *Expanded metal* que empieza á usarse con tanto éxito.

> Para las minas secas, o que desagüen por medio de socavones, será un gran recurso para sostén y revestimiento de galerías en las que durará muchos años sin echarse a perder.

> Este cactus abundantísimo, de aspecto triste y funerario que parece no prestar utilidad alguna, es además un gran recurso como forraje para el ganado en las épocas de carestía, sirve de combustible para el uso cotidiano y conserva en sus brotes una agua fresca utilísima en caso de necesidad[38].

En un sentido similar señala la disponibilidad de pasturas, tanto para alimentar al ganado del área como a aquel que es arreado a Chile[39]:

> Lo interesante es que en *San Antonio de los Cobres*, á una altura arriba de los 3500 metros, se produzca alfalfa, permitiendo el sostén de los animales vacunos, yeguarizos, mulares y el acopio de grandes cantidades de pasto seco para poder exportar á las minas de las inmediaciones.

> Por este sólo hecho se deduce que *San Antonio* es un lugar importante de recursos, el último hacia el oeste en el camino de *Atacama*.

> Allí se crían además abundantes ovejas, cabras, llamas y burros[40].

---

[37] Boorstin, Daniel, *Los descubridores*, Barcelona: Editorial Crítica, 2000 [1983].

[38] Ambrosetti, "Viaje a la Puna de Atacama", 100 y 101.

[39] El itinerario que realiza Ambrosetti forma parte de dos importantes circuitos de arrieros, que se describen en su relato: uno, el denominado "camino de Atacama", que a través de Guaytiquina se conecta con las zonas mineras del norte chileno y algunos puertos del Pacífico, como Antofagasta e Iquique, y otro, denominado "de los vallistos", que parte de los valles Calchaquíes, cruza la cuesta de Acay, y termina en Huari, Bolivia.

[40] Ambrosetti, "Viaje a la Puna de Atacama", 100.

Tal caracterización de las áreas recorridas contiene, entonces, una fuerte interpretación utilitarista: tanto las borateras como la vegetación y los animales (silvestres y domesticados) son descriptos en función del efectivo o potencial aprovechamiento humano, en definitiva de su utilidad al progreso material del hombre. De esta manera, además, Ambrosetti instala la idea de la Puna como ecúmene, es decir, de área habitable, con potencialidades para la vida humana. Hasta las imágenes que acompañan el texto contribuyen a consolidar la idea de un ámbito habitado y aprovechable: cinco de las seis fotografías del relato muestran viviendas y establecimientos mineros (ingenios, fundiciones, galpones). Solo en dos oportunidades, y refiriéndose explícitamente al Salar de Caurcharí, expresa ideas y sentimientos asociados a un anecúmene; por ejemplo, al emprender el regreso, sostiene:

> En esta meseta desolada [la del Salar de Caurcharí], todo se presentaba de colores claros y pálidos desde el blanco lejano de los nevados que se divisaban y el blanco mate de los bancos de boratos, hasta los tonos cenicientos del caliche y los grises de los cerros pelados cercanos ó la nota verde-pálido de los manchones de tola y demás plantas leñosas cordilleranas que allí arraigaban. Este conjunto envuelto en una atmósfera diáfana, producía una sensación de tristeza y opresión inexplicables[41].

El rol de la población local

Las descripciones sobre los recursos se complementan con el relato de ciertas técnicas productivas que emplean los pobladores del área. Por ejemplo, se relatan las modalidades con que se extraen los boratos, se acondiciona la alfalfa o se cazan vicuñas; con respecto a la primera señala:

> El método de extracción [del borato] es muy sencillo, se reduce á trabajo de pico y pala, y luego por medio de palos romperlo en pequeños trozos, ó chancarlo como allí dicen, para extenderlo en el suelo á fin de que el sol lo seque y le haga perder el exceso de humedad que tiene, luego se embolsa.

> Como el borato se halla en su mayor parte en capas desde treinta centímetros á un metro de espesor y en muchas partes forma extensos bancos compuestos, el trabajo para los peones es relativamente fácil, y los más hábiles pueden extraer de tres á cinco bolsas diarias de sesenta kilos cada una[42].

---

[41] Ambrosetti, "Viaje a la Puna de Atacama", 116.
[42] Ambrosetti, "Viaje a la Puna de Atacama", 113.

Estos detalles sobre las técnicas productivas de los pobladores del área expresan, según Cáceres Freyre, un nuevo tipo de descripción: el "folklore etnográfico", es decir, un relato de "los usos y costumbres de los oficios y técnicas populares"[43]. Pero los pobladores del área también están presentes en el relato con relación a otra cuestión: la discusión acerca de quiénes son los sujetos más adecuados para emprender el desarrollo minero. La siguiente cita ejemplifica su posición y argumentos al respecto:

> Hoy con el camino nacional carretero hasta *Chorrillos*, [la] explotación [del área cedida por Salta para integrar el Territorio de los Andes] se facilitaría, y sólo se necesitan capitalistas y hombres emprendedores que tengan fe, y de una vez por todas, dejen el improductivo trabajo del pirquinero y emprendan labores formales, para transformar esa región en uno de los más ricos distritos de la República[44].

En síntesis, Ambrosetti descalifica el aprovechamiento minero que realizan los pobladores ("el improductivo trabajo del pirquinero"). De esta manera, si bien rescata las prácticas y las costumbres de la población local (y le preocupa su preservación), recurre al ideal civilizatorio en el momento de definir quién y cómo debe liderar el aprovechamiento de los recursos mineros del área. Así plantea que solo un tipo de sujeto (el capitalista) y un tipo de práctica ("las labores formales", industriales) llevarían al progreso; esa argumentación, además, está naturalizada: por ejemplo, en un fragmento anterior señala: "las minas [están] pidiendo a gritos socavones que las exploren en profundidad"[45].

Junto con la convocatoria a inversores privados, Ambrosetti identifica otros factores, recurrentes en el proyecto modernizador de la época. Entre ellos, el acondicionamiento o construcción de caminos y ferrocarriles (que modificarían el aislamiento del área, es decir que lo articularían a otro centro, el litoral rioplatense) y la realización de estudios científicos sobre las "riquezas" del territorio nacional, ambos a cargo del estado.

El relato de un norteamericano por los Andes Centrales

Isaiah Bowman (1878-1950) es un geógrafo estadounidense que, en el año 1913, realiza un viaje de exploración por los Andes Centrales en el marco de la Asociación de Geógrafos Americanos (*American Geographi-*

---

[43] Cáceres Freyre, *Juan B. Ambrosetti*, 48.

[44] Ambrosetti, "Viaje a la Puna de Atacama", 98.

[45] Ambrosetti, "Viaje a la Puna de Atacama", 98.

cal Society Expedition to the Central Andes)[46]. Su viaje comprende diversas áreas de ese sector de los Andes y, también, zonas aledañas; más precisamente, viaja en tren desde Buenos Aires a Salta y, luego de una breve excursión a Embarcación, cruza la Puna y el Desierto de Atacama hasta Antofagasta, Chile; desde allí se traslada en barco hasta Vallenar, recorre la zona de Copiapó y luego viaja por Bolivia, desde Oruro hasta el lago Titicaca.

El objetivo central de este viaje es profundizar su conocimiento del área, con especial énfasis en el relevamiento de las rutas comerciales y la elaboración de una geografía económica de la región. En particular, le interesa describir y explicar, fundamentalmente, dos unidades de esa región, el Desierto y la Puna de Atacama (la "tierra del desierto" según su denominación), en tanto áreas de condiciones extremas. Es que en esos años Bowman está interesado en el estudio de la relación entre los pueblos y su escenario físico, y, en este sentido, las zonas de condiciones naturales extremas le sirven como laboratorio para explorar esas cuestiones[47]. Estas inquietudes se visualizan también en su actividad docente: durante los años en que realiza sus viajes por América del Sur, Bowman se desempeña como profesor de Fisiografía (General y Regional), Geografía Física y Antropogeografía en la Universidad de Yale; también participa de la Asociación de Geógrafos Americanos, institución que va a dirigir entre los años 1915 y 1935 y donde emprende estudios comparados sobre comunidades y frentes pioneros[48].

Una naturaleza condicionante

El relato del viaje de Bowman por la "tierra del desierto" se edita en el año 1924 como una publicación especial de la Asociación de Geógrafos Americanos[49]. Allí plantea, de manera central, que la Puna de Atacama

---

[46] Con anterioridad a este, Bowman realiza dos viajes por los Andes Centrales, en 1907 y 1911 respectivamente. Ambos se organizan como expediciones de la Universidad de Yale (*Yale South America expedition* y *Yale Peruvian expedition*). El primer viaje estuvo focalizado en cuestiones fisiográficas, a fin de interpretar y explicar los paisajes andinos, mientras que el segundo tuvo por objetivos el relevamiento cartográfico del valle del río Urubamba, la realización de una transecta norte-sur entre la provincia de Cuzco y la costa peruana y el ascenso al que se creía el pico más alto de América, el cerro Coropuna, en el sur de Perú (Smith, *American Empire*, 53-82).

[47] Bowman, Isaiah, *Desert trails of Atacama*, Nueva York: American Geographical Society, Special Publication N° 5, 1924, v.

[48] Smith, *American Empire*.

[49] Bowman, *Desert trails*. En función de nuestros objetivos, aquí focalizamos el análisis en los capítulos que comprenden el relato del viaje por la Puna argentina; también se han considerado los capítulos introductorios como aproximación al contenido de la obra en general.

tiene una gran significación geográfica: ser la principal barrera de los Andes Centrales, debido a su gran altitud y clima riguroso. Esta situación es más pronunciada, afirma, en el sector sur (es decir, aquel comprendido en el territorio argentino), debido a su mayor aridez y temperaturas más bajas:

La Puna de Atacama es la mayor barrera dentro de los Andes Centrales, el caso más extremo de una meseta elevada, desolada y de frío invernal. Al norte los valles de alta montaña son más húmedos y templados; al sur la zona montañosa es más angosta[50].

Solo para la población local esa barrera se relativiza, fundamentalmente por sus estrategias de vida, como la ganadería trashumante; para ella, entonces, la Puna es una barrera estacional:

Cuán diferente es el efecto de las zonas de alta montaña en la vida de los pobladores! [...] La montaña no es una barrera para los pastores que manejan sus rebaños por las pasturas más altas, por encima de la línea de nieve. Tampoco es una barrera para los mismos pastores que ascienden y descienden desde los valles de montaña para intercambiar sus productos [...]. Un hombre nacido a una altitud de 12.000 pies, y que está acostumbrado desde su infancia a subir las montañas y que no conoce otro ambiente, posiblemente no interprete la mayor parte de esta región como una barrera[51].

Más allá de esa excepción, sostiene que esa condición de barrera persiste hasta se maximizaría con la modernización y expansión de los medios de transporte. En este sentido cabe precisar que, en la época que Bowman viaja por el área, se están construyendo diferentes ramales ferroviarios y son habituales las discusiones sobre la factibilidad y la rentabilidad de las inversiones; por ejemplo, en el caso específico de la Puna argentina, se está construyendo el ferrocarril Salta-Antofagasta a través del paso de Socompa[52]. Como se evidencia en la siguiente cita, a partir de

---

[50] Bowman, *Desert trails*, 328.

[51] Bowman, *Desert trails*, 229-330.

[52] La construcción de un ferrocarril que uniera Salta con Antofagasta, inicialmente a través del paso de Huaytiquina, buscaba obtener un medio de comunicación más rápido entre ambas zonas; se afirmaba, en particular, que la construcción de esa vía iba a permitir, en el caso chileno, la obtención de alimentos baratos para los trabajadores de las salitreras y minas; en el caso argentino, permitiría contar con un mercado seguro y accesible para los productos norteños, a la vez que un acceso a los puertos del Pacífico. Finalmente, ese ramal se habilita en 1948, cuando ya se había reducido drásticamente la producción salitrera en el norte chileno y, por lo tanto, las expectativas de crecimiento comercial. Thomson, Ian, "Los ferrocarriles del Capricornio andino", *Revista de Estudios Trasandinos* N° 4, Año IV

un examen comparativo entre áreas más y menos "civilizadas", plantea que la organización social y económica que presenta la Puna no justifica inversiones en medios de transporte modernos; aún más, si estos se realizaran y se modernizara el área, la Puna quedaría cada vez más aislada frente a las mayores posibilidades de desarrollo de otros ámbitos:

> Necesitamos corregir la visión común que sostiene que las montañas cumplen necesariamente una función divisoria, ya que una conclusión opuesta se deriva del estudio de muchos campos cerca de los Andes Centrales [...] En síntesis, lo que es un hogar para una civilización más simple del ayer, puede ser una barrera para una civilización altamente desarrollada de la actualidad, lo cual requiere organización, gobierno, transporte, acceso al mercado mundial de una manera y a una escala desconocida para los primitivos poseedores del suelo[53].

Este planteo de la cuestión recorre y articula todo el texto de Bowman, derivando en un fuerte determinismo natural[54]: aquella organización social y económica del área deriva de las condiciones naturales extremas; son estas, además, las que no justifican una inversión modernizadora rentable.

> La gente de esta región vive bajo condiciones climáticas, de relieve, comunicaciones y mercados inadecuadas; sin embargo, todos trabajan a grandes altitudes y bajo condiciones primitivas, lo cual demanda una adaptación inteligente y, con frecuencia, cuidadosa. *Las diferencias físicas que las tierras altas exhiben de lugar en lugar son reflejadas en la vida y el bienestar de las distintas comunidades indígenas.* [...] vamos a explorar las condiciones en los distritos del norte para ver mejor el funcionamiento de *los obstáculos físicos, los que se vuelven gradualmente más difíciles hacia el sur, hasta alcanzar su clímax en la yerma, fría y árida Puna de Atacama*[55].

En síntesis, plantea que en aquellos ámbitos de características físicas extremas, como la Puna de Atacama, la conquista de la naturaleza no

---

(2000), 231-246; González Pizarro, José Antonio, "Espacio y política en Antofagasta en el ciclo salitrero. La percepción del desierto y el sentimiento regionalista, 1880-1930". En Conti V., y M. Lagos (comp.): *Una tierra y tres naciones. El litoral salitrero entre 1830 y 1930*, San Salvador de Jujuy, UNIHR, Universidad Nacional de Jujuy, 2002, 251-291.

[53] Bowman, *Desert trails*, 330-331.

[54] Bowman conoce y profundiza los planteos deterministas durante su estadía en la Universidad de Yale, oportunidad en la que trabaja con Ellsworth Huntington (1889-1975), geógrafo destacado por sus ideas acerca del clima como factor central para explicar las condiciones de salud de un pueblo y, en términos generales, su grado de civilización (Smith, *American Empire*, 47; Castro, *Las ventajas naturales*, 162).

[55] Bowman, *Desert trails*, 331; el subrayado es nuestro.

puede ser completa; en esas circunstancias, tal conquista tiene un límite: el que impone la naturaleza.

> La construcción de vías ferroviarias y caminos, hechos por métodos científicos y a expensas de tal energía humana y capital, no son ejemplos de una conquista humana completa sino de una conquista condicional[56].

De esta manera, Bowman presenta un punto de vista divergente con respecto a la idea decimonónica de dominio del hombre sobre la naturaleza. Si bien reconoce que las sociedades modernas han sido capaces de grandes modificaciones de la naturaleza, sostiene que las fuerzas naturales moldean las voluntades y las acciones de la población[57]. Se evidencia en su pensamiento, entonces, la influencia de ideas neolamarckianas, es decir, aquellas que atribuyen las variaciones o transformaciones en los seres vivos a las condiciones físicas (o inorgánicas) del ambiente[58].

La potencialidad del área

A diferencia de Ambrosetti, Bowman no plantea la minería como la potencialidad natural de la Puna. Por el contrario, sostiene que se trata de una actividad con escaso futuro; realiza este planteo aun para la explotación de los boratos, aquel mineral que tanto destacaba Ambrosetti en su relato:

> A lo sumo, la Puna y sus valles adyacentes serán un lugar de poblamiento débil o escaso. La importancia de los depósitos de nitrato va a declinar debido al desarrollo del nitrato sintético en zonas templadas, cerca de las industrias; entonces, los pueblos ganaderos de la Puna y sus bordes también declinarán. Habrá explotación de los depósitos de bórax por un tiempo, pero el bórax no es un mineral infrecuente o excepcional. Sólo hay una remota chance de algún desarrollo a través de los minerales que aún resta descubrir, pero la Puna es una región de un tipo de rocas volcánicas en las que no se encuentran depósitos minerales de valor comercial[59].

Entonces, debido a que se estaría desarrollando la elaboración de nitratos sintéticos y a que el borato no es un mineral tan infrecuente (y, por tanto, tan codiciado), la única actividad que podría sostener a la población del área y que permitiría su desarrollo sería la ganadería (espe-

---

[56] Bowman, *Desert trails*, 7-8.
[57] Smith, *American Empire*, 47
[58] Castro, *Las ventajas naturales*, 74.
[59] Bowman, *Desert trails*, 342.

cíficamente, la cría de camélidos y ovinos), siempre y cuando exista una demanda relevante:

> Sería posible extender la cría de llamas y ovejas hasta alturas intermedias, debajo de las áreas más secas o en sus bordes, si eventualmente se introdujera un tipo de pastura mejor. La hora seguramente vendrá cuando la ocupación de las estancias y de las tierras con pasturas de la Argentina haya sido completada, y las zonas de pasturas de montaña, hasta ahora poco utilizadas, se convertirán en una cualidad positiva. El proceso está comenzando[60] [...]. El gobierno debe tomar el liderazgo. La búsqueda de manantiales, el almacenamiento del agua y la mejora de las pasturas está fuera del alcance de los individuos, quienes no pueden cambiar esta situación inmediatamente en parte a causa de las amplias inversiones de capital, y en parte a causa de la magnitud de tiempo que necesita una experiencia de este tipo[61].

Como se observa en esta cita y la siguiente, Bowman está analizando el caso de la Puna a una escala regional y, además, está interpretándola como una zona pionera, es decir, "como área capaz de suministrar alimento y materias primas para las poblaciones situadas en regiones populosas"[62], en este caso las de los valles bajos. Asimismo, y en esto si se acerca a Ambrosetti, reclama la presencia del estado para garantizar la disponibilidad de agua y buenas pasturas; por ejemplo, y a modo de caso a imitar, señala las pruebas con pasto siberiano, supuestamente más resistente a las condiciones áridas, promocionadas por el gobierno boliviano en sus tierras altas y experiencias similares implementadas en los Estados Unidos.

> Cada avance en la zona cordillerana ha estado relacionado con ciudades más grandes y comunidades más densas en torno al área y con un incremento en la demanda de cueros y derivados, así como de lanas y carnes [...] Aún se ha hecho poco por parte de los gobiernos para aprovechar este recurso [las pasturas] [63].

En síntesis, según Bowman la Puna de Atacama es fundamentalmente una gran barrera, con un poblamiento débil, que solo podrá desarrollarse a través de la ganadería y la comercialización de sus productos, siempre y cuando exista una demanda sostenida; asimismo, ello necesita de

---

[60] Se refiere al aumento en el precio de la tierra con pasturas en los valles Calchaquíes.

[61] Bowman, *Desert trails*, 342.

[62] Wright, John K., *Geography in the Making. The American Geographical Society (1851-1951)*, Nueva York: The American Geographical Society, 1952, 259.

[63] Bowman, *Desert trails*, 339.

políticas estatales específicas que permitan mejorar la disponibilidad de agua y la calidad y extensión de las pasturas. Esa sería, según él, la mejor respuesta adaptativa ante tales condiciones naturales.

A modo de conclusión

En las dos primeras décadas del siglo XX, la Puna argentina es atravesada por diversos tipos de desplazamientos: migrantes, arrieros, viajeros. En este trabajo nos hemos enfocado en estos últimos y, en particular, sobre cómo sus relatos contribuyen a la definición del área como lugar.

En particular, hemos conceptualizado los relatos como registros que definen especificidades de las áreas exploradas (por ejemplo, recursos, potencialidades, limitaciones, ventajas, etc.) y que, por tanto, contribuyen a su construcción como lugar. En este sentido nos parece útil recuperar la expresión "signos de distinción" de Bourdieu: "un grupo, clase, género, región, nación, [un lugar, agregamos nosotros] no comienza a existir como tal, para aquellos que forman parte de él y para los otros, sino cuando es distinguido, según un principio cualquiera, de los otros grupos, es decir a través del conocimiento y del reconocimiento"[64]. Entonces, ¿qué signos de distinción construyen Ambrosetti y Bowman sobre la Puna argentina?

Juan B. Ambrosetti representa la mirada apologética del estado nacional con relación a un territorio recién incorporado (el Territorio Nacional de los Andes), mediada por la "fe en el progreso", principalmente a través del concurso de la ciencia y la técnica. En ese sentido puede ser considerado como un "adelantado estatal", es decir, un viajero que define y promociona las "riquezas" del territorio nacional para atraer a posibles inversionistas. En particular, promociona una "ventaja natural" de la Puna, los minerales (y más precisamente las borateras), cuya explotación era considerada (ya desde la presidencia de Sarmiento) como la más moderna y productiva para las zonas áridas, más aún que la ganadería en tanto esta no propiciaba núcleos de población; esa consideración también resultaba como una suerte de "efecto cascada" frente a la gran expansión que estaba teniendo, contemporáneamente, la explotación del guano y los nitratos en el norte de Chile. Esa "ventaja natural" también comprendía un conjunto de elementos que posibilitarían la explotación minera y el desarrollo del área en general: las pasturas, los cultivos y el agua, entre otros.

---

[64] Bourdieu, Pierre, "Espacio social y poder simbólico". En *Cosas dichas*, Barcelona: Editorial Gedisa, 1977, 141.

Isaiah Bowman, en cambio, representa un tipo de viajero con preocupaciones más estrictamente científicas, aunque no por ello exentas de funcionalidades político-económicas; de hecho, su viaje por los Andes Centrales se produce en tiempos de la expansión de intereses estadounidenses en territorios latinoamericanos y de la emergencia de ese país como nueva potencia mundial. Más aún, si también se consideran otros antecedentes suyos cabe denominarlo, siguiendo a Smith, como un "emprendedor geográfico" (*geographical entrepeneur*)[65]: sus descripciones y narraciones pueden ser interpretadas como un instrumento de conquista y valorización de nuevas áreas para las inversiones empresariales estadounidenses; de hecho, la explotación del guano, los nitratos y boratos en esa época a lo largo de los Andes Centrales fue el primer y principal foco de interés de los capitales estadounidenses en la región.

El relato de Bowman se centra en la identificación y el análisis de los factores geográficos, es decir, de los condicionantes que definen las posibilidades de progreso y desarrollo de los Andes Centrales. En el caso del sector sur de la Puna, la naturaleza extrema define el comercio de productos ganaderos como única posibilidad de desarrollo, siempre y cuando exista una demanda relevante. Allí, las condiciones naturales no hacen rentable otro tipo de inversión económica.

En síntesis, el relato de Ambrosetti expresa la construcción de la minería como "marca" del área y, a través de ella, la construcción de un ecúmene. El relato de Bowman, en cambio, construye la idea de páramo, de área de condiciones extremas donde se impone la naturaleza y donde no se justifican grandes inversiones modernizadoras. Cabe señalar, finalmente, que esos distintos "signos de distinción" que Ambrosetti y Bowman elaboraron sobre la Puna han conformado un legado cuyo contenido aún hoy es puesto en juego a la hora de caracterizar ese ámbito.

---

[65] Smith, *American Empire,* 52. Por ejemplo, en esos años Bowman también realiza otras descripciones "útiles", como las que produce sobre el norte de México en tiempos de conflicto de este país con las inversiones petroleras estadounidenses en el área.

Mujeres Viajeras. *El Marroc sensual i fanàtic* de Aurora Bertrana

Maria Dolors Garcia Ramon

El propósito de este capítulo es analizar un libro de viajes de una escritora catalana –*El Marroc sensual i fanàtic*– publicado en Barcelona en 1936. Los análisis que han aparecido en los últimos años dan cuenta de las muchas lecturas que pueden hacerse de este relato[1]. Mi interpretación será la de una geógrafa que, por un lado, desea realizar una lectura crítica del colonialismo y, por el otro, que se interesa en resaltar las diferencias que la visión de una mujer introduce en la comprensión de sociedades y de lugares que generalmente conocemos a través de relatos de varones (administradores coloniales, militares o viajeros).

Es cierto que en el contexto posmoderno académico actual hay un interés cada vez mayor en los libros de viajes de mujeres. Además, la "mercantilización" del exotismo ha contribuido a potenciar el interés que despiertan las voces de los márgenes. El propósito que se persigue aquí es analizar el relato de una escritora catalana muy poco conocida, Aurora Bertrana; estudiar un texto poco difundido en tanto que fue escrito en catalán (lengua minoritaria en España) que se publicó en 1936, pocas semanas antes del inicio de la Guerra Civil española; y captar la representación que se da de una de las últimas y menos importantes colonias españolas, el Protectorado de Marruecos (1912-1956), una zona marginal y agreste del norte de este país.

---

[1] *Revista de Girona* 193, Dossier sobre "Aurora Bertrana, vint-i-cinc anys després", 1999, 61-95. Granell, Glòria, Daniel Montañá, Josep Rafart (coord.), *Aurora Bertrana, una dona del segle XX*, Barcelona: Publicacions de l'Abadia de Montserrat, 2001; Bonin, Catalina, *Aurora Bertrana. L'aventura d'una vida*, Girona: Diputació de Girona, 2003.

El libro de Aurora Bertrana sobre Marruecos es una de las pocas muestras que existen en Cataluña de literatura de viajes escrita por mujeres y, prácticamente, la única referida al continente africano en el período del Protectorado[2].

Aurora Bertrana, los viajes y la ambivalencia

Aurora Bertrana sentía una verdadera pasión por viajar. De hecho, para la década de 1930 ya había publicado *Paraísos Oceánicos*[3], un libro de viajes que daba cuenta de su recorrido por los Mares del Sur. Si bien sus *Memòries* también reflejan su interés por conocer otros países[4], ello es afirmado de forma contundente en algunas de las conferencias sobre viajes que pronunció en diferentes centros excursionistas[5] y en ateneos catalanes. Según Bertrana, ya de pequeña se sentía atraída por los viajes y por el conocimiento del mundo (y por la Geografía enseñada en la escuela):

> Cuando yo iba a la escuela, la geografía me interesaba de forma superlativa, nada podía pasar por delante y yo era una buena alumna en geografía tanto como mala en aritmética… sin duda, aquellas pequeñas excursiones… a través de Europa y de otros continentes me hacían el efecto de un verdadero viaje. Me embriagaba de horizontes nuevos[6].

---

[2] Entre los estudios realizados podemos destacar: Nogue, Joan, Abel Albet, M.Dolors Garcia Ramon, Lluís Riudor, "Orientalisme, colonialisme i gènere. *El Marroc sensual i fanàtic* d'Aurora Bertrana", *Documents d'Anàlisi Geogràfica*, 29 (1996): 87-107; Nogué, Joan "*El Marroc sensual i fanàtic* (1936) d'Aurora Bertrana i el Protectorat espanyol al Marroc". En: Granell, Glòria, Daniel Montañá, Josep Rafart (coord.), *Aurora Bertrana, una dona del segle XX*, Barcelona: Publicacions de l'Abadia de Montserrat, 2001, 65-75, Garcia Ramon, M. Dolors, Abel Albet, Joan Nogue, Lluis Riudor (1998), "Voices from the Margins: gendered images of 'Otherness' in colonial Morocco", *Gender, Place and Culture: a Journal of Feminist Geography*, 5 (3), 1998: 229-240; Bartrina, Francesc, "Gènere, guerra i colonització en l'obra d'Aurora Bertrana". En: Granell, Glòria, Daniel Montañá, Josep Rafart *Aurora Bertrana, una dona del segle XX*, Barcelona: Publicacions de l'Abadia de Montserrat, 2001, 51-63, Valverde, Marta (1999), "Visions de l'Orient a la Catalunya d'entreguerres (1918-1938)", *Revista de Catalunya*, 136, gener (1999): 21-52.

[3] Bertrana, Aurora, *Paradisos Oceànics*, Barcelona: Edicions de l'Eixample, 1993, 1era edición 1930.

[4] Bertrana, Aurora, *Memòries fins el 1935*, Barcelona: Editorial Pòrtic, 1975; Aurora Bertrana, *Memòries del 1935 fins al retorn a Catalunya*, Barcelona: Editorial Pòrtic, 1975.

[5] La práctica excursionista fue altamente cultivada por la burguesía catalana entre finales de siglo XIX y la primera mitad del siglo XX. El conocimiento del territorio catalán a través del excursionismo contribuyó a despertar los sentimientos patrióticos y nacionalistas que se trasladaron más allá de los círculos intelectuales para difundirse entre distintos sectores sociales de la población.

[6] Bertrana, Aurora, *La dona i el viatge: conversa dedicada al Centre Excursionista de Terrassa*, abril, Universitat de Girona: Fondo Aurora Bertrana, mecanografiado inédito, 1931 s. p.

Bertrana confiesa que su amor por el viaje ha sido una pasión que la atormentaba y que la seguiría atormentando toda la vida en el sentido de que "es un eterno delito y una eterna lucha entre el amor a los padres y a la patria y el amor de partir"[7]. Esta escritora catalana creía que el viaje tenía una función educadora, y era partidaria de viajar de forma libre, sin las restricciones que imponían las agencias de viaje en materia de tiempo y dinero:

> para que un viaje sea provechoso en el sentido educativo, es necesario ante todo emprenderlo sin dinero. Yo no creo en los viajes organizados por la Agencia Cook ni limitados en el tiempo. Conozco una infinidad de señoras y señoritas que han viajado por toda Europa y hasta América y, por extraño que pueda parecer, continúan siendo tan ignorantes y poco educadas como antes[8].

El análisis del libro *El Marroc sensual i fanàtic* nos permite vincular la producción de Aurora Bertrana con la literatura de viajes de mujeres europeas y con los nuevos aportes conceptuales y teóricos a la cuestión. En efecto, el estudio de las narrativas escritas por mujeres permite observar que la mirada orientalista y colonialista femenina era más compleja y menos avasalladora que la que encontramos en narrativas escritas por viajeros. Esta idea se encuentra en la base de las críticas feministas al discurso orientalista de Edward Said, el que nos conduce hacia una visión demasiado homogénea del hecho colonial porque confronta colonizadores y colonizados sin dejar espacio alguno a la ambivalencia[9]. En cambio, las ambivalencias se multiplican a la hora de analizar los relatos de las mujeres viajeras. Así, mientras que, por un lado, sus relatos buscan "dar a conocer" países y gentes hasta entonces "desconocidos" (es decir, la exploración de gentes foráneas por parte de la cultura occidental), por otro, este "dar a conocer" cambia y, en último término, "destruye" estas mismas sociedades que las europeas "descubren"[10]. Además, las

---

[7] Bertrana, Aurora, *El viatge educatiu i instructiu: conversa parlada a l'Ateneu Barcelonés*, 11 de noviembre, dedicada al Club Femení d'Esports, Universitat de Girona: Fondo Aurora Bertrana mecanografiado inedito, s.p.1930.

[8] Bertrana, Aurora, *El viatge educatiu i instructiu: conversa parlada a l'Ateneu Barcelonés*.

[9] Recuperamos el concepto de ambivalencia de Homi Bhabha. Según este crítico literario "el discurso colonial es ambivalente porque –tal como sugirió Franz Fanon– el "otro", el nativo, es a la vez objeto de desprecio y deseo. La ambivalencia describiría en este caso un proceso simultáneo de negación y de identificación con el otro". Maria José Vega. *Imperios de Papel*, Barcelona: Ed Critica, 2003, 306.

[10] Domosh, Mona, "Towards a feminist historiography of geography", *Transactions. Institute of British Geographers*, 16 (1), 1991, 95-104.

mujeres comparten los discursos del poder colonial en los territorios de ultramar pero no en la metrópoli[11]. Este tipo de dualidad espacial tiene origen en los discursos patriarcales y coloniales de la diferencia. Así, la mujer occidental se halla marginada en el contexto patriarcal de su país de origen, donde su rol social se concibe primordialmente en términos de inferioridad de género; sin embargo, en el espacio colonial la construcción de la superioridad racial puede ser más fuerte que la de la inferioridad de género. Estas "transgresiones" se producen a una prudente distancia del país de origen, por lo que no amenazan ni la construcción doméstica ni las relaciones patriarcales[12]. Estas ambivalencias se observan claramente en el libro de Aurora Bertrana que se analiza a continuación.

Autorretrato de una *rumia*[13] con una Kodak

Aurora Bertrana (1899-1974) fue hija de Prudenci Bertrana, un reconocido escritor en lengua catalana. También fue una mujer muy avanzada para su tiempo. A partir del estímulo de su padre, estudió música en la Escuela Municipal de Música de Barcelona y más tarde en el Instituto Dalcroze de Ginebra. Durante su estadía en Suiza conoció a un ingeniero de este país (Monsieur Choffat como ella siempre lo nombra en sus Memòries) con quien se casó en el año 1925. En aquellos años ambos compartían la pasión por viajar y Dennis Choffat encontró un trabajo en la Polinesia francesa (en Papeetee), donde se instaló durante tres años. Aurora Betrana y Monsieur Choffat aprovecharon la ocasión para visitar diversos lugares de Oceanía y, en el viaje de ida, visitaron diversos lugares americanos (Martinica, Gaudalupe y Panamá).

Una vez en Cataluña, Aurora Betrana residió en Barcelona y participó activamente en política durante la Segunda República (1931-1939), por lo que después de la Guerra Civil (y ya divorciada) se tuvo que exiliar (primero en Suiza y luego en Francia). En 1935 viajó sola a Marruecos con la finalidad de escribir varios artículos para el diario catalán *La Publicitat*. El libro analizado es un compendio de estos artículos.

Es cierto que la mayoría de los libros de viajes escritos por mujeres son textos autobiográficos y, precisamente, este es el género escogido por

---

[11] Blunt, Alison; Gillian Rose (eds.), *Writing Women and Space: Colonial and Postcolonial Geographies*, Nueva York, Guilford Press, 1994; Mabro, J., *Veiled half-truths. Western travellers' of Middle Eastern women*, Londres-Nueva York: Tauris & Co. Publishers, I.B, 1996.

[12] Blunt, A. *Travel, gender and imperialism. Mary Kingsley and West Africa*, Nueva York-Londres: Guilford Press, 1994.

[13] Término que en árabe significa extranjera.

Bertrana. Frecuentemente las mujeres se atreven a hacer una incursión en el espacio público (de los lectores y las lectoras) a través de un género literario considerado menor (cuentos, memorias, relatos periodísticos y libros de viajes) que, muchas veces, toman la forma de diario[14]. Se trata de una estrategia orientada a entrar en un espacio prohibido. Aurora Bertrana no escapa de esta estrategia. Ella se presenta a sí misma bajo la imagen de relatora, es decir, la de una *rumia* con una kodak mediante la cual sacaba fotos muy interesantes que se publicaron en la primera edición de su libro. Aurora quiere ofrecernos la imagen de una mujer liberada y muy consciente del entorno que la rodea; una actitud que le ayuda a destacar al "Otro", y, en definitiva, a distanciarse de aquello que escribe.

Se considera una "mujer europea, inteligente e instruida"[15], muy consciente de ser una extraña. Sabe que su presencia choca mucho en el entorno (en particular, entre los hombres), no solo por ser una mujer europea sino porque viaja sola y, además, cargada con instrumentos muy poco femeninos, como ella lo afirma:

> para un musulmán corriente, una mujer cargada con unos instrumentos tan poco femeninos como la estilográfica, cuartillas y kodak, que muestra, impúdia, piernas, brazos y cara, que bebe cerveza y frecuenta hombres, es capaz de cualquier cosa. Las posibilidades maléficas, diablescas, desorientadoras y peligrosas de esta mujer desvergonzada le parecen incalculables[16].

Es muy consciente de los recelos que despierta entre los hombres musulmanes, que son sus interlocutores con este mundo cultural tan diferente, ya que a las mujeres se les restringe el acceso al espacio público, y, por lo tanto, la posibilidad de comunicarse con una extraña (además, las mujeres marroquíes, en general, no sabían hablar ni francés ni castellano, lenguas que Bertrana conocía).

El texto de Aurora Bertrana sorprende por la contundencia de sus afirmaciones, por la simplicidad y claridad de su lenguaje y la agudeza de sus percepciones. Aurora conoce las zonas española y francesa del protectorado de Marruecos y puede compararlas. Entra en contacto con todos los estamentos de la sociedad marroquí, la ocupante y la ocupada, y carga con un bagaje cultural alto, europeo y conocedor de otras tierras colonizadas.

---

[14] Mills, Sarah, *Discourses of difference. An analysis of women's travel writing and colonialism*, Londres: Routledge, 1991.

[15] Bertrana, Aurora, *El Marroc sensual i fanàtic*, Barcelona: Edicions de l'Eixample, 1992[1936].

[16] Bertrana, *El Marroc sensual i fanàtic*, 18.

Sin embargo, el libro está cargado de muchos de los tópicos orientalistas, comenzando por el propio título, que tal como comenta Goytisolo tiene "el dudoso mérito de reunir en la portada los adjetivos que compendian los viejos clichés y estereotipos occidentales tocantes a la civilización musulmana"[17]. En defensa de Aurora Bertrana podemos afirmar que, aparentemente, el título fue impuesto por la editorial. Sin embargo, la presentación y el tratamiento que hace de aquellos tópicos se aproxima más a la descripción etnográfica o sociológica que a la del safari fotográfico o a la sorpresa escandalosa del "buen" europeo, blanco, cristiano que llega a África con la llave del progreso técnico, del pensamiento racional y de la autoridad de la verdad.

Cabe destacar que, bajo una retórica de lazos históricos y respeto a las idiosincrasias, la literatura del momento mayoritariamente veía al "moro" como aquel vecino que cabía civilizar y cultivar[18]. No es bien el caso del libro de Aurora Bertrana. Sin embargo, a pesar de que el título de la obra, como se ha dicho, fue elegido probablemente por razones de promoción editorial, *sensualidad y fanatismo* sí son dos de las sensaciones que se van a despertar en la autora, muy vinculadas a los tópicos orientalistas más asentados como nos recordaba Goytisolo.

¿Una visión "desde afuera" de la cuestión colonial?

En los inicios de su libro, Aurora Betrana nos advierte que no quiere hablar sobre política, pero lo cierto es que no puede evitar escribir sobre colonialismo. En particular, sus reflexiones sobre la práctica colonial aparecen de forma escueta, y en muy pocas páginas, a modo de reflexión final de la primera parte (aquella que trata sobre el Protectorado Español), en un capítulo que titula bastante curiosamente "Tres minutos de seriedad".

En principio, Bertrana no es partidaria de la ocupación de Marruecos y declara en más de una ocasión su "principio antiinvasivo y anticolonial"[19]. Y está claro que sus simpatías se decantan hacia los nacionalistas marroquíes con quienes tiene algunos contactos, a pesar de que los considera "a veces exagerados y soñadores"[20]. Sin embargo, Bertrana es ambivalente en sus afirmaciones y en sus actitudes frente al hecho colonial.

---

[17] Goytisolo, Juan, *Crónicas sarracinas*, Madrid: Editorial Ruedo Ibérico, 1982, 73.

[18] Lluís Mateo Dieste, Josep, *El "moro" entre los primitivos. El caso del Protectorado español de Marruecos*, Barcelona: Fundació La Caixa, 1997.

[19] Bertrana, *El Marroc sensual i fanàtic*, 89.

[20] Bertrana, *El Marroc sensual i fanàtic*, 27.

Considera que el colonialismo como tal es una "obra patriótica y grandiosa con la que, naturalmente, yo no estoy de acuerdo"[21]; sin embargo, cree que hay que aceptarlo como un hecho consumado. Y una vez asumida esta realidad, considera que la labor colonizadora debe realizarse dignamente. En este sentido, cree que los españoles lo han hecho muy mal, de forma que, a pesar de su "tibio patriotismo", Aurora Bertrana se "avergüenza" y no puede "cerrar los ojos ni *ignorar*[22] nuestra incapacidad racial colonizadora"[23].

Bertrana se cuestiona repetidamente la capacidad colonizadora de España, así como su pertenencia al mundo cultural occidental y civilizado: "no es (España) un viejo pueblo… profundamente respetable, pero incapaz de occidentalizar a otros pueblos?"[24]. Y, a continuación, se pregunta: "¿no sería mejor que si realmente hemos de occidentalizar, empezáramos por nosotros mismos?"[25] pues "nos habríamos de mostrar "mucho más civilizados, *menos moros* y más occidentales"[26]. Bertrana se refiere en diversas ocasiones a la cultura común que, históricamente, han compartido la península ibérica y el norte de Africa. Además, el territorio de la Zona Española del Protectorado tiene mucho en común con el sur de la península:

> la prueba es que los colonizadores del Marruecos español (la mayor parte andaluces) se encuentran en *su propio elemento* en tierras de Mahoma. Con la excepción de las mezquitas y chilabas, que se sustituyen por iglesias católicas y vestidos europeos y chaquetas, el resto tiene tantos puntos de contacto que las comparaciones se multiplican[27].

No obstante, para la autora estos rasgos culturales comunes entre españoles y marroquíes son más un obstáculo que una ayuda para la colonización: en definitiva, los españoles no son suficientemente europeos ni occidentales. Y considera que si han contribuido en algo a "civilizar" el norte de Maruecos es "por casualidad" o bien por mérito de personas determinadas, nunca por la acción sistemática y organizada de la administración española.

En cambio, Aurora Bertrana no es tan crítica con la labor colonizadora de los franceses en Marruecos. Para ella "los franceses (son los) verda-

---

[21] Bertrana, *El Marroc sensual i fanàtic*, 89.
[22] Los destacados de aquí y de otros fragmentos son de Aurora Bertrana.
[23] Bertrana, *El Marroc sensual i fanàtic*, 90.
[24] Bertrana, *El Marroc sensual i fanàtic*, 90.
[25] Bertrana, *El Marroc sensual i fanàtic*, 90.
[26] Bertrana, *El Marroc sensual i fanàtic*, 90.
[27] Bertrana, *El Marroc sensual i fanàtic*, 90.

deros y únicos representantes del Occidente en Marruecos... (y a los que) no puede dejar de admirar"[28]. Y considera que, a diferencia de los españoles, los franceses saben poner en su sitio y mandar: "este es el caso de los franceses, que con o sin razón, desde el primero al último, muestran a los musulmanes un orgullo racial y una superioridad que quizás solo existe en su imaginación pero que es necesaria para gobernar"[29]. Es cierto que la autora reconoce que el territorio del Protectorado español es pobre y que resulta difícil actuar en él, pero también es de la opinión que esto es así por la incompetencia de los políticos españoles para defender los intereses propios en el momento de la repartición de Marruecos:

> Hay que reconocer que, por la falla deplorable de nuestra diplomacia o de nuestra incompetencia internacional se nos adjudicaron en el reparto de Marruecos, las peores comarcas, las tierras más pobres, los rinconces más estériles. Es decir, aquello que no convencía ni a los franceses ni a los ingleses[30].

Está claro pues que su actitud frente a la empresa colonial española es más la de alguien que la ha mirado desde afuera que desde adentro. De hecho, Bertrana nunca se identifica con el colonialismo en Marruecos, y ello sucede, problablemente por dos razones. Por una parte, porque es mujer y ello le permite vivir la implicación colonial de España en Marruecos más desde "los márgenes", ya que, en general, no se consideran —o no se las considera— como agentes activos de la política. Por el otro, debe tenerse en cuenta que el hecho de ser catalana no le facilita su identificación con el colonialismo español. En efecto, sobre todo a partir de finales del siglo XIX, la política colonialista ha sido vivida en Cataluña, con frecuencia, como algo externo[31]. No es casualidad que las protestas políticas más duras y sangrientas se dieron en Cataluña durante la Semana Trágica (1909), con ocasión de un envío de reclutas catalanes a la Guerra de Marruecos, territorio que aún no estaba pacificado.

---

[28] Bertrana, *El Marroc sensual i fanàtic*, 90.

[29] Bertrana, *El Marroc sensual i fanàtic*, 90.

[30] Bertrana, *El Marroc sensual i fanàtic*, 89.

[31] El deseo de no participar políticamente en el colonialismo no significaba negar el interés catalán por implicarse económicamente en el proyecto colonial. Una prueba de ello es el compromiso del Grupo Comillas, a través de la Compañía Transatlántica, encargada de realizar el transporte postal, de pasajeros y de mercaderías entre España y el Golfo de Guinea. Al repecto ver: Martín Corrales, E., "El nacionalismo catalán y la expansión colonial española en Marruecos: de la guerra de Africa a la entrada en vigora del protectorado (1860-1912)". En *Marruecos y el colonialismo español (1859-1912)*, Barcelona: Edicions Bellaterra, 2002, 167-215.

Esta actitud de Aurora Bertrana, común en la Cataluña de entonces, es muy diferente, por una parte, de la de los discursos oficiales españoles –sobre todo anteriores a la proclamación de la República en 1931– y, por otra parte, del discurso del movimiento intelectual denominado africanismo o marroquismo. En este discurso, africanista y marroquista, con frecuencia se recurre al pasado histórico común o a la proximidad geográfica para legitimar una acción colonial supuestamente más benefactora y altruista que la de otros países europeos, en particular, Francia y Gran Bretaña. Nuestra autora está en las antípodas: ni considera que la acción colonial española sea benefactora ni tampoco que sea mejor que la francesa, sino al revés. En definitiva, el hecho de no sentirse implicada en el proyecto colonial desde dentro, le permite observarlo "desde fuera" y ser profundamente crítica.

La mujer marroquí: una mirada de amiga pero llena de contradicciones

En los inicios de su libro, Aurora Bertrana nos dice que la finalidad de su viaje es conocer a la mujer musulmana. Esta idea se repite frecuentemente a lo largo del relato: "Yo llegué ansiosa por conocer el alma femenina musulmana, y en seguida me lancé a la búsqueda de la primera ocasión"[32]. Bertrana va a hacer todo tipo de esfuerzos para conocer la vida de las mujeres en sus diferentes vertientes: dentro de la familia, en las prisiones, en los harenes, etc, y así nos lo explica: "Para adentrarme en el mundo marroquí, para captar aunque sea en medio de brumas el alma femenina musulmana, yo haría cualquier sacrificio"[33]. Pero este mundo es muy difícil de penetrar para Bertrana, y los hombres –que son, de hecho, sus únicos interlocutores– no se lo pusieron fácil:

> Algunos ni me hacían caso; otros me respondían que tenían a la mujer encerrada y que habían olvidado la llave. Los más jóvenes y modernizados me dejaban ver a la familia […] del mismo modo que habría hecho un filatélico con su colección de sellos, o bien un zoólogo aficionado con su colección de monos o de pájaros tropicales enjaulados[34].

Cabe resaltar que Bertrana conoce sobre todo a la mujer que vive en la ciudad, ya que su experiencia de Marruecos es muy urbana (de hecho es el que una mujer viajando sola puede de modo más fácil conocer) y esto

---

[32] Bertrana, *El Marroc sensual i fanàtic*, 27.
[33] Bertrana, *El Marroc sensual i fanàtic*, 28.
[34] Bertrana, *El Marroc sensual i fanàtic*, 28.

condiciona su visión, porque la mujer urbana es la que sufre de forma más clara la segregación y la reclusión en unos espacios específicos.

Es cierto que casi siempre el acceso al contacto con las mujeres le es vetado por sus maridos, quienes siguen de forma escrupulosa la tradición de no tolerar interferencias en la intimidad de la familia. Sin embargo, este mundo también le es casi inaccesible porque una barrera invisible pero insalvable –una barrera cultural– se levanta entre ella y las mujeres marroquíes, entre ella y "las otras". No deja de ser significativo que, cuando consigue hablar con ellas directamente, frecuentemente no responden sus preguntas y, otras veces, no llega a entenderlas.

En ocasiones, Bertrana parte de la premisa de que la solidaridad entre las mujeres está por encima de las barreras culturales; sin embargo, se equivoca: la complicidad que ella espera encontrar entre las mujeres no aparece. Ello deja en claro que la construcción social del género (en este caso, de la mujer) sigue pautas distintas en diferentes culturas. Un ejemplo significativo de estas diferencias se puede observar en su intento de asistir a la ceremonia en el cementerio de Xauen donde la entrada de los no musulmanes está prohibida.

A fin de no ser vista por el *bajá*[35] que oficiaba la ceremonia, Bertrana procura mezclarse entre las mujeres; sin embargo, son las mismas mujeres las que con sus miradas fulminantes (dirigidas sobre todo a su Kodak) la delatan y la hacen salir del recinto sagrado. Contrariada y tocada en su amor propio, reacciona yéndose a tomar una cerveza en el casino, donde evidentemente no van nunca las mujeres musulmanas, y donde los hombres musulmanes tampoco beben cerveza por la prohibición coránica del alcohol. Su enojo frente a la falta de complicidad que ella, equivocadamente, esperaba encontrar entre las mujeres se expresa mediante una afirmación ostentosa de su condición de mujer europea y occidental, acentuando, por lo tanto, la barrera cultural que se erige entre ella y la mujer musulmana.

Curiosamente, una de las pocas ocasiones en que puede hablar de forma relajada con las mujeres marroquíes es cuando visita un prostíbulo en Tetuán, "uno de los prostíbulos más célebres de la ciudad, lugar apreciado y conocido entre la colonia cristiana, donde según LV[36] se habían tramado los más gloriosos episodios de la conquista española de Marruecos" [37].

La primera visita fue un poco protocolar; sin embargo, su repetición le va a permitir tener una relación y una conversación más relajada. Proba-

---

[35] Autoridad que poseía el mando superior.
[36] L V es una informante de Aurora Bertrana.
[37] Bertrana, *El Marroc sensual i fanàtic*, 41.

blemente esto se deba a que las prostitutas no estaban tan "controladas" como otras mujeres. En cambio, una visita que hace Bertrana al haren del *bajá* de Arzila no le ayudó en absoluto a conocer ni el mundo interior femenino ni los pensamientos y dramas que probablemente existían en su interior. En la conversación que mantiene con las cuatro mujeres del *bajá*, ellas no hacen otra cosa que repetir la lección que aquel les había enseñado: "somos perfectamente felices", "nos queremos las cuatro como verdaderas hermanas", "no hemos visto nada del mundo, sin embargo la vida es tan suave y confortable en la casa de nuestro amo y señor que no la cambiaríamos por nada"[38]. A pesar de que había podido entrar en un haren (lo cual estaba totalmente prohibido para los hombres), Aurora es muy consciente de la imposibilidad de entrar en la vida de aquellas mujeres y afirma: "No puedo esconder que aquel día salí del haren tan ignorante como entré. Solamente me dejaron conocer los decorados, las riquezas, los refinamientos [...] entre la verdad y yo se interponía la eterna y complicada amabilidad marroquí, los *salams*[39] complicados, las sonrisas discretas"[40]. Una barrera cultural entre ella y "las otras" se levanta siempre de forma casi insalvable, y, a pesar de sus esfuerzos, Bertrana continúa siendo una forastera en el mundo interior de la mujer musulmana.

Quizás donde su crítica feminista se refleja de forma más directa es en la visita que hace a la prisión de mujeres de Xauen, lugar en que estas vivían en condiciones infrahumanas. Las razones por las cuales las mujeres le explican que estaban en prisión difícilmente podrían considerarse como delitos, al menos a los ojos de una mujer europea (fugarse de la casa del marido y refugiarse en el hogar paterno, negarse a obedecer las órdenes de la suegra, etc.):

> No me encontraba delante de un grupo de delincuentes, sino enfrente de un grupo de criaturas inocentes, víctimas del rigor islámico. Si aquello eran delitos, pienso que todas las europeas, desde la más perfecta burguesa a la trabajadora más decente, merecían estar en prisión[41].

Aurora consideraba entonces que la mayoría de aquellas mujeres sufrían las consecuencias de una cultura masculina que las convertían en delincuentes sin serlo.

El único momento del libro en el que se nos presenta a la mujer con cierto protagonismo dentro de la sociedad marroquí es en el caso en que

---

[38] Bertrana, *El Marroc sensual i fanàtic*, 74.
[39] Término que en árabe significa saludos.
[40] Bertrana, *El Marroc sensual i fanàtic*, 74.
[41] Bertrana, *El Marroc sensual i fanàtic*, 104.

se describe el entierro de una joven *fakiha* o santona[42] en la ciudad de Xauen. Desde la ventana de su hotel Bertrana asiste a esta ceremonia en medio de un paisaje que describe como majestuoso. Esta *fakiha* había sido directora de una escuela coránica y este protagonismo le había significado no poder salir nunca del pueblo. Solo una vez muerta, "por primera vez, el cuerpo de la pequeña Kdija salió de la ciudad. ¡Todas las bellezas naturales que no había contemplado en vida pasarían empapadas de luz maravillosa, frente a sus ojos muertos!"[43] ¡Aurora Bertrana considera que el protagonismo y la santidad excepcional, en el contexto de una sociedad islámica, le había costado muy caro!

En definitiva, en las páginas dedicadas a la mujer marroquí se destaca la confrontación entre culturas y tradiciones diferentes. La impenetrabilidad cultural al mundo de "las otras", con las que simpatiza profundamente, pero con quienes no se puede comunicar de verdad ni ser cómplices, la va a conducir a conformar su propia idea de la identidad de aquellas "otras". Y esta identidad de la mujer marroquí se construye desde una perspectiva de mujer feminista y occidental. Así, imagina que la mujer marroquí es potenciamente como ella, pero cree que está impedida de serlo en la vida real por la opresión masculina establecida por la tradición islámica.

Una visión muy crítica de los hombres (europeos y marroquíes)

La visión crítica de los hombres es una constante en el libro de Aurora Bertrana, tanto si se trata de marroquíes como de europeos (en particular, de españoles). Su opinión sobre los europeos no es para nada buena. Muy al principio del libro nos explica que cuando sus amigos de Barcelona se enteran que viajaría sola a Marruecos le hacen todo tipo de recomendaciones frente a posibles peligros (enfermedades, dificultades con el clima, etc.). Y continúa comentando qué poco podían imaginar sus amigos que "las pocas molestias y contrariedades que se le han presentado en tierra de moros no han sido fruto de la temperatura, ni de los animales, ni de los hombres africanos, sino de los hombres europeos en África"[44].

El perfil del hombre europeo que se dibuja en el libro es el de una figura típicamente machista, incapaz de mantener una relación profesional normal con una mujer, en este caso, con una periodista:

---

[42] Mujer popular versada en derecho coránico.

[43] Bertrana, *El Marroc sensual i fanàtic*, 14.

[44] Bertrana, *El Marroc sensual i fanàtic*, 17.

para este señor, poblador, colonizador, viajero o funcionario, una mujer sola en Marruecos, a pesar de los zurcidos en las medias, máquina fotográfica, pluma y cuartillas, no puede ser otra cosa que aquello que él ha soñado y a la vez teme, es decir una *hembra disfrazada* y llena de posibilidades, pero también de peligros[45].

Aurora Bertrana considera que los hombres españoles juegan a ser europeos sin esconder suficientemente "sus atavismos ibero-musulmanes"[46]. Las acusaciones a los funcionarios del Protectorado Español son constantes tanto en relación a su falta de eficacia como de profesionalidad; y la verdad es que se siente muy poco identificada con los representantes oficiales españoles, hecho probablemente vinculado a su falta de identificación con el poder colonial que ellos encarnan.

Su opinión sobre los hombres árabes es todavía más crítica y, según ella, estos encarnan todos los tópicos peyorativos que se suele adjudicar a los árabes: llegan siempre tarde, tienen poca palabra, son mentirosos y perezosos, etc. Bertrana desaprueba sobre todo la esclavización que hacen de sus mujeres y el encierro de las mismas en los espacios interiores de las casas; es cierto que entre las clases más desfavorecidas, en algunos casos, las dejan salir, pero solo porque necesitan sus salarios.

La actitud crítica hacia los hombres árabes es una constante a lo largo de toda su obra.

De hecho, nuestra autora no solo no se siente aceptada por ellos, sino que cree que la consideran una amenaza para sus mujeres; ella sería un ejemplo de desvergüenza, un cáncer que se ha de evitar, sobre todo cuando se encuentra en las proximidades de sus casas: "de la muralla hacia fuera soy una mujer cualquiera; en una de esas *rumíes* impertinente y desvergonzadas que dan mal ejemplo a las musulmanas; pero de muralla hacia adentro resulto aún mucho más sospechosa"[47].

A manera de conclusión

El *Marroc sensual i fanàtic* refuerza la tesis de Said (1978) según la cual el Oriente es, en buena parte, una construcción intelectual europea, una imagen del Otro. La identificación del Otro permite a Aurora Bertrana construirse a sí misma como mujer europea, como mujer occidental. Pero, el *Marroc sensual i fanàtic* permite, también, enriquecer la crítica

---

[45] Bertrana, *El Marroc sensual i fanàtic*, 18.

[46] Bertrana, *El Marroc sensual i fanàtic*, 18.

[47] Bertrana, *El Marroc sensual i fanàtic*, 59-60.

feminista al orientalismo de Said. Esta lo ha caracterizado como un discurso bastante simplista que se alza sobre una confrontración directa entre colonizadores y colonizados y no deja espacios para la ambigüedad. El posicionamiento ambivalente de Bertrana frente a la realidad colonial es un ejemplo de las limitaciones de la propuesta de Said.

Además, tal como sostiene la literatura feminista sobre mujeres viajeras, Aurora Bertrana (cuyo viaje no tiene ningún tipo de connotación oficial) no se siente atada a ningún tipo de lazo y, aparentemente, se siente libre de decir lo que realmente piensa. Su viaje no posee ningún tipo de función legitimadora, ninguna voluntad patriótica. La mueve el interés por conocer al Otro, en este caso un otro con dos dimensiones: el mundo musulmán y la mujer musulmana. Este Otro es mirado con un tono respetuoso y feminista en comparación con la mayoría de las miradas orientalistas.

Finalmente, el conflicto entre culturas y tradiciones diferentes se hace evidente en sus descripciones de las mujeres marroquíes. La impermeabilidad cultural de las otras, con quienes ella desea identificarse como mujer, pero con las cuales no puede realmente comunicarse, la lleva a construir una visión propia en la que ella proyecta su feminismo (occidental). Bertrana imagina una identidad femenina marroquí con el potencial de ser como ella. Sin embargo, estas posibilidades son inhibidas o bloqueadas por la opresión sexista de la tradición islámica. Al igual que otras viajeras occidentales[48], Bertrana construye a las mujeres nativas como sujetos coloniales indefensos y, de esta manera, crea el referente necesario para destacar su propia identidad como europea y sus progresos como mujer.

---

[48] Mohanty, Chandra, "Under Western eyes: feminist scholarship and colonial discourses", *Feminist Review*, 30, 1988, 65-88. Lewis, Reina, *Rethinking Orientalism: Women, travel and the Ottoman Harem*, Nueva Brunswick: Rutgers University Press, 2004.

LUGARES Y MOVILIDADES CONTEMPORÁNEAS

Ciudades de lona: el Automóvil Club Argentino y la construcción de los campings como lugares turísticos en la entreguerra (1926-1939)

Melina Piglia[1]

En octubre de 1926 un vocal de la Comisión Directiva del Automóvil Club Argentino (ACA), Augusto de Muro, propone iniciar una campaña de fomento de una *saludable práctica*: el camping familiar. El proyecto será aprobado y a lo largo de poco más de una década el ACA le dedicará importantes recursos materiales, tiempo y energía. Los "campings" del ACA se volverán uno de los sellos de la institución, junto al auxilio mecánico y, desde 1936, las estaciones de servicio ACA-YPF.

El Automóvil Club había sido desde su fundación en 1904 una organización militante. En sus comienzos, la causa detrás de la que se alinearon los escasos y aristocráticos socios del club fue el automóvil y el deporte automovilista; para ellos, el automóvil en sí mismo era el símbolo de la modernidad, de los tiempos vertiginosos a cuya corriente había que subirse imitando a las naciones civilizadas[2]. Para mediados de la década de

---

[1] Este artículo es parte de mi investigación doctoral, realizada en el Instituto de Historia Argentina y Americana "Dr. Emilio Ravignani", bajo la dirección de Luis Alberto Romero.

[2] Entre 1918 y 1923 buena parte de los artículos de la revista del club (*Revista del ACA*, que comenzó a publicarse en 1918 y que, desde mediados de 1928, recibió el nombre de *Automovilismo*) se concentraban en lograr la aceptación del automóvil, resistido por muchos como máquina infernal. Se buscaba eliminar las trabas a la circulación y al estacionamiento en la ciudad (por ejemplo, la obligación, hasta 1924, de que como en los coches de caballos, alguien permaneciera en el vehículo si este estaba detenido), promover sus ventajas como medio de producción (publicitar el uso de camiones y tractores), despegando su

los veinte, comenzaron a ocupar ese lugar el excursionismo, el turismo y luego el camping (todo eso ligado al automóvil y a la extensión y el mejoramiento de los caminos), vistos como piezas claves para el progreso del país. Este nudo de cuestiones (el automovilismo, la vialidad y el turismo) formaba parte, para Anahí Ballent, de una emergente "trama de instituciones, acciones y símbolos sociales cuyo centro era el automóvil", una verdadera "cultura del automóvil"[3], que tenía al ACA como un actor central, aunque no exclusivo, y uno de sus principales promotores.

El presente trabajo intenta dar cuenta del proceso de *turistificación* de los campings del Automóvil Club y de construcción de la práctica del camping en la entreguerra. Por turistificación entenderemos el proceso de valorización turística de un espacio, proceso en el que intervienen e interactúan dimensiones materiales (la producción del espacio), simbólicas (la construcción de representaciones o invención del lugar) y territoriales (dimensión del poder). La turistificación subvierte el orden y los sentidos previos de un espacio geográfico y social, incorporando nuevos individuos, reorganizando el espacio y sus funciones, creando nuevas imágenes y sentidos[4]. El trabajo analiza este proceso desde el punto de vista del Automóvil Club, a partir del análisis de los materiales procedentes sobre todo del órgano de prensa del club.

La producción del camping como espacio turístico

"Hacer camping"[5] en 1926 equivalía para el ACA a pasar un día de campo: era una forma de utilizar el auto para pasear, haciendo uso de los caminos periurbanos relativamente en buen estado, en un contexto en el que las oportunidades de conducir el auto durante un par de horas por buenos caminos eran bastante escasas[6]. Esta práctica de recreación al aire

---

imagen de la del artículo de lujosa diversión e imponiéndolo como una "necesidad" de los "tiempos modernos". Ver *Revista del ACA*, números del 1 al 55.

[3] Ballent, Anahí, "Estado e instituciones en la obra pública de los años treinta: La Dirección Nacional de Vialidad y el Automóvil Club Argentino, 1932-43", *IX Encuentro de Cátedras de Ciencias Sociales y Humanísticas para las Ciencias Económicas*, Mar del Plata: Ediciones Suárez, 6 y 7 de junio de 2002, 483.

[4] Cazes, Georges y Rémy Knafou, "Le tourisme". En: Antoine, Bailly, Robert Ferras y Denise Pumain, *Encyclopédie de* Géographie, París, Económica, 1995, 831.

[5] En los años veinte la palabra "camping" aparece en la revista del club en inglés y entrecomillada. Refiere tanto a la práctica (hacer o practicar el camping) como a los lugares que el club adquiere y acondiciona, los "campings del club".

[6] Antes de la creación de la Dirección Nacional de Vialidad (DNV) en 1932, solo había en la Argentina 2.000 km. de carreteras transitables durante todo el año, a lo que se sumaban las dificultades para reabastecerse de combustible en los caminos y la limitada autonomía

libre tenía ya cierta difusión entre grupos diversos: así, por ejemplo, algunas asociaciones étnicas (como el Centro Asturiano) disponían de predios arbolados donde se organizaban días de campo, y las asociaciones Scout organizaban campamentos para niños y jóvenes desde principios del siglo XX. El Automóvil Club buscaba promover esta práctica en su círculo, ampliando las oportunidades de uso recreativo familiar del automóvil, a la par que fomentando un tipo de recreación familiar al aire libre, que permitía un real cambio de ambiente.

La campaña de fomento del camping tuvo una dimensión material: desde 1927 el club fue obteniendo (por donación o alquiler) y acondicionando una serie de predios que se transformaron en los campings del club, lugares a los que el socio podía concurrir para pasar el día. Georges Cazes y Rémy Knafou denominan esta dimensión *espacio turístico*: el espacio organizado o reorganizado por y para el turismo, a partir de la acción de agentes internos y externos sobre una estructura socioespacial dada[7]. En el caso de los campings del club, los espacios elegidos para ser valorizados turísticamente contaban con algunas características inmanentes: se localizaban a una o dos horas en automóvil desde la ciudad de Buenos Aires, cerca de caminos transitables todo el año (como el camino de macadam a Morón), y, de ser posible, contaban con árboles (el camping de Luján fue la excepción al respecto, ya que requirió forestación) y se encontraban cerca de un río o laguna (Quilmes, Chascomús, Punta Chica).

Los espacios fueron reorganizados para el tipo especial de práctica turística que se buscaba fomentar: se distinguieron áreas para pic-nic (bajo los árboles) a las que se dotó de hornallas, bancos y mesas, áreas de circulación vehicular (se construyeron caminos interiores), áreas soleadas para el juego de los niños (en las que se instalaron juegos de plaza), áreas de servicios (se construyeron edificios para sanitarios, proveeduría, buffet y/o confitería, habitaciones para el encargado del camping y, en algunos casos, un edificio techado que oficiaba de salón de reunión), áreas de balneario (para las que se adquirieron carpas para el sol y trajes y salidas de baño que se alquilaban a los socios) y, desde los años treinta, áreas donde estaba permitido instalar carpas.

Desde diciembre de 1930, comenzaron a realizarse campamentos ("excursiones-campamento"), y la palabra camping comenzó a hacer referen-

---

de los vehículos. Véase Ballent, "Estado e instituciones en la obra pública de los años treinta: La Dirección Nacional de Vialidad y el Automóvil Club Argentino, 1932-43".

[7] Cazes, G. y R. Knafou, "Le Tourisme", 829.

cia también a la práctica de pernoctar en carpas. En 1937, tras dos exitosos campamentos en las Playas de Ajó, se instalaron los campings de playa del ACA[8], en terrenos sobre la costa que le fueron donados al club en el marco de los emprendimientos privados de loteo y urbanización balnearia de lo que ahora es el Partido de la Costa[9].

La producción del espacio turístico requirió en estos campings mayores inversiones por parte del club: en el acondicionamiento del predio (nivelación del terreno, cercado, intentos de forestación), en infraestructura (construcción de sanitarios, edificios para la proveeduría, la cocina y el comedor, la administración, y en el caso del de Mar de Ajó, un salón para los socios) y en equipos (carpas, mesas, catres, colchones, faroles, alacenas, bancos). La dotación de personal fue también más importante que en los demás campings del club: los campings de playa contaban con más amplios servicios (auxilio mecánico, botiquín de emergencia, armado de carpas y correo, por ejemplo) y tenían personal administrativo permanente y personal destinado exclusivamente a la limpieza, la iluminación del camping y al armado de las carpas. Parte del camping funcionaba como una especie de precario hotel: las carpas del club (unas cuarenta en cada camping, tipo ferrocarril –sin piso– para tres o para cuatro personas) permanecían instaladas durante toda la temporada en hileras paralelas de espaldas al mar, con todo el mobiliario interior (catres, mesas, etc.), pudiendo ser ocupadas en cada turno por quien las hubiese reservado. Otra sección del predio se reservaba para las carpas particulares de los socios, y otra para los servicios y la administración.

En la producción de los campings de playa como espacios turísticos participaron otros agentes además del ACA. En primer término, el Estado Nacional y el Estado provincial, que mejoraron los caminos sin los cuales el acceso a los balnearios en los que estaban los campings resultaba imposible. El acceso a las Playas de Ajó se hacía inicialmente por el Ca-

---

[8] La oferta de turismo al aire libre del Automóvil Club se completaba en los años treinta con una tercera modalidad, las excursiones-campamento. Durante la temporada estival se organizaban campamentos largos (con turnos de quince días) en zonas serranas como Córdoba (por ejemplo, en Ascochinga en 1934 y en 1935) o San Luis (en 1938 en Las Cortaderas), que durante el período estudiado tenían lugar en predios prestados al club para tal fin, y que no contaban con acondicionamiento material específico (eran, por ejemplo, rincones de estancias); estas excursiones permitían completar el abanico de paisajes que el club ofrecía para la recreación de sus socios ofreciendo el otro paisaje turístico consagrado: la sierra. Se sumaban además campamentos breves no muy lejos de la ciudad de Buenos Aires, en carnaval, durante la Semana Santa o en noviembre, diciembre o marzo (a Tandil, a la estancia Santa Rosa, a Monte).

[9] En 1935 la familia Leloir donó al ACA un predio de 20 hectáreas en el loteo de San Clemente del Tuyú; y al año siguiente Rafael Cobo le donó otro en el paraje La Margarita.

mino de la Costa, de jurisdicción provincial, que unía la ciudad de La Plata con Mar del Plata, y que en buena parte de sus tramos era transitable todo el año gracias a un encarpetado de conchilla. Este camino llevaba al pueblo de General Lavalle, desde donde se podía llegar a San Clemente del Tuyú por el camino Cañada de Cerruti (junto al que se encontraba el camping del ACA). A Mar de Ajó se llegaba por un camino vecinal (de General Lavalle al almacén Pavón y de allí a la playa) o bien directamente por la playa desde San Clemente, si la marea lo permitía. La dirección de Puentes y Caminos de la Provincia de Buenos Aires realizó desde 1935 obras que mejoraron los accesos a los nuevos balnearios: por un lado, el Camino de la Costa fue mejorado (se construyeron alcantarillas, etc.) para que sirviera como alternativa a la Ruta Nacional 2, que estaba siendo pavimentada, mientras que en el camino Cañada de Cerruti se realizaron tareas de fijación de médanos.

La Dirección Nacional de Vialidad (DNV), por su parte, inauguró en enero de 1938 el tramo Buenos Aires-Dolores de la Ruta 2 (la otra mitad estaba en construcción, a cargo de la provincia), que aceleró y facilitó el viaje a la costa en automóvil. Los automovilistas podían tomar en Dolores un camino provincial hasta General Conesa, desde donde podían continuar hacia Mar del Plata o llegar a las Playas de Ajó. El ACA, que tenía una estrecha relación con el Estado en esos años (era parte del directorio de la DNV, por ejemplo), participó de estas obras efectuando la señalización de los caminos e instalando casillas camineras (para descanso y carga de combustible) a lo largo del Camino de la Costa y de la Ruta Nacional 2 (ver anexo).

Las compañías que llevaban adelante el loteo y construcción de los balnearios de Mar de Ajó y San Clemente del Tuyú constituyen un último agente a tener en cuenta. Estas compañías, formadas por propietarios de estancias de la zona, transformaron tierras agroganaderas costeras, poco productivas, en lotes urbanos de nuevas ciudades balnearias[10]. La producción de los campings de playa del ACA como espacios turísticos estuvo así indisolublemente ligada al proceso más amplio de valorización turística del espacio de estos balnearios en construcción. La donación de terrenos al ACA formó parte, desde el diseño, del loteo de estos balnea-

---

[10] El proyecto de fundación de San Clemente del Tuyú lo presenta en 1934 la Sociedad de Tierras de San Clemente (familia Leloir) y es aprobado por la provincia de Buenos Aires en 1936; la fundación de Mar de Ajó fue hecha por la Sociedad de Tierras y Balnearios (Rafael Cobo y su yerno Isaías Ramos Mejía) en 1935 y autorizado por al provincia a fines de ese mismo año. Bertoncello, Rodolfo, "Configuración socio-espacial de los balnearios del Partido de la Costa (Provincia de Buenos Aires)", *Territorio*, 5 (1993), 22-24.

rios, y fue, de hecho, importante para la estrategia de venta de los lotes. A la vez, la presencia creciente de construcciones, mano de obra y servicios pertenecientes al balneario (como los servicios gastronómicos de la Hostería La Margarita en Mar de Ajó, por ejemplo) sumó a la valorización turística de los campings.

Resta añadir a lo antes expuesto la dimensión del poder: Cazes y Knafou la introducen en la noción de *territorio turístico,* que supone contemplar las creaciones o las apropiaciones de territorios implicadas en los procesos de valorización turística[11]. En el caso de los campings del ACA existió, en primer lugar, un acto de apropiación legal de un predio determinado (tras una donación o un contrato de alquiler), y un proceso posterior de segregación material, simbólica y social de esos campings respecto de los terrenos circundantes. En campings, como el de San Miguel o Luján, rodeados de tierras de cultivo o baldías esto no parece haber sido particularmente crucial, como sí lo fue en los campings de Chascomús, Quilmes o en los campings de playa, lindantes con otro tipo de espacios mucho más poblados o frecuentados por excursionistas y turistas (el Club Regatas en Chascomús, zonas de balneario público en Quilmes, lotes y segundas residencias en los nuevos balnearios de Mar de Ajó y San Clemente). Dentro del alambrado o de la cerca que delimitaba los campings, funcionaba un orden social regido por los reglamentos del club, y vigilado por las autoridades del camping (los encargados, los comisarios en los campings de playa).

Los reglamentos, de 1928, 1934 y 1941, regulaban el acceso a los campings del club (limitando la presencia de invitados no socios, garantizando la homogeneidad social y la seguridad) y el uso de los entretenimientos, equipos y espacios del camping (precios y condiciones de arriendo de las carpas, condiciones en las que los socios podían instalar sus propias carpas, etc.), e incluso especificaban las conductas y las vestimentas permitidas y prohibidas (por ejemplo, solo se permitía permanecer en traje de baño en el área de balneario del camping): una dimensión pedagógica (de educación en las formas adecuadas de goce del camping) y de disciplinamiento (de usuarios que a juzgar por lo que los reglamentos apuntan a regular, necesitaban que se les recordara el límite hasta el cual podían relajarse las reglas de urbanidad y decoro en la situación natural del camping). No resulta demasiado aventurado imaginar que esta cuestión se vinculaba además con la progresiva diferenciación social entre las elites dirigentes (sectores acomodados y refinados) y los asocia-

---

[11] Cazes, G. y R. Knafou, "Le Tourisme", 829.

dos usuarios de los campings (crecientemente pertenecientes a los sectores medios de profesionales liberales primero, y luego también de pequeños comerciantes enriquecidos que fueron accediendo en los años treinta al automóvil y se incorporaron al club).

La invención del camping como lugar turístico

A la par que el club construía el sustrato material para la práctica del camping, desde la revista del club se desplegaba la campaña de fomento, la construcción del camping como lugar turístico, entendiendo por *lugar turístico* la narración que inventa un lugar que existe por y para el turismo[12].

A partir de 1928 la revista del ACA se puebla de editoriales y artículos sobre el camping, de fotografías de los lugares de camping del club, y de relatos de las actividades que tienen lugar en ellos. Un repertorio de imágenes que, con algunos cambios, perdura y se reitera incesantemente en la revista hasta entrada la década de 1940: el camping equivale a la vida al aire libre, sencilla y rústica, poblada de expansiones simples y alegres, de buen humor y camaradería, lejos de las preocupaciones, agitación y "rígida etiqueta" social de la vida moderna; es un tónico eficaz para la salud física y moral (por el aire puro, el sol, el descanso y la despreocupación), un estímulo para el espíritu y para el intelecto.

El camping aparece como una solución para los lados oscuros de la vida moderna: su ritmo febril, su rígida etiqueta social, su aire viciado, su tráfico, parecen estar en el origen de la tuberculosis, la delgadez, el mal humor, la melancolía o el desgano.

> El que hace "camping" logra salud, porque nada hay tan tonificante para el organismo como la vida al aire libre. Ese sol que nos tuesta la piel es una medicina que nos entra por los poros, que purifica nuestra sangre, que vigoriza nuestras células; ese aire que aspiramos a pulmón lleno es un enemigo acérrimo de los sanatorios y las pompas fúnebres[13].

Algunos de los motivos son similares a los que operaban por esos tiempos, por ejemplo, en la construcción de la idea del verde urbano[14]. En ambos casos son centrales las nociones sobre el aire libre (en tanto que aire puro, opuesto al aire viciado de la muy poblada metrópoli) y del poder tonificante del sol. Pero la práctica del camping, a diferencia de los usos del verde urbano, suma otras propiedades benéficas.

---

[12] Cazes, G. y R. Knafou, "Le Tourisme", 829 y 831.
[13] Revista *Automovilismo* 125, abril de 1929: 52.
[14] Armus, Diego, "La idea del verde en la ciudad moderna. Buenos Aires, 1870-1940", *Entrepasados* 10 (1996), 7-29.

En primer lugar, supone alejarse de la ciudad y, con la distancia física, apartarse de las preocupaciones y de las urgencias que impone la vida urbana moderna; hacer camping funciona entonces como un tónico moral mejorando la salud espiritual, dando renovados bríos a la voluntad e impulsando el optimismo. El influjo de la naturaleza "eleva" el espíritu, más allá de las pasiones, a la par que estimula los sentidos y el intelecto[15].

El que hace "camping" disfruta de la vida, porque nada reconforta tanto como el abandono de los convencionalismos sociales y el olvido de las diarias preocupaciones del trabajo. Ante el campo todo luz, con sus hierbas en flor, el cerebro se despeja y el corazón se ensancha. El hombre vuelve a encontrarse a sí mismo y se alegra de sentirse bueno y feliz[16].

El aire libre es así mucho más que aire puro, implica la ilusión de la libertad: quien pasa el día al aire libre, se libra del aire viciado de la ciudad, pero también de sus preocupaciones, ansiedades, pasiones y conflictos, e incluso, de las propias reglas sociales. Y es en esa libertad, que el hombre se encuentra a sí mismo y encuentra otro tipo de goce (diferente del goce crecientemente sofisticado que la ciudad moderna ofrece).

Nuestro pueblo [...] no ha aprendido a gozar de la inapreciable dicha, del incomparable descanso que para el espíritu y el cuerpo representa un día convivido con la Naturaleza, en forma rústica, [...] que nos permita desperezar al hombre natural que todos llevamos dentro, y recrearse más plácidamente, voluptuosamente podríamos decir, con las cálidas caricias del sol, prodigado en plena Naturaleza"[17]

La naturaleza del camping es descripta siempre siguiendo estereotipos idílicos y pastorales: los árboles y su sombra confortable, la frescura de la hierba; una naturaleza sin animales silvestres ni insectos, sin conflicto; una naturaleza hospitalaria que invita al descanso y a las emociones suaves, que promete "un día de encantadora tranquilidad, rodeado casi siempre de los familiares"[18].

La rusticidad es condición para este goce. El camping es vida sencilla; Oliver Sirost ha analizado para el caso de Francia cómo esta imagen se alimenta de una cultura popular que disfruta de aquello que la vida

---

[15] "El que hace 'camping' se ilustra, porque aprende geografía práctica, porque observa los tipos y costumbres del país, que cambian según las regiones, porque adquiere conocimientos sobre la flora y la fauna y porque, al ponerse en contacto con esa gran maestra que es la Naturaleza, recoge de ella la enseñanza de todo lo que ella ha puesto sobre la tierra…". *Automovilismo*, 125, abril 1929, 52.

[16] *Automovilismo*, 125, abril de 1929, 52.

[17] *Revista del ACA*, 115, mayo de 1928.

[18] *Revista del ACA*, 112, febrero de 1928.

tiene de más elemental, del buen humor y de los placeres simples[19], y a la vez –y aquí sigue los trabajos de Catherine Bertho-Lavenir– de una inversión de los mecanismos de distinción de las elites burguesas de principios del siglo XX: se distingue quien se desnuda, se descubre, se despoja[20]. Los entretenimientos ofrecidos por el club participan de esta imagen: se los describe siempre como inocentes, simples y alegres expansiones, adultos que se divierten como niños (carreras de embolsados, etc.)[21].

"El Camping se ha hecho para estar en contacto íntimo con la naturaleza, sufriendo en lo posible las inclemencias de la vida natural, pues en este contraste entre la vida ciudadana y la vida rústica a que uno se entrega, reside la belleza de estas higiénicas jornadas."[22]. El efecto vigorizante de la naturaleza depende entonces también de la rusticidad. Los discursos del club la definen como un nivel mínimo de confort material y de personal de servicio, que se contrapone al refinamiento y las comodidades urbanas. Esta rusticidad asegura la intimidad con la naturaleza y consuma el distanciamiento de la vida urbana, el cambio de ambiente. Obliga, además, a valerse por uno mismo, fortaleciendo el carácter: "muchos son los que se violentan al apercibirse, con desconcertante ingenuidad, que en estos días de campo deben bastarse a sí mismos, sin esperar la cooperación de terceros en la solución de los problemas que el vivir produce."[23]

La rusticidad juega en la construcción del atractivo del camping como lugar turístico en dos sentidos: como garantía de autenticidad de la experiencia (la rusticidad es lo que define el camping como tal), y como garantía de diferencia, de alejamiento del orden de lo cotidiano. En este sentido, la rusticidad del camping se relaciona además con lo que Sirost llama el *deseo de precariedad*: parte del atractivo del camping reside en que es una actividad revocable e inestable, que reduce la vida social a su esencia. "Acampar invierte las normas reaseguradoras de la sociedad. Experimentar la fragilidad, la inestabilidad, lo temporario, permite construir más solidamente esa vida [la civilizada]"[24], resulta una forma de testear los fundamentos de los lazos sociales.

---

[19] Sirost, Olivier, "Camper ou l'experience de la vie precaire au grand air", *Revue Ethnologie Francaise*, 4 (2001), 1.

[20] Sirost, O., "Camper ou l'experience de la vie precaire au grand air", 7.

[21] Véase por ejemplo, "Fotos del camping de San Miguel", *Revista del ACA*, 112, febrero de 1928.

[22] *Revista del ACA*, 115, mayo de 1928.

[23] *Revista del ACA*, 115, mayo de 1928.

[24] Sirost, O., "Camper ou l'experience de la vie precaire au grand air", 7.

Ahora bien, si la rusticidad es atractiva, lo es en la medida en que el alejamiento de lo cotidiano no es radical, sino que se ofrece cierto nivel de confort y de previsibilidad, y la posibilidad de reproducir ciertas rutinas familiares de la vida cotidiana (el almuerzo sobre una mesa, los hábitos de higiene), condiciones imprescindibles para el disfrute de la experiencia. Así, desde la revista se destacan las mejoras que el club ha introducido en los campings, "lo indispensable para pasar un día de campo", ya que "el excursionista generalmente desea algunas comodidades y distracciones que aumenten los atractivos del viaje"[25]. El camping es una experiencia de vida en la naturaleza, pero en una naturaleza domesticada y previsible, apacible y segura.

La experiencia del camping es pensada por el ACA como algo esencialmente colectivo. La sociabilidad sin protocolos y la camaradería entre los miembros de la institución (pares sociales con los que se pueden entablar fructíferas relaciones) se ofrecen como atractivo adicional para la práctica del camping en los predios del club.

> La implantación de esta costumbre es un anhelo que tenemos. El Camping debe ser una institución dentro de la vida familiar de nuestros asociados, y los locales de San Miguel y Chascomús, centros de reunión donde se cimenten afectos entre los componentes de nuestra gran corporación[26].

La construcción simbólica de los campings como lugares turísticos articula una serie de imágenes no necesariamente coherentes entre sí desde el punto de vista lógico. Así, si en un punto el viejo cliché romántico sobre los beneficios espirituales de la vuelta a la naturaleza entra en contradicción con la insistencia en la sociabilidad como atractivo y con el carácter doméstico y confortable de la naturaleza de los campings, del otro lado suma legitimidad a una práctica y a unos sitios cuyo atractivo está en construcción, en tanto el cliché resulta familiar para los destinatarios del mensaje. Además, este motivo de la vuelta a la naturaleza es reprocesado en la idea de la rusticidad, que define las dosis mínima y máxima aceptables de naturalidad de la naturaleza.

Muchas de estas imágenes construidas a fines de los años veinte acerca del camping perduraron en la década siguiente (cuando hacer camping para el club comenzó a incluir la convivencia en campamentos), pero algunas representaciones sufrieron reelaboraciones. Así, por ejemplo, desde mediados de la década de los treinta, en la presentación de la sociabilidad de los campings de playa como atractivo, comenzó a enfati-

---

[25] *Revista del ACA*, 112, febrero de 1928.
[26] *Revista del ACA*, 112, febrero de 1928.

zarse la mezcla de relajamiento de la etiqueta social y ambiente familiar que ofrecía la vida en los campings (más que la provechosa sociabilidad entre pares), que contrastaba no solo con el estricto protocolo social de la metrópolis, sino también con "las características de vida intensa, que es condición esencial en los puntos de veraneo consagrados por la costumbre donde se hace de todo menos descansar"[27]. Este fue un aspecto importante en la construcción de los campings de playa del club como lugares turísticos, en un contexto en que los propios balnearios en que se emplazaban estaban siendo construidos material y simbólicamente como lugares turísticos alternativos a Mar del Plata, a partir de lo que hasta ese momento habían sido tierras marginales de explotaciones rurales[28]. Los campings de playa brindaban una alternativa de acceso a las vacaciones en la playa, algo consagrado como extremadamente deseable en el imaginario de esos años, a grupos medios en ascenso que disponían anualmente de tiempo libre, aunque limitado (la quincena de vacaciones, base de los *turnos* de los campings de playa), y de medios económicos (poseían un automóvil, estaban al día con las cuotas del club), pero para quienes las vacaciones en Mar del Plata, el destino de sol y playa más codiciado, resultaban todavía demasiado onerosas. Como han planteado Fernando Cacopardo, Elisa Pastoriza y Javier Sáez, Mar del Plata seguía siendo en los años treinta, pese a la relativa democratización del balneario (la llegada de grupos medios), un lugar de veraneo muy caro, donde el mero acceso a la arena o a la rambla estaban privatizados (así sería hasta la construcción del complejo Rambla-Casino cuya construcción se inicia en 1938)[29]. Señal de esto es la insistencia desde la revista del ACA en un elemento hasta entonces ausente de la lista de ventajas del camping: la baratura. "Económicamente considerada, la participación en cualquiera de los campamentos, que periódicamente organiza el Automóvil Club Argentino, permite un veraneo de reducido costo, sano para el cuerpo y tónico para el espíritu"[30].

El recurso a la vida social funcionaba en este contexto como parte de una operación simbólica que buscaba generar legitimidad y prestigio para sitios (y prácticas) que no eran estrictamente los de moda, de cara a estos

---

[27] *Revista del ACA*,115, mayo de 1928.

[28] Bertoncello, Rodolfo, "Configuración socio-espacial de los balnearios del Partido de la Costa (Provincia de Buenos Aires)".

[29] Cacopardo, Fernando; Elisa Pastoriza y Javier Sáez, "Artefactos y prácticas junto al mar. Mar del Plata: el camino de apropiación del sur, 1880-1940", Gilmar Arruda, David Velásquez Torres y Graciela Zuppa (orgs.), *Natureza na America Latina, Apriopriações e Representações*, Brasil: editora UELT- Londrina, 2001.

[30] Revista *Automovilismo,* 194, diciembre de 1935.

grupos medios que se entregaban al consumo de experiencias turísticas en parte como una forma de distinción social, y a los que el ACA había incorporado recientemente (o buscaba incorporar) como socios.

> [El camping de Mar de Ajó] donde es dable hacer vida al aire libre, sin tener en cuenta los prejuicios de la vida en los grandes centros de veraneo, ya sea, la vida social, y en la mayor parte de los casos de hotel, supeditados a horarios y a compromisos ineludibles [...] En esos campamentos del ACA se vive seguro y respetado; es una gran familia que trata de pasar lo más agradablemente posible su veraneo[31].

De un lado, a la sociabilidad agitada y exigente de Mar del Plata, se contraponía la idea de la tranquilidad, el solaz y el descanso en contacto con la naturaleza en los campings del ACA. Del otro, al relajamiento moral que muchos veían en Mar del Plata en esos años (sobre todo en la conducta femenina)[32], se oponía el ambiente familiar y seguro, poblado de diversiones simples y alegres, y moralmente sano de los campings (moralidad garantizada además por los reglamentos y por la existencia de autoridades en el campamento). La seguridad que el camping ofrecía se fundaba, por otra parte, en su relativa homogeneidad social, dada por la pertenencia al Automóvil Club, la posesión de un automóvil (el acceso a estos balnearios usando otros medios de transporte era muy difícil) y la adscripción a ciertos valores de los cuales la práctica del camping era un símbolo. El camping era un lugar socialmente seguro, lejos de los conflictos de la ciudad moderna. Para mayor reaseguro, la cerca delimitaba un espacio independiente del resto de la vida del balneario.

En ese espacio social y físico se fundaba una inédita (y efímera) comunidad[33], una ciudad de lona. Esta forma de camping era un remedo de la concentración urbana y de su confort. Así, por ejemplo, en 1936 una crónica del campamento de Mar de Ajó menciona la existencia de carpas de dos pisos, el "rascacielos del campamento"[34], y para enero de

---

[31] Revista *Automovilismo*, 185, febrero de 1935.

[32] Cacopardo, Pastoriza y Sáez, "Artefactos y prácticas junto al mar. Mar del Plata: el camino de apropiación del sur, 1880-1940".

[33] Hasta fines de los años veinte el ACA es un club pequeño, que funciona como club social. En ese contexto la presentación de la sociabilidad en los campings como atractivo enfatiza la posibilidad de anudar lazos con otros socios, pares sociales. En los treinta, con un club mayoritariamente de sectores medios de todo el país, la sociabilidad de los campings de playa, por ejemplo, ya no remite a la idea de la comunidad de socios, sino que se presenta con los atributos ideales del pequeño pueblo: la alegría, la seguridad, la cordialidad y la camaradería que garantizan una experiencia de vacaciones positiva; pero sin ninguna referencia a la posible perduración de los lazos más allá de las vacaciones.

[34] Revista *Automovilismo,* 196, febrero de 1936.

1940 las carpas se arman sobre superficies de cemento (las carpas del club no tenían piso). El atractivo de esta forma de camping híbrida es, para Sirost, la "promiscuidad" del campamento, el tipo de convivencia que obliga a develar una parte de la vida privada en un espacio común, y que produce un reencantamiento de lo cotidiano (un nuevo disfrute de prácticas cotidianas de alimentación, higiene, etc.). En esta comunidad original, precaria, rústica y "promiscua" del campamento muchas normas sociales se relajaban, pero otras (los fundamentos de los lazos sociales, de la vida en comunidad) se fortalecían[35].

La construcción de la práctica, la construcción de la mirada

A la vez que este repertorio de imágenes construye las representaciones de los campings del ACA como lugares turísticos, produce también las representaciones de la propia práctica del camping. La campaña de fomento tiene así una faz pedagógica, que instruye sobre los modos apropiados de consumo de esa particular experiencia recreativa: la mezcla de rusticidad y confort, el alejamiento de los vicios urbanos[36], el buen humor, los placeres sencillos, la camaradería. En términos de John Urry, el club construye una *mirada turística*[37] (apoyándose también en otros discursos autorizados contemporáneos[38]). Esta mirada es, como ya vimos, *colectiva*: las personas son necesarias para dar atmósfera a la experiencia del lugar compartido en el proceso de consumirlo visualmente[39].

Urry considera la práctica turística como eminentemente visual; el caso de los campings del ACA y de la práctica del camping que el club construye (como día de campo o como campamento) muestra la necesidad de contemplar también la *dimensión performativa* de la experiencia turística, como experiencia de encuentro entre sujetos corporizados, y entre ellos y el espacio[40]. Los campings, especialmente los campings de playa del club, aparecen sobre todo como lugares para experimentar con

---

35 Sirost, O., "Camper ou l'experience de la vie precaire au grand air", 4-7.

36 Aitchison, Cara; Nicola E. MacLeod y Stephen J. Shaw, *Leisure and Tourism Landscapes. Social and Cultural Geographies*, Londres: Routledge, 2002, 70.

37 Urry, John, *O olhar do turista. Lazer e viagens nas sociedades contemporaneas*, San Pablo: Sesc y Estudio Nobel, 1996.

38 Las prédicas de médicos e higienistas desde principios del siglo XX, por ejemplo.

39 Crawshaw, Carol y John Urry, "Tourism and the Photographic Eye". En: Rojek, Chris y John Urry, (eds.), *Touring Cultures. Transformation of Travel and Theory*, Londres y Nueva York: Routledge, 1997, 177.

40 Crouch, David (ed.), *Leisure/Tourism Geographies: Practices and Geographic Knowledge*, Londres. Routledge, 1999, 5.

el cuerpo: para bañarse en el mar, bailar, participar de los juegos colectivos, de las mil y una actividades cotidianas que toman gran relevancia en el contexto precario del campamento; *vivir* la vida de campamento es presentado como la experiencia central a consumir[41]. El paisaje social (la pintoresca ciudad de lona) y natural (las anchas playas) aparece como el entorno de las actividades del campamento (cuyas cualidades estéticas suman valor, en todo caso, al goce de las vivencias del camping, pero no constituyen el elemento central). La contemplación del paisaje de los campings, el goce estético, está casi ausente de las prescripciones del club: es notable en ese sentido, por ejemplo, la casi total ausencia de referencias al mar como espectáculo.

La forma en la que el club construye la expectativa de consumo de la experiencia turística del camping[42], finalmente, también permite sugerir algún matiz a la tesis de Urry y de MacCannell acerca de las motivaciones turísticas[43]. Urry sostiene que la motivación para la experiencia turística es la búsqueda de la diferencia ontológica: lo extraordinario, opuesto a la vida cotidiana. El tipo de camping propuesto por el club aparece como ciertamente diferente de la vida cotidiana (diferencia de la que procede el efecto de descanso), pero de ninguna manera se construye como *opuesto* a ella, en tanto parte del atractivo reside en la realización de prácticas cotidianas en un contexto precario, rústico y promiscuo: ir a buscar agua, cocinar en un fogón, almorzar al aire libre evitando que se vuele el mantel, dormir en un catre dentro de una carpa, etc. Como plantea Sirost, las prácticas cotidianas se reencantan: adquieren mayor visibilidad y reciben mayor atención a causa de la ausencia relativa de confort y de la estrecha convivencia con otros[44].

Esta forma de camping como remedo de la vida urbana cotidiana difiere del camping como experiencia en la naturaleza salvaje que se

---

[41] A propósito de esto Niels Kayser Nielsen destaca la participación de esta dimensión corporal de "vivir y moverse en un espacio del que uno se apropia con su cuerpo y no con su pensamiento" en la transformación de un espacio en un lugar. N. K. Nielsen, "Knowledge by doing: home and identity in a bodily perspective". En: Crouch, D. (ed), *Leisure/Tourism Geographies. Practice and geographical knowledge*, Londres Routledge, 1999, 286.

[42] Nos limitamos aquí a analizar el modo en que el club prefigura estas motivaciones, y no las motivaciones de los turistas concretos usuarios de los campings del club.

[43] Rojek, Chris, "Indexing, Dragging and the Social Construction of the Tourist Sights". En: Rojek, Chris y John Urry, (eds.), *Touring Cultures. Transformation of Travel and Theory*, Londres y Nueva York: Routledge, 1997, 55.

[44] Las prácticas de la vida cotidiana (la higiene, la alimentación, el vestido, el sueño) son desnaturalizadas (por la atención y la reflexión especial que se les dedica, por transformarse en el centro del atractivo de la práctica recreativa) mientras a la vez se las reduce a su esencialidad (a su naturaleza), liberándolas de las formalidades y sofisticaciones de la vida urbana.

propone como radicalmente opuesta a la vida en la ciudad[45]; Resultan útiles en este sentido las sugerencias de Chris Rojek, que aportan una mirada epistemológica de la diferencia, que implica pensar de modo más continuo la relación entre la vida ordinaria y la experiencia turística (el placer es simplemente cambiar de reglas y distraerse)[46].

Por otro lado, podemos relativizar la cuestión de la búsqueda (infructuosa) de autenticidad como motivación para la experiencia turística, tal como la plantea MacCannell. Los discursos autorizados y el uso social construyen las expectativas de la experiencia a consumir y los límites dentro de los cuales esta es considerada *auténtica*, una autenticidad que se mide en relación con reglas internas de la propia práctica. Así, la experiencia *auténtica* de camping para el ACA, por ejemplo, implica, como vimos, el respeto de condiciones de rusticidad mínima y confort máximo, inherentes a la definición de la práctica. Los socios del club no se encuentran entonces concurriendo a los campings en busca de un encuentro con una naturaleza prístina (búsqueda de una naturaleza auténtica) y luego decepcionados por la experiencia de meras escenificaciones de lo natural (la naturaleza domesticada de los campings) y de ciudades de lona.

Palabras finales: turistificación y lógica económica

El proceso de turistificación de los campings del ACA supuso la valorización turística de terrenos rurales o semirurales de uso agropecuario, que adquirieron una función de consumo turístico (contemplativo y performativo), que fueron reorganizados espacialmente (rezonificados, forestados, cercados, dotados de caminos internos, construcciones y equipos), habitados transitoria o permanentemente por nuevos individuos (los turistas o visitantes, el personal administrativo del club), apropiados por el club, y cuyos sentidos fueron trastornados a partir de un repertorio de imágenes que los construyeron como lugares turísticos: los *campings y campings de playa* del ACA.

Este proceso de turistificación los insertó además en una nueva lógica económica, de la que es inseparable toda práctica turística[47]. En el período estudiado los campings no fueron, al menos de modo directo, una fuente de ingresos para el club sino marginalmente, a través de la tarifa

---

[45] Sirost, O., "Camper ou l'experience de la vie precaire au grand air", 4

[46] Rojek, Chris, "Indexing, Dragging and the Social Construction of the Tourist Sights", 55-6.

[47] Britton, S., "Tourism, capital and place: towards a critical geography of tourism", *Environment and Planning, D. Society and Space*, 9, 1991, 451-478.

cobrada a los invitados a los campings fijos, del alquiler de carpas y equipos, o de la concesión de proveedurías y confiterías. El fomento del camping formó parte de una reconfiguración de la oferta de servicios del ACA relacionada con la nueva y agresiva estrategia de captación de socios que el club emprendió desde 1924 (que incluyó además la nacionalización del club)[48], y que llevó la cifra de asociados de 700 en 1923 a 32.652 en 1931. Los campings eran entonces fuentes indirectas de ingresos: junto a otros servicios (el auxilio mecánico y las estaciones de servicio) le permitieron al club atraer y mantener a sus asociados en la institución en un momento en que el club apostaba a ampliarse, y en el que las cuotas de los socios eran (como lo fueron hasta 1937) la fuente principal de recursos del ACA.

La campaña de fomento del camping, por otro lado, puso al club en posición de acceder a varias donaciones de terrenos y amplió así su capital. Finalmente, como mencionamos, en el caso de los balnearios del actual Partido de la Costa esto estuvo en relación con una serie de negocios inmobiliarios posibilitados por estrechas relaciones entre sus promotores y los gobiernos provincial y nacional, y en los que ciertos dirigentes del club (como Muñiz Barreto, por ejemplo) parecen haber jugado un papel importante, aunque difícil de ponderar en este punto de las investigaciones. La instalación de los campings de playa parece brindar algunas pistas, extremadamente insuficientes aún y sobre las que es necesario avanzar, sobre las relaciones entre las decisiones de la Comisión Directiva del ACA, la obtención de donaciones de terrenos para camping, la especulación inmobiliaria (el loteo de los balnearios) y el tráfico de influencias[49] (por ejemplo, en relación con la presencia del ACA en la Dirección Nacional de Vialidad, organismo estatal que definía el trazado de caminos).

---

[48] A partir de 1924 el club inicia una estrategia muy definida de expansión a nivel nacional: se decide la constitución de delegaciones en el interior (para 1928 ya son 77), y poco después se reglamenta la afiliación al ACA de todos los clubes del interior que fomenten el automovilismo. Como consecuencia crece enormemente el número y la proporción de socios no residentes (que no vivían en la ciudad de Buenos Aires): de 31 en 1921 (menos del 10% de los socios totales) a 20.211 en 1931 (más de la mitad de los socios).

[49] La cuestión del tráfico de influencias es difícil de definir en el estado actual de mi investigación. De cualquier modo, las múltiples relaciones de las elites dirigentes del club con el Estado (muchos de ellos son funcionarios estatales en los años treinta, tanto a título personal como representando al club, y a través de él a los automovilistas) permiten pensar que los intereses del club (cuyo patrimonio se multiplicó de manera impresionante) eran gestionados en parte a través de la red de relaciones con el Estado, y, a la vez, que los dirigentes probablemente se beneficiaran personalmente de esta gestión.

Anexo: Mapas de los caminos a San Clemente del Tuyú y Mar de Ajó en 1938

Mapa 1: Camino de Dolores a General Lavalle (provincia de Buenos Aires)

Fuente: ACA, *Guía de Viaje. Zona Centro*, Buenos Aires, 1943.

Mapa 2: Camino de general Lavalle a las Playas de San Clemente del Tuyú y de La Margarita (Mar de Ajó)

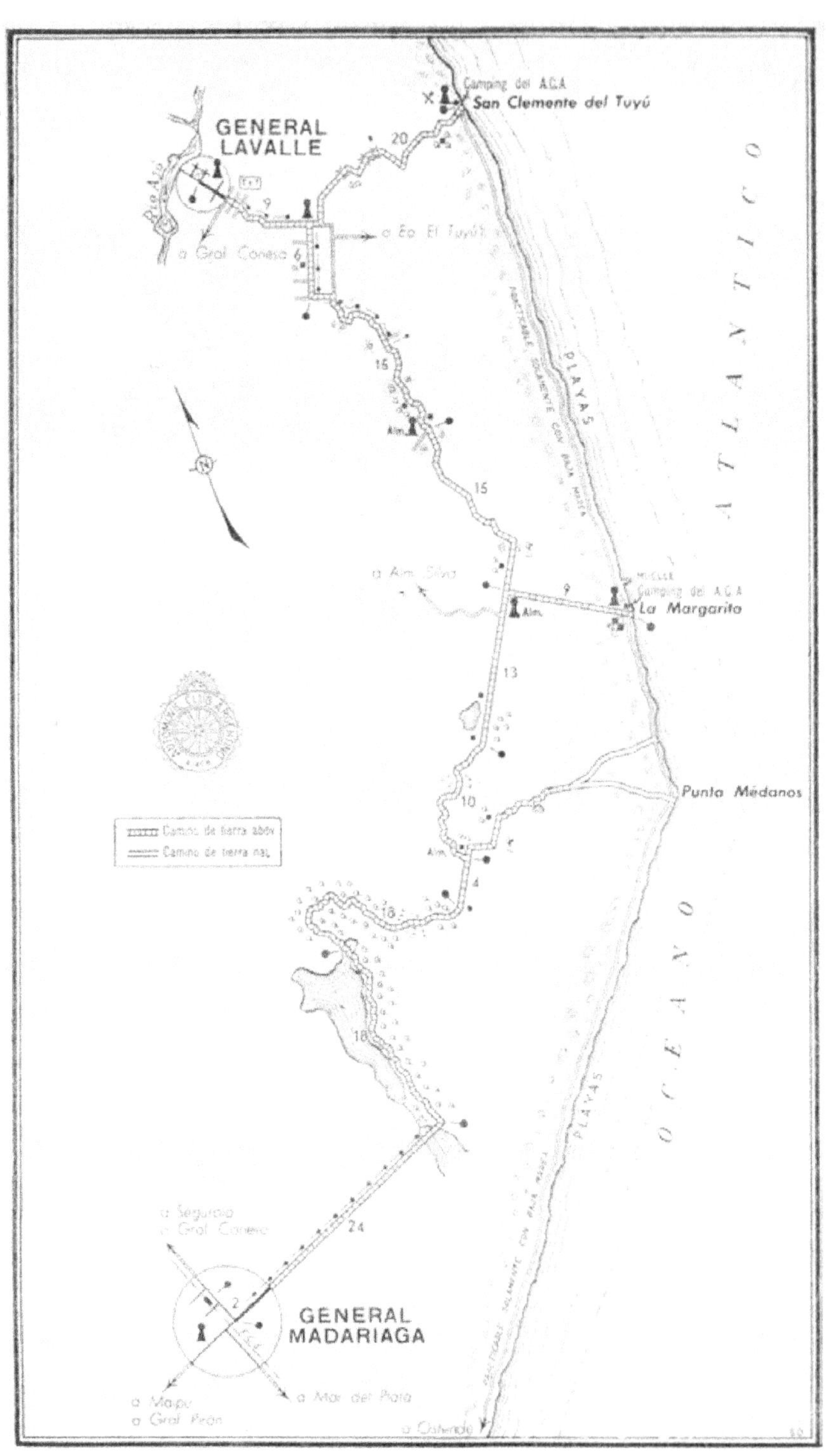

Fuente: ACA, *Guía de Viaje. Zona Centro*, Buenos Aires, 1943.

Nuevos emprendimientos residenciales y construcción de lugares en un área de contacto rural-urbano. El caso del partido Cañuelas (PBA)

Fernanda González Maraschio

A Claudia Barros

Introducción

Desde las últimas décadas se han evidenciado transformaciones en la configuración espacial de los ámbitos rurales contiguos al Área Metropolitana de Buenos Aires (AMBA)[1]. Tal es el caso del partido Cañuelas,

---

[1] Equivalente a Aglomerado Gran Buenos Aires (AGBA), denominación que desde el 1º de agosto de 2003 utiliza el Instituto Nacional de Estadísticas y Censos (INDEC) para referirse a la aglomeración conformada por la Ciudad de Buenos Aires y treinta partidos que la rodean. Difiere del Gran Buenos Aires (GBA) que solo incluye la Ciudad de Buenos Aires y veinticuatro partidos tomados en su totalidad en sentido administrativo (presentan urbanización continua). En cambio, el AGBA incluye partidos ocupados parcialmente, por lo que el INDEC distingue entre los catorce partidos componentes del aglomerado y del GBA (Lomas de Zamora, Quilmes, Lanús, General San Martín, Tres de Febrero, Avellaneda, Morón, San Isidro, Malvinas Argentinas, Vicente López, San Miguel, José C. Paz, Hurlingham e Ituzaingó), los diez partidos cuya superficie y población integran parcialmente el aglomerado y forman parte del GBA (La Matanza, Almirante Brown, Merlo, Moreno, Florencia Varela, Tigre, Berazategui, Esteban Echeverría, San Fernando y Ezeiza) y los seis partidos cuya superficie y población integran parcialmente el aglomerado y no forman parte del GBA (Pilar, Escobar, General Rodríguez, Presidente Perón, San Vicente y Marcos Paz). Se utilizará en este trabajo la denominación Área Metropolitana de Buenos Aires, dado que esta fue la usada en los relevamientos estadísticos recopilados y analizados para

149

ubicado al sudoeste de este núcleo urbano, en un área donde lo rural y lo urbano entran en contacto. Si bien pertenece a una consolidada zona agropecuaria, la evolución reciente de las actividades productivas sumada a la llegada de población proveniente del Área Metropolitana han provocado importantes cambios en la organización socio-territorial del partido.

El ingreso de nuevos actores sociales al área de estudio trajo aparejado el desarrollo de nuevas actividades, que si bien se localizan en un área rural, se orientan hacia la satisfacción de las demandas de espacios de recreación y residencia, para habitantes urbanos. A su vez, esta demanda denota la búsqueda de lo rural como objeto de consumo, a partir de una nueva valorización de los espacios rurales que ya no se limita a lo agro-productivo. Por ello, los desplazamientos de población proveniente del AMBA pueden asociarse tanto a aspectos materiales del partido como a las representaciones creadas a través de discursos que promueven el consumo de lugares.

El presente trabajo propone analizar las causas que motivaron estos desplazamientos, a partir del estudio de la evolución de las actividades productivas de tradición en el partido, así como las consecuencias de la misma en el mercado de la tierra. Luego, se intentarán caracterizar las nuevas formas de ruralidad que se desarrollan en el partido, haciendo hincapié en las vinculadas con los nuevos emprendimientos residenciales. A la vez, se propondrá reflexionar sobre estos nuevos usos del suelo como expresión de una neorruralidad con matices criollos. Finalmente, se retomarán formulaciones teóricas referidas a la noción de lugar, a fin de analizar de qué manera estas manifestaciones neorrurales resignifican los espacios rurales tradicionales.

Evolución de las actividades productivas del partido

A partir de sus condiciones ambientales[2], desde su existencia como partido –datada en 1822– Cañuelas se desarrolló como un territorio ganadero con predominio de actividades de cría y tambo, las cuales perdu-

---

la elaboración del artículo, así como en la mayoría de las fuentes bibliográficas consultadas, aunque su definición coincide exactamente con la de AGBA.

[2] Desde el punto de vista de la Geografía Física, Cañuelas se sitúa en el área de transición entre las unidades estructurales pampa norteña y pampa deprimida. Se trata de una zona alta, mayormente libre de anegamientos, con pasturas duras pero con cobertura permanente que alienta el desarrollo ganadero.

La elevada salinidad de los suelos restringe la actividad agrícola. Chiozza, E., *El país de los argentinos*, Buenos Aires: CEAL, 1975, 3: 242.

ran actualmente constituyendo el 43% y 33% de las explotaciones agropecuarias, respectivamente. Según diversas zonificaciones que dan cuenta de la especialización agroproductiva del área pampeana durante el siglo XX, el partido forma parte de la Cuenca de Abasto de Lácteos que rodea al AMBA[3] en un radio de entre 100 y 150 km.

> La denominada *cuenca de abasto* de lácteos [...] al núcleo urbano de carácter metropolitano formado a partir de la ciudad de Buenos Aires, se extiende sobre los territorios correspondientes a dieciocho partidos de la provincia homónima que rodean a la conurbación[4]

Dentro de la Cuenca y en función de la organización de la producción, es posible diferenciar dos subzonas, indicadas como sector norte y sector sur. A esta última subzona pertenece el partido Cañuelas.

> [...] la denominada zona de abasto del noroeste bonaerense (alrededor de Buenos Aires), se fue especializando en carne y leche y desplazando hacia otras zonas los cultivos más extensivos. Hacia 1988 subdividimos a la zona de abasto en dos secciones: una norte, de transición hacia la zona núcleo, donde la carne y la leche se combinan con soja y maíz, y una sur, donde la zona de abasto aparece con mayor pureza [...] muy ligada al crecimiento del área de influencia de Buenos Aires en la medida en que se fue perfilando como un centro urbano densamente poblado. [Por ello] Su nacimiento como zona de abasto la terminó transformando en un área altamente especializada en carne y leche[5].

Dada la cercanía del partido a los grandes centros de consumo y, alentada por la existencia de transporte ferroviario, gran parte de la actividad ganadera se orientó hacia el sector lácteo. Se localizaron en el partido numerosos tambos[6] manuales que requerían abundante mano de obra, por lo que la población se concentraba en las zonas aledañas a estas unidades productivas. La red ferroviaria sirvió de estructura para el cir-

---

[3] Los partidos que conforman la Cuenca de Abasto son: Brandsen, Campana, Cañuelas, Exaltación de la Cruz, General Las Heras, General Paz, General Rodríguez, Lobos, Luján, Marcos Paz, Mercedes, Monte, Navarro, Pilar, San Andrés de Giles, San Vicente, Suipacha y Zárate. Posada, M., "La agroindustria láctea pampeana y los cambios tecnológicos". *Debate agrario* 21, 1995, 85-113.

[4] Posada, M., "La agroindustria láctea pampeana y los cambios tecnológicos", 1995, 85.

[5] Barsky, A., "La organización espacial pampeana (1914-1988): algunas reflexiones a partir del trabajo metodológico de zonificación agroproductiva con los censos nacionales agropecuarios". *Anuario de la División Geografía*, 1999, 93.

[6] El tambo constituye el eslabón primario de la cadena de lácteos. Se trata de una unidad ganadera especializada en la producción de leche a partir de técnicas de ordeñe manual o mecánico.

cuito de lácteos, permitiendo los envíos diarios de leche al núcleo urbano a través del "tren lechero" y dando origen a un gran número de aglomeraciones de población rural[7]. A la vez, el ferrocarril posibilitó el asentamiento de la población que, de esta manera, contaba con un sistema de transporte seguro, económico y rápido hacia los grandes centros urbanos[8].

A fines de la década de 1960 existían en Cañuelas 337 tambos[9], pero, precisamente en esos años, comienza un importante proceso de reestructuración del sector lácteo caracterizado por la concentración de la producción y la desaparición de numerosas explotaciones, en el marco de una importante modernización tecnológica. La sanción de una ordenanza en la Ciudad de Buenos Aires, que restringió desde el año 1961 la comercialización de leche sin previa pasteurización, aceleró un proceso de recambio tecnológico a partir del cual la industria láctea elevó su nivel de tecnificación, incorporando nueva tecnología y exigiendo mayor calidad a sus proveedores. De esta forma, las usinas lácteas presentaron un notable desarrollo entre las décadas de 1970 y 1980 y llegaron a conformar importantes complejos agroindustriales.

Las innovaciones que se aplicaron al eslabón primario de la cadena de lácteos se diferenciaban según la etapa de la producción en la que eran aplicadas, clasificándose, por tanto, en tecnologías de proceso y de producto[10]. La difusión de nuevas prácticas y maquinarias aplicadas al tambo fue promovida y llevada a cabo por el sector privado. De esta forma, fueron las mismas usinas lácteas, impulsadas por la necesidad de proveerse de leche en grandes cantidades y con altos niveles de calidad, las que se encargaron de difundir las tecnologías, capacitar a los productores en su uso y financiar su adquisición. Estas industrias aplicaron estrategias empresariales para la búsqueda del máximo beneficio, por lo que los tambos cuya escala de producción no justificaba el gasto en transferencia tecnológica fueron marginados y no existieron políticas públicas que alentaran su mecanización[11]. Por lo tanto, los pequeños productores imposibilitados de incorporar la tecnología requerida por sus propios

---

[7] Actualmente solo permanecen en funcionamiento las líneas que atraviesan la zona norte de Cañuelas, dado que los ramales que comunicaban los cuarteles meridionales del partido fueron clausurados y posteriormente levantados.

[8] Figueira, R. y C Barros, "El abasto de lácteos a Buenos Aires". *Anuario de la División Geografía*, 1999, 214.

[9] INDEC, *Censo Nacional Agropecuario* (en adelante CNA), 1969.

[10] Posadas, M., "La agroindustria láctea pampeana y los cambios tecnológicos" (1995).

[11] Barsky, O. y P. Pucciarelli, "El agro pampeano. El fin de un período", Buenos Aires, FLACSO-CBC, 1997.

medios, y en un contexto agravado por la decadencia del transporte ferroviario, se vieron obligados a reconvertir la producción y, en muchos casos, a abandonar su propiedad, contribuyendo al proceso de despoblamiento rural. Para el año 1988, se había reducido en un 70% el número de tambos instalados[12]; los datos de 2002[13] indican que actualmente solo subsisten 29.

La caída de los precios de la tierra, como consecuencia del descenso de la rentabilidad de los tambos así como de la existencia de campos abandonados, constituyo el escenario ideal para el surgimiento de un nuevo fenómeno, también esta vez signado por las dinámicas provenientes de la metrópolis. De la mano de grandes inversores inmobiliarios, desde la década de 1980, comienzan a instalarse en Cañuelas nuevas formas de asentamientos de población vinculados con la residencia y el ocio de habitantes metropolitanos. La compra de propiedades rurales por parte de agentes inmobiliarios privados, con el objetivo de convertirlas en urbanizaciones cerradas, se aceleró en la década de 1990 aprovechando la escasa intervención del Estado y la ausencia de una legislación de ordenamiento territorial actualizada. Simultáneamente, crece el número de explotaciones que incorporan el turismo rural a sus actividades agropecuarias. Estos procesos, sumados a la construcción de vías rápidas de acceso, provocaron una suerte de reinversión del flujo de población, ahora en sentido ciudad-campo, aunque esta vez protagonizado por habitantes de origen urbano que buscan desarrollar modos de vida particulares[14].

No obstante, en la actualidad y, al igual que un siglo atrás, la proximidad del mayor centro urbano del país hace que en dicha zona (y en general en el partido) se realicen y aún subsistan actividades agropecuarias capital-intensivas (avicultura, porcinos, horticultura, tambos, etc.) para satisfacer la gran demanda proveniente del área mencionada, pero estas actividades coexisten con las de carácter extensivo (ganadería y agricultura)[15].

La presencia del AMBA también influye negativamente en los usos del suelo rural, propiciando el desarrollo de actividades vinculadas a usos no productivos, a partir de la valorización del paisaje rural y del estilo de

---

[12] Permanecían en actividad 101 tambos. INDEC, CNA (1988).

[13] INDEC, CNA, 2002.

[14] Barros, C., "De Rural a Rururbano: Transformaciones territoriales y construcción de lugares al SO del AMBA", *Scripta Nova*, 45, 1999.

[15] Casal, L., *Turismo rural en Cañuelas: análisis del potencial de una nueva alternativa económica para la zona de abasto sur*, Buenos Aires, Facultad de Agronomía – UBA, 2004. Tesis de Licenciatura.

vida campestre, entre otros factores. La instalación de actividades relacionadas con la residencia y el ocio de habitantes urbanos, principalmente en el sector del partido contiguo al AMBA, provocan importantes transformaciones en la organización del territorio y atraen a la población metropolitana. Es posible entender estas transformaciones territoriales a partir del estudio del comportamiento del mercado de la tierra así como del análisis de los nuevos desplazamientos observados entre Cañuelas y el AMBA, y la importancia que han adquirido en la construcción de nuevos emprendimientos residenciales en este espacio fronterizo entre lo urbano y lo rural.

Consecuencias de las transformaciones de los usos del suelo en el mercado de tierra de Cañuelas

Tal como afirma Clichevsky[16], la tierra es una mercancía especial, ya que no se produce sino que se transforma a través de las subdivisiones que se le realizan y los servicios que se le aplican. Ambos factores contribuyeron a la transformación de la tierra en Cañuelas, en los cuales se encuentran implicados actores sociales del partido y externos a él. De esta forma, la decadencia de la actividad económica predominante por más de un siglo, el fraccionamiento de algunas explotaciones agropecuarias (EAPs), las inversiones de agentes privados y las mejoras en las condiciones de accesibilidad operaron como agentes transformadores de los usos del suelo del partido y provocaron importantes oscilaciones en los precios de la tierra.

Una aproximación al concepto de precio de la tierra puede obtenerse como resultado de la articulación de los distintos tipos de renta generados en un área urbana[17]. En este sentido, la renta es la ganancia que se eleva sobre el precio de producción de la peor tierra y que proviene del control que ejercen los propietarios sobre el uso de la tierra. Esto les permite retomarla hasta que obtengan los beneficios por ellos esperados, con lo que originan su escasez y aumentan el precio[18].

La contigüidad de Cañuelas al AMBA signó históricamente el mercado de tierras local, desde su valorización como área abastecedora de lácteos hasta su más reciente cotización para la extensión de usos urbanos.

---

[16] Clichevsky, Nora, "Ciudad y tierra urbana", Lungo Uclés, M. (comp.), *Lo urbano*, CSUCA, 1988,135-159.

[17] Jaramillo, S., *Producción de vivienda y capitalismo dependiente: el caso de Bogotá*, Bogotá: CEDE, Universidad de los Andes, 1979.

[18] Clichevsky, Nora, "Ciudad y tierra urbana", 142.

Las modificaciones en la renta en Cañuelas, y por ende de los precios de la tierra, se vinculan a los cambios de propietarios quienes, en muchos casos, modificaron a su vez los usos del suelo. La estrecha vinculación de los procesos urbanos y rurales y su evolución durante la segunda mitad del siglo XX significó para el partido un primer momento de desvalorización del suelo y una posterior recuperación del precio de la tierra.

Como se refirió anteriormente, durante las décadas de 1960 y 1970, el circuito de lácteos sufrió transformaciones por diferentes situaciones de carácter económico sectorial (por ejemplo, la caída en los precios de la leche y el crecimiento de agroindustrias con la consecuente necesidad de incorporación de tecnología) como así también por medidas específicas (aplicación de la ordenanza de pasteurización, ausencia de políticas que protejieran al productor tambero de las exigencias de las grandes usinas, etc.). Las modificaciones en el circuito de los lácteos originaron un proceso de despoblamiento caracterizado por dos flujos de población diferenciados: algunos tamberos se desplazaron hacia el oeste de la provincia para continuar su actividad en zonas que ofrecían mejores condiciones de producción y/o de accesibilidad a partir de la construcción de nuevos caminos, mientras que, una gran mayoría, abandonó sus campos contribuyendo al éxodo rural que caracterizó a muchos pueblos bonaerenses gravemente impactados por el cierre de ramales ferroviarios y otras políticas neoliberales implementadas en los noventa[19]. En el cuadro n°1 puede observarse la evolución de la población del partido; el detalle de los datos de población rural y urbana correspondiente al período de1960 y 1970 muestra el descenso del número de habitantes rurales mientras que el mayor crecimiento se produce en las localidades urbanas del partido.

En algunos casos, los productores, antes que abandonar sus campos, decidieron reconvertirlos hacia la actividad ganadera de cría, aunque en los últimos años el factor determinante para la reestructuración productiva del partido se asocia a la difusión de técnicas agrícolas de siembra directa, por lo que muchos campos de esta zona, que fueron tamberos y pasaron a ser ganaderos, actualmente se dedican a la agricultura. Sin embargo, esta actividad solo puede desarrollarse en los sectores con mejores suelos[20] y donde los productores cuentan con la capacidad tecnológica adecuada.

---

[19] Morettin, S., Comunicación personal, 2004.

[20] Se trata de la zona norte del partido, que posee suelos con menor salinidad y con mejor drenaje, lo que impide el anegamiento característico de los partidos pertenecientes a la cuenca del río Salado.

Cuadro nº1: Evolución de la población de Cañuelas entre 1947 y 1991.

Cañuelas	1947	1960	1970	1980	1991
Población total	13.507	20.005	21.430	25.391	30.900
Población urbana	5.614	8.792	11.274	14.705	21.516
Población rural	7.893	11.213	10.156	10.686	9.384

Fuente: elaboración personal a partir de datos de INDEC, Censos Nacionales de Población 1947, 1960, 1970 y 1980, y Censo Nacional de Población y Vivienda 1991.

Resulta notable también el paulatino proceso de fraccionamiento sufrido por los campos ganaderos. Aquellos dedicados a la cría, actividad que, como ya fue mencionado, era tradicional en el partido, fueron paulatinamente subdivididos. Este fraccionamiento fue generalmente asociado a la herencia y la venta de la tierra. Un relevamiento de productores actuales de Cañuelas, realizado en el año 2001, arrojó como resultado que solo un 26% accedió a la explotación agropecuaria por herencia, mientras que el porcentaje de los que lo hicieron a través de la compra asciende al 74%[21]. Del porcentaje heredado, el 50% corresponde a EAPs con más de 500 ha. Se destacan, entonces, las operaciones de compra de las propiedades como factores determinantes del fraccionamiento de la tierra[22].

El fraccionamiento también contribuyó a desalentar el desarrollo de la actividad ganadera tradicional. Actualmente el 30% de los campos de Cañuelas posee una extensión inferior a la unidad económica[23] que, en este momento y para la actividad ganadera extensiva, oscila entre las 500 y las 600 hectáreas[24]. Solo un 10% de los campos existentes en el partido es grande, y son los que se localizan al sudoeste del mismo.

Otro relevamiento de productores, realizado en el año 2003, confirma los principales rasgos de la actual estructura agraria de Cañuelas:

---

[21] Bardomás, S. y S. Morettín, "Nueva ruralidad y trabajo. Un estudio de caso en el partido de Cañuelas, provincia de Buenos Aires", en *II Jornadas Interdisciplinarias de Estudios Agrarios y Agroindustriales*, Buenos Aires, Facultad de Ciencias Económicas-UBA, 2001.

[22] Berger, M., "El agro en el periurbano ¿Transformación o disolución? El caso del partido de Cañuelas", *III Jornadas Interdisciplinarias de Estudios Agrarios y Agroindustriales*, Buenos Aires, Facultad de Ciencias Económicas -UBA, 2003, 3.

[23] Se denomina "unidad económica" a la superficie mínima que permite al productor rural y a su familia, que aportan la mayor parte del trabajo necesario, atender a sus necesidades y a la evolución favorable de la empresa. *Apuntes Agroeconómicos*, Facultad de Agronomía – UBA, 2005.

[24] Municipio de Cañuelas, 2005.

> Predominan en el partido [Cañuelas] las unidades agropecuarias cuya superficie es inferior a las 100 hectáreas, que representan el 53,6% de las EAPs. Dentro de ellas tienen un peso significativo las que tienen una superficie no mayor a 25 hectáreas que representan el 21,6% del total de explotaciones. Poco más de un cuarto (27,5%) del total de las unidades tienen una superficie que oscila entre las 101 y las 250 hectáreas. Por último un 8,8% se encuentra en el rango de 251-500 hectáreas y un 10% tiene más de 500 hectáreas[25].

Según estos datos, el 80% de las unidades agroproductivas de Cañuelas posee una extensión inferior a la requerida por la unidad económica, como consecuencia del fraccionamiento por compra en función de las transformaciones productivas antedichas. Pero estos cambios se encuentran asociados a nuevos actores sociales, diferentes a los tradicionales productores del partido.

> Si consideramos el lugar de residencia del productor, la importancia del acceso por compra asciende al 87% entre los que residen fuera del partido de Cañuelas y disminuye a 59% entre los que viven en él. En este comportamiento aparece como central la influencia del área metropolitana ya que la mayor parte de los productores de afuera del partido residen en Capital Federal y/o Gran Buenos Aires[26].

De esta forma, puede verificarse el predominio de las operaciones de compra-venta directamente relacionadas a los nuevos actores sociales mencionados que provienen del Área Metropolitana. Asimismo, otro dato interesante se desprende de analizar el tamaño de las EAPs pertenecientes a propietarios metropolitanos:

> Entre los titulares que residen en Capital/GBA se acentúa la presencia de las unidades medianas (101-250) que representan un tercio del total de EAPs [...] la residencia en el establecimiento se presenta con mayor fuerza en las unidades más pequeñas (10-25) [...] en la franja de las unidades cuya superficie oscila entre 26 y 50 hectáreas, los titulares que residen en Cap/GBA representan el 50% y este valor se eleva al 64% si consideramos las unidades de entre 51 y 100 hectáreas. [...] La movilidad del mercado de tierras evidenciada por la gran cantidad de titulares que han accedido por compra podría ser la contracara de un intenso

---

[25] Berger, M., "El agro en el periurbano ¿Transformación o disolución? El caso del partido de Cañuelas", 3.

[26] Bardomás, S. y S. Morettín, "Nueva ruralidad y trabajo. Un estudio de caso en el partido de Cañuelas, provincia de Buenos Aires", 9.

proceso previo de subdivisión de la tierra y/o abandono de la actividad por parte de los herederos, ya sea que hayan sido forzados por las circunstancias económicas o por una ruptura con la continuidad de la actividad agropecuaria producto de cambios en su inserción laboral o cambios en su percepción cultural[27].

Recapitulando lo visto hasta aquí, el mercado de tierras de Cañuelas ha atravesado los siguientes procesos:

- Abandono de establecimientos, oferta abundante de tierras, descenso de precios.

- Proceso de fraccionamiento de las EAPs, con notable peso del acceso mediante la compra de propiedades.

- Predominio de propiedades de menos de 100 hectáreas.

- Aumento de propietarios residentes fuera del partido.

- Mayor peso de propietarios metropolitanos en fracciones menores a 100 has (sobre todo en el rango comprendido entre 51 y 100 has) y medianas (101 a 250 ha).

Este mercado de tierra dinamizado, fraccionado y "metropolitanizado" ya no responde a la estructura productiva ganadera de tambo y cría que organizó el espacio cañuelense durante décadas.

Desde la década de 1970, y con mayor impulso en los años ochenta, las EAPs abandonadas y subvaluadas comienzan a atraer a inversores inmobiliarios, provenientes del Gran Buenos Aires, interesados en la oportunidad de compra a bajo precio. Los nuevos propietarios reacondicionan los predios e invierten en infraestructura pero, en muchos casos, no se dedican a la producción agropecuaria: comienzan a desarrollarse en la zona nuevas formas de asentamientos de población vinculados con la residencia y el ocio de habitantes metropolitanos.

Simultáneamente crece el número de explotaciones que incorporan el turismo rural a sus actividades agropecuarias. Durante la década de 1990 estos procesos se profundizaron, favorecidos por la existencia de un precio relativamente bajo para la adquisición de tierras con fines residenciales.

En este sentido, Morettín afirma:

A partir de la crisis del sector agropecuario de los años 1995 y 1996, cuando con el 1 al 1 se obtenía escasa rentabilidad tanto en agricultura

---

[27] Berger, M., "El agro en el periurbano ¿Transformación o disolución? El caso del partido de Cañuelas", 4 y 5.

como en ganadería, la mayoría de los *productores genuinos* se fueron, vendieron o se dedicaron a otra cosa. La municipalidad contabilizó muchos campos abandonados en esa época[28].

Sin embargo, dos procesos ocurridos a fines del siglo XX y comienzos del XXI determinaron su rápida revalorización. El primero se vincula a la construcción y mejora de importantes accesos a Capital Federal, como la autopista Ezeiza-Cañuelas, que desde fines de la década de 1990 permitió el aumento de población a través de la llegada al partido de habitantes provenientes del AMBA.

El segundo, posterior a la crisis de 2001 y como consecuencia de esta, se asocia a una suerte de valoración *per se* de la tierra. A partir del quiebre del sistema financiero y de la inestabilidad política, las personas que pudieron recuperar sus ahorros o que disponían de ellos y deseaban invertirlos eligieron hacerlo en la compra de campos, considerada una inversión segura que no se desvaloriza a corto plazo. La elección del sitio se vio influenciada por los precios del momento, que a pesar de su revalorización eran considerablemente menores a los de partidos como Pilar, y por la facilidad de acceso que aportó la culminación de las diferentes etapas de construcción de la autopista Ezeiza-Cañuelas.

En palabras de Clichevsky, existe un tipo de demandante de tierra que adquiere fracciones para obtener capital, es decir, compra tierra no para su uso sino exclusivamente como mercancía a transferir en el mercado, según la coyuntura.

> Este tipo de demandante se puede a su vez desagregar: A) aquellos que solo pueden comprar una pequeña porción como *capital*, es decir, que usan el capital invertido en tierra en forma de ahorro más lucrativa que otra inversiones. B) los grandes compradores, que generalmente están ligados al sector inmobiliario [...] que son demandantes en un momento del proceso y oferentes en otro[29].

Según lo explicado para el caso cañuelense, los pequeños inversores habrían adquirido propiedades no solo con fines lucrativos, sino también como modo de conservación del ahorro ante la inestabilidad de las entidades financieras. Por otra parte, la adquisición de campos por parte de grandes agentes privados vinculados al mercado inmobiliario generó una nueva oferta de tierras, reacondicionadas y equipadas —y, por ende, revalorizadas— esta vez para ser usada por habitantes urbanos.

---

28 Morettín, S., Comunicación personal, 2005.
29 Clichevsky, Nora, "Lo urbano", 143.

En síntesis, mientras que hasta hace diez años existía mayoritariamente un uso productivo básicamente ganadero, actualmente el uso productivo en esta zona pasa a segundo plano y se busca la tierra como lugar de recreación y/o de residencia, principal o alternativo, fundamentalmente en función de la autopista Ezeiza-Cañuelas. Por eso, los valores actuales de la tierra no están relacionados con la rentabilidad productiva, sino con las mejoras existentes, la cercanía de los accesos y el entorno asociado.

Mejoras de accesibilidad y diversificación de los desplazamientos

Los cambios evidenciados en las condiciones de localización y de accesibilidad del partido resultaron de suma importancia en la transformación socio-territorial de Cañuelas. Mientras que la Ruta Nacional N° 3 y la Ruta Provincial N° 205 constituyen los ejes viales que comunican el partido con la Ciudad de Buenos Aires, la Ruta Provincial N° 6[30] lo vincula con otros distritos bonaerenses. A pesar del debilitamiento del sistema ferroviario, cuyo ramal Roca une las principales localidades del partido, los accesos viales permitieron la llegada de población metropolitana desde la década de 1970. La inauguración de La Martona Country Club en el año 1974 da cuenta de la incipiente tendencia a la adquisición de segundas residencias en el partido por parte de habitantes urbanos. Pero, sin dudas, este flujo se multiplicó notablemente luego de la construcción de la autopista Ezeiza-Cañuelas, obra realizada en varias etapas, y cuya culminación se alcanzó en el año 1998, propiciando desde entonces la radicación de habitantes del AMBA en el partido.

Analizando datos censales (Cuadro n° 2) y recordando el éxodo rural registrado en el partido –que afectó la estructura demográfica del mismo especialmente en los grupos etarios de adultos jóvenes, y que estancó el crecimiento vegetativo de Cañuelas durante las décadas precedentes–, resulta notable el aumento de la población posterior al año 2001, cuando la mencionada vía rápida de comunicación ya estaba inaugurada.

Mientras que en 1991 la población del partido era de 30.900 habitantes, en 2001, posteriormente a la inauguración de la autopista, los datos censales indicaban un total de 42.575 habitantes, es decir, un incremento del 27,42%. Pero otro dato interesante se desprende de los porcentajes

---

[30] Se trata de una ruta de cintura que vincula entre sí municipios inmediatamente contiguos al AMBA, cuya distancia promedio del centro de Buenos Aires es de 60 km.

Cuadro n° 2: Evolución de la población del partido Cañuelas entre 1980 y 2001. Valores absolutos y relativos

Cañuelas	1980	%	1991	%	2001	%
Población total	25.391	100	30.900	100	42.575	100
Población urbana	14.705	57,90	21.516	69,63	36.011	84,50
Población rural	10.686	42,10	9.384	30,37	6.564	15,50

Fuente: elaboración personal a partir de datos de INDEC, Censo Nacional de Población 1980 y Censos Nacionales de Población y Vivienda 1991 y 2001.

de población urbana y rural para los años seleccionados: el aumento de la población urbana simultáneo al descenso de la rural evidencia una tendencia creciente a la instalación definitiva de población en las aglomeraciones urbanas del partido. Además de tratarse de una tendencia general que se registra en gran parte de los partidos de la provincia de Buenos Aires[31], un desarrollador inmobiliario de Cañuelas destaca el arribo de nuevos habitantes provenientes del exterior del partido como otro factor que engrosaría los porcentajes de población urbana[32]. De la misma forma, en este aumento de la cantidad de habitantes urbanos será necesario contemplar a los nuevos pobladores que viven en urbanizaciones cerradas[33], enclaves residenciales localizados en medio de ámbitos rurales.

Pero la autopista no solo contribuyó a la aceleración del proceso de relativa inversión de la orientación de los flujos de población, antes campo-ciudad ahora ciudad-campo, sino que derivó además en otro tipo de desplazamientos: los traslados cotidianos hacia la Capital Federal. La importancia de estos desplazamientos radica en que muchos habitantes provenientes del AMBA tienen ahora la posibilidad de elegir el partido como lugar de residencia permanente mientras que se trasladan diariamente a la Ciudad de Buenos Aires a través de la autopista. Los desplazamientos pendulares o *commuting*[34] implican el traslado diario de población hacia los grandes centros urbanos por cuestiones laborales o recreativas, a través del uso de vías rápidas de comunicación y transporte automotor propio[35].

---

[31] Ratier, H., *Poblados bonaerenses*, Buenos Aires, La Colmena, 2004.

[32] Morettín, S., Comunicación personal, 2005.

[33] Estas formas de espacio residencial serán desarrolladas en el apartado siguiente.

[34] En Johnston, R. J., D. Gregory, G. Pratt y M. Watts. *The dictionary of human geography*, Massachusetts: Blackwell publishers, 2001, 102.

[35] Cabe recordar que el sistema de autopistas se encuentra arancelado como consecuencia de los procesos de privatización y concesión de servicios y/o espacios públicos, llevados a cabo durante el primer gobierno menemista (1989-1995).

> Debido a que estos son los mayores generadores de flujos de tráfico dentro de las ciudades, los patrones de desplazamiento pendular han sido desarrollados para ayudar a la planificación del transporte y en la toma de decisiones sobre la localización de nuevas áreas de residencia y de empleo[36].

De esta forma, la autopista obra como enlace rápido y, aunque arancelado, relativamente barato[37] con la Ciudad de Buenos Aires, permitiendo la instalación definitiva en el partido de actores sociales provenientes del AMBA que conservan allí su actividad laboral y otros vínculos.

En el mismo sentido, cobran también gran importancia los desplazamientos de fin de semana, es decir, aquellos traslados realizados por población que ha adquirido propiedades en Cañuelas pero que conserva un sistema de residencia dual, permaneciendo en la metrópolis durante los días hábiles y trasladándose al partido los fines de semana. Este sistema que retrotrae al de las tradicionales casas-quinta, aunque con marcadas diferencias, presenta actualmente una sólida demanda en el mercado inmobiliario del partido.

> El perfil de comprador que predomina en este momento es el que tiene una empresa en Buenos Aires y le interesa venir una vez por semana y nada más, entonces opta por comprar un campito en Cañuelas, un partido cercano y de fácil acceso[38].

Sin dudas, el dato primordial que se desprende de la lectura de los diferentes desplazamientos que se realizan en el partido es el relativo al nuevo uso residencial de la tierra. A continuación, se profundizará en las transformaciones generadas por los nuevos emprendimientos residenciales en el ámbito rural cañuelense.

Los nuevos emprendimientos residenciales en el Partido Cañuelas

Se considerará nuevo emprendimiento residencial (NER) a aquel espacio destinado a la residencia permanente o temporaria de población proveniente del Área Metropolitana, que se diferencia de las tradiciona-

---

[36] Johnston, R. J., D. Gregory, G. Pratt y M. Watts., *The dictionary of human geography*, 2001, 102. La traducción del inglés es nuestra.

[37] Comparado con los de otros accesos a Capital Federal, los peajes cobrados por el concesionario correspondiente a la autopista Ezeiza-Cañuelas y su enlace, la autopista Ricchieri, son sensiblemente menores.

[38] Morettín, S., Comunicación personal, 2004.

les formas de vivienda existentes en el partido. Un nuevo emprendimiento residencial pretende alejarse de las formas urbanas tradicionales mediante la incorporación de las representaciones que se construyen a partir de la imagen que los habitantes urbanos tienen de los espacios rurales, atendiendo de esta forma a cuestiones vinculadas con el modo de vida elegido.

Los primeros en desarrollarse en Cañuelas adoptaron la forma de urbanizaciones cerradas (UC) –en concordancia con la tendencia a la construcción de grupos de viviendas unifamiliares que comparten el uso de infraestructura recreativa en un predio perimetralmente cerrado en la periferia del AMBA[39]–, como los country clubs (La Martona, Las Cañuelas, La Taquara), los barrios privados (Altos del Carmen) o los clubes de Chacras (Chacras de Uribelarrea). El desarrollo de UC comenzó con el pionero La Martona Country Club, inaugurado en 1974 en tierras que pertenecían al tradicional establecimiento lácteo. Pero la construcción de estos emprendimientos recién cobraría dinamismo hacia fines de la década de 1990, alentado por la construcción de la autopista Ezeiza-Cañuelas. Según datos del Municipio de Cañuelas existían en el año 2000, trece urbanizaciones cerradas con habilitación municipal en diferente estado de desarrollo[40]. Por otro lado, el 1º de abril de 1999 el suplemento Countries del diario *Clarín* dedica su nota central a Cañuelas titulada "La hora de Cañuelas: en la zona hay 30 proyectos de countries y barrios privados, con inversiones de 400 millones de pesos"[41].

No es objetivo de este artículo caracterizar las urbanizaciones privadas, dado que se trata de un tema ampliamente trabajado desde diversas disciplinas. Sí lo es analizar las particularidades que estas formas adquieren cuando se desarrollan en un ámbito predominantemente rural. Por ello, el estudio desde la Geografía Rural pretende indagar en las causas que promueven su instalación en un ámbito rural y las transformaciones que ocurren en consecuencia.

Las urbanizaciones cerradas en Cañuelas exceden las interpretaciones realizadas para partidos como Pilar, donde estos emprendimientos han adquirido una dimensión extraordinaria, mientras que las actividades rurales han desaparecido o se han trasladado hacia el noroeste. En Cañuelas, los usos rurales, a pesar de las múltiples transformaciones que

---

[39] Szajenberg, D., "Guettos de ricos en Buenos Aires: de la producción de 'ciudad de masas' al consumo de la 'ciudad carcelaria'", *Mundo Urbano*, 13, 2001.
[40] Municipio de Cañuelas, 2004.
[41] Diario *Clarín*, suplemento Countries, 1º de abril de 1999.

han sufrido en los últimos años, continúan desarrollándose con intensidad. Los espacios residenciales localizados en Cañuelas, cerrados o no, sustentan sus propuestas en la ruralidad del partido, por lo que, necesariamente, requieren de la conservación de los elementos del ámbito tradicional, provocando una relación recíproca que, desde la propia lógica de marketing, impide la superposición de lo urbano sobre lo rural.

La búsqueda de nuevos lugares de residencia no solo responde a un proceso de desborde del AMBA o de urbanización de las áreas periféricas, sino que representa un proceso socio-cultural que, por un lado, atiende a demandas de nuevas formas de vivienda y, por otro, refleja una intención de cambio de estilo de vida. En el caso de Cañuelas, entonces, el desarrollo de nuevos emprendimientos residenciales no se sustentaría en la urbanización de lo rural, sino en la ruralización de lo urbano.

Esto tal vez se haga más evidente a través del análisis de otras formas residenciales que resultan novedosas en el partido y que lo diferencian de los demás. Se trata de fracciones rurales de escasa superficie, chacras de hasta veinte hectáreas, que son demandadas por personas que quieren comenzar a producir en el campo, y que se destinan a usos residenciales eventualmente asociados a microemprendimientos productivos. Esta nueva tendencia se vincula directamente con el proceso de fraccionamiento de campos y genera una nueva dinámica en el mercado de tierra a través de productores que, dada la evolución ascendente de los precios de la tierra en Cañuelas, optan por vender sus chacras fraccionadas y trasladar su actividad productiva hacia otros partidos más alejados del AMBA. Los compradores buscan un espacio donde desarrollar alguna actividad rural, que si bien no será su principal medio de vida, les permitirá insertarse de manera activa en el medio rural, desencadenando una nueva forma de consumo de ruralidad. Estos nuevos consumidores de ruralidad ya no se contentan con rodearse de entorno rural, sino que ahora demandan la vivencia del campo. Se trata de profesionales o empresarios que quieren empezar un emprendimiento en el campo sin importar que no se trate de una unidad económica, porque poseen los recursos de otra actividad. El consumo de espacio residencial se combina con actividades productivas no tradicionales en el partido, como la elaboración de dulces y cervezas artesanales, la producción de quesos de cabra, el desarrollo de huertas orgánicas, la elaboración de variedades de miel, etc. En algunos casos, el uso de estas chacras como residencia se reduce al fin de semana, resultando una suerte de casas-quinta, segundas residencias que solo se habitan temporalmente los fines de semana o durante el período de vacaciones.

Esta nueva tendencia surge en oposición al llamado *country life,* o estilo de vida *country,* luego de que avanzó el debate sobre los riesgos de la socialización homogénea y del encapsulamiento social. Pero también se vincula con un proceso que podría denominarse "de recuperación espacial" o "reterritorialización"[42], desencadenado por la necesidad de ciertos habitantes de partidos del AMBA, quienes, ante la expansión de los problemas de las grandes ciudades a sus barrios, buscan en partidos periféricos como Cañuelas un lugar de residencia tranquilo y, en este caso, permanente.

> Mucha gente que vivió muchos años en barrios residenciales del Gran Buenos Aires, como Adrogué, que ya han dejado de ser tranquilos por el tema de la inseguridad, vienen acá y se fascinan con la dinámica de ciudad del interior que tiene Cañuelas; no buscan campos para producir, solo quieren recuperar su espacio residencial sin las exigencias de un country[43].

La elección del partido no es casual. Además de la accesibilidad favorable, Cañuelas conserva aspectos de un pueblo del interior, atractivos para los sectores que buscan la tan preciada "ruralidad idílica"[44].

Finalmente, los más recientes emprendimientos residenciales lanzados en el partido se basan en la combinación de actividades de ocio, de residencia y también de producción.

Por un lado, importantes establecimientos dedicados al turismo rural han destinado parte de su superficie al desarrollo de countries o clubes de chacras, como es el caso de la exclusiva estancia de polo El Metejón. Por otro, los nuevos espacios residenciales adoptan la productividad como servicio, ofreciendo habitar un club de chacras donde se realizan actividades productivas, aunque aún no esté claro el destino de la producción. Chacras del Alba intenta de esta forma captar a los potenciales consumidores de las pequeñas fracciones individuales.

Por lo visto, tenemos en Cañuelas un amplio panorama de nuevos espacios residenciales; mientras que algunos se vinculan con actividades productivas rurales, novedosas en el partido, todos coexisten con actividades rurales tradicionales. Nuevos y viejos usos del suelo contribuyen a la configuración de un nuevo lugar en la frontera entre lo urbano y lo rural.

---

[42] Haesbaert, R., *O mito da desterritorialização: do "fim dos territorios" à multiterritorialidade*, Río de Janeiro: Bertrand, 2004.

[43] Morettín, S., Comunicación personal, 2004

[44] Svampa, M., *La brecha urbana. Countries y Barrios Privados*, Buenos Aires: Capital intelectual, 2004.

La *rururbanización* de Cañuelas

La situación de contigüidad entre un ámbito rural como Cañuelas y el mayor núcleo urbano del país así como las dinámicas generadas entre ambas áreas han contribuido a la configuración de un paisaje particular que no encaja en ninguna de estas dos categorías. Los procesos de expansión urbana[45] no han prosperado de igual forma que en otros partidos de similar localización. Si bien, como se ha visto, es notable la incorporación de usos del suelo urbano en Cañuelas, también lo es la permanencia de los usos rurales, que a su vez promueve la instalación de los primeros en una relación sinérgica.

César Vapñarsky señala que a partir de 1970 algunas localidades ubicadas en el extremo nordeste del partido, como Máximo Paz y Vicente Casares, se incorporaron a la Aglomeración Gran Buenos Aires por procesos de coalescencia[46]. Sin embargo, desde ese año no se han registrado nuevos avances de la mancha urbana sobre Cañuelas, por lo que el criterio censal aún considera el partido como rural[47], a la vez que el 82% de su superficie corresponde al uso rural del suelo[48], vinculado a las dinámicas del sector sur de la mencionada Cuenca de Abasto al AMBA.

El perfil agropecuario del partido, aún profundamente instalado en especial en la zona sudoeste del municipio, sumado a los nuevos usos del suelo orientados hacia la satisfacción de necesidades de habitantes metropolitanos (residencia, ocio, turismo) configuran un paisaje mixturado, donde se alternan los usos rurales tradicionales, los nuevos usos urbanos y los nuevos usos agropecuarios de la tierra. La configuración territorial resultante, característica de áreas localizadas en

---

[45] Torres, H., "Procesos recientes de fragmentación socioespacial en Buenos Aires: la suburbanización de las elites", *Seminario de investigación urbana El nuevo milenio y lo urbano*, Buenos Aires: Instituto Gino Germani, Facultad de Ciencias Sociales – UBA, 2001.

[46] El concepto de coalescencia es utilizado por el autor como sinónimo de conurbación, para señalar la incorporación de ciertas localidades al AMBA como consecuencia del proceso mediante el cual "dos o más aglomeraciones vecinas se expanden hasta confundirse en una sola", Vapñarsky, C., *La aglomeración Gran Buenos Aires*, Buenos Aires: Eudeba, 2001, 5.

[47] Al respecto, el INDEC, en un documento publicado en agosto de 2003, señala que el partido Cañuelas al igual que La Plata son municipios cuya superficie y población integran "mínimamente" el Aglomerado Gran Buenos Aires y no forman parte del Gran Buenos Aires, por lo que "tampoco se los considera, por el momento, como parte del AGBA". INDEC, 6.

[48] Casal, L., *Turismo rural en Cañuelas…*, 2004.

la frontera entre lo urbano y lo rural, ha sido denominada por algunos autores[49] como *continuo rural-urbano o rururbano*[50].

La idea de espacio rururbano permite matizar la dureza de la oposición conceptual urbano-rural[51] y propone una lectura más enriquecedora de estos espacios de contacto, donde las formas territoriales y sociales se presentan desdibujadas.

> Aunque la categoría rururbano no existe en los criterios censales, por lo menos para la Argentina, su uso se ha extendido relativamente para referirse a un tipo de espacio donde se intercalan diversas formas de organización territorial, algunas vinculadas con lo urbano y otras con lo rural[52].

El rururbano aparece como un área de integración, difusión e interrelación de elementos característicos del ámbito urbano con los del rural. En la actualidad se considera que la antigua dicotomía campo-ciudad se diluye ahora en un continuo que integra y conduce por gradaciones[53]. En este sentido, García Ramón, Valdovino Perdices y Tulla i Pujol distinguen entre el espacio urbano y el rural diferentes zonas de transición: el *espacio urbano* con edificación continuada, las *áreas urbanas con edificación discontinua* y espacios de "agricultura residual"; el espacio *semiurbano* donde se entremezclan áreas residenciales, industrias y servicios descentralizados desarrollados sobre una estructura anterior de hábitat rural; el espacio *semi-rural* en el que las actividades urbanas se han desarrollado notablemente pero aún mantienen una cierta importancia las actividades agrarias; el *ámbito con predominio de actividades agrarias* con poco desarrollo urbano; y, finalmente, el *espacio netamente rural* sin desarrollo urbano. Las zonas denominadas *semi-urbano* y *semi-rural* son las que representan los casos más evidentes de rururbanización con fuerte predominio de los movimientos pendulares[54] ya descriptos.

La rururbanización, entonces, no implica una expansión de la ciudad sobre el campo que determinará la desaparición del último, sino de

---

[49] García Ramón, M. D., A. Tulla i Pujol y N. Valdovinos Perdices, *Geografía Rural*, Madrid: Editorial Síntesis, 1995; Barros, C., "De Rural a Rururbano: Transformaciones territoriales y construcción de lugares al SO del AMBA".

[50] Noción desarrollada por antropólogos como Redfiel o Lewis. Capel, H., "La definición de lo urbano". *Estudios Geográficos*, 1975, 138 y139.

[51] Barros, C., "De Rural a Rururbano: Transformaciones territoriales y construcción de lugares al SO del AMBA".

[52] Barros, C., *La ciudad en el campo*, mimeo, 2006.

[53] Capel, H., "Las periferias urbanas y la geografía. Reflexiones para arquitectos", *La geografía hoy. Textos, historia y documentación, Materiales de trabajo intelectual*, Barcelona: Anthropos, 1994): 138.

[54] García Ramón, M. D., A. Tulla i Pujol y N. Valdovinos Perdices, *Geografía Rural*, 42- 43.

un espacio de transición e intercambio entre ambos. Por ello, García Ramón, Tulla i Pujol y Valdovinos Perdices afirman que no puede existir el espacio urbano sin el rural; este se transforma manteniendo un equilibrio inestable entre las funciones tradicionales y las nuevas funciones, como resultado de los procesos rururbanizadores del territorio[55]. En el mismo sentido, Barsky[56] destaca la multiplicidad de articulaciones, tanto socioeconómicas como culturales, que se plantean en el espacio rururbano y recurre a formulaciones teóricas de la ecología urbana, referidas al espacio de interfase urbano-rural. Estas, contrariamente a las posturas de algunos economistas, urbanistas o geógrafos que entienden que la ciudad comanda un sistema territorial —es decir, consideran el rururbano como una frontera asimétrica en la que la ciudad domina al campo y no a la inversa— sostienen que los procesos urbanos y rurales se atenúan recíprocamente[57]. Esto puede ocurrir tanto por la dependencia de la ciudad de sus áreas externas de suministro alimenticio o energético[58], o por una dependencia cultural del ámbito rural, a raíz de la demanda de nuevos modos de vida[59]. Esta demanda se basará en las representaciones que los habitantes de las ciudades tengan del campo y, en consecuencia, será cada vez más frecuente el consumo de lugares[60] en los espacios rurales, es decir, la valorización del campo como recurso escénico y ya no como recurso productivo. De esta forma, resultará primordial para el estudio de estos procesos, el análisis de los discursos difundidos por los promotores inmobiliarios y/o turísticos, cuya orientación variará según los aspectos que se pretendan destacar.

Representaciones sociales y discursos inmobiliarios: la puesta en valor de Cañuelas

Las representaciones sociales como formas de pensar y crear la realidad social están constituidas por elementos de carácter simbólico, ya que

[55] García Ramón, M. D., A. Tulla i Pujol y N. Valdovinos Perdices, *Geografía Rural*, 42, 53.

[56] Barsky, A., "El periurbano productivo, un espacio en constante transformación. Introducción al estado del debate, con referencias al caso de Buenos Aires", *VII Coloquio Internacional de Geocrítica Los agentes urbanos y las políticas sobre la ciudad*, Santiago de Chile: Pontificia Universidad Católica de Chile, 2005, 4.

[57] Morello, J., *Funciones del sistema periurbano: el caso de Buenos Aires*, Mar del Plata: UNMdP–Ediciones CIAM/GADU, 2000.

[58] Di Pace, M. y Caride Bartrons, H. *Ecología de la ciudad*, Buenos Aires: Prometeo–UNGS, 2004.

[59] Svampa, M., *La brecha urbana. Countries y Barrios Privados*, 45.

[60] Urry, J., *Consumig places*, Londres, Routledge, 1995.

no son solo formas de adquirir y reproducir el conocimiento, sino que tienen la capacidad de dotar de sentido a la realidad social. Su finalidad es la de transformar lo desconocido en algo familiar, y por esto hablar de representaciones sociales implica referirnos a sistemas de valores y comportamientos, es decir, a las formas en que ciertos grupos sociales perciben, imaginan, entienden determinados elementos de la realidad[61]. Pero desde la Geografía la realidad se traduce en espacio geográfico, el espacio construido y vivido por las sociedades. De esta relación entre representación y espacio se ocupa Massey[62], quien afirma:

> La representación –en tanto conceptualización– ha sido concebida como espacialización [...] esto no quiere decir que la representación sea equivalente a la espacialización sino que las características que se derivan de ella se han tornado atributos del espacio en sí mismo [...] Resulta necesaria reimaginar las cosas como parte de procesos (y, ciertamente, ello es ampliamente aceptado hoy) para reconceptualizar los lugares de manera que se puedan desafiar los localismos exclusivos basados en las reivindicaciones de cierta eterna autenticidad [63].

Massey desarrolla aquí la idea de concebir la representación como espacialización, dado que una representación, expresada a través de lo textual y lo conceptual, incluye elementos espaciales. La representación no es un proceso de fijación, sino un elemento en constante producción y cambio que puede convertirse en atributos del espacio. Por ello, la reimaginación de las cosas como procesos es necesaria, y hoy en día ampliamente aceptada, para la reconceptualización de los lugares de modo que desafíe los localismos basados en reclamos de autenticidad[64].

En base a esto, el uso del concepto de representaciones sociales que aquí se presenta no solo se restringe al sentido etimológico del término, es decir, a las nuevas formas de los objetos o a las nuevas percepciones de ellos[65], sino que incluye también las nuevas formas de entender y vivir el espacio geográfico. Por ello, se considerará que las representaciones construyen espacio geográfico en tanto son generadoras de modos de vivir y

---

[61] Mora, M., "La teoría de las representaciones sociales de Serge Moscovici", *Athenea Digital,* 2 (2002): 26; Oliveira, M., "Representaciones sociales y sociedades: la contribución de Serge Moscovici", *Revista Brasilera de Ciencias Sociales, vol 19,* (55), 1994, *183.*

[62] Massey, D., *For Space*, Londres: Sage publications, 2005, 20.

[63] Massey, D., *For Space*, 20. La traducción del inglés es nuestra.

[64] Massey, D., *For Space*, 8.

[65] Williams, R., *Palabras Clave. Un vocabulario de la cultura y la sociedad*, Buenos Aires: Nueva Visión, 2000, 281-284.

crear espacio, y, por tanto, de crear materialidades. En este apartado se analizan aquellas representaciones que se vinculan a la construcción de espacios residenciales, específicamente los nuevos emprendimientos del partido Cañuelas. Tratándose de nuevas formas de espacio residencial, será necesario prestar especial atención a los discursos inmobiliarios que promueven nuevas formas de vida y que contribuyen a la génesis de las representaciones. Se presentan aquí las reflexiones originadas en el trabajo de archivo realizado mediante el análisis de los suplementos Countries de los diarios *La Nación* y *Clarín*, así como de los suplementos Campo y Turismo, y Rural y Viajes, de los mismos periódicos, en un lapso de diez años, entre 1995 y 2005[66].

Los discursos inmobiliarios

El papel desempeñado por los desarrolladores inmobiliarios resulta decisivo en el mercado de los nuevos emprendimientos residenciales, ya que son ellos los encargados de traducir las representaciones de los habitantes urbanos en ofertas residenciales, y viceversa.

> Una de las figuras clave es el desarrollador urbano, quien debe asegurar una demanda sostenida de estos servicios habitacionales. Son estos agentes los que alientan un discurso que multiplica las bondades de un *nuevo estilo de vida* en un contexto de seguridad[67].

El sector inmobiliario opera como creador de imágenes y representaciones acerca de Cañuelas con el fin de promover los nuevos emprendimientos del partido, por lo que ejerce el papel de mediador entre los emprendimientos y las necesidades de los consumidores.

De esta manera, los promotores inmobiliarios y los agentes turísticos se unen para exaltar los aspectos rurales de Cañuelas. Mientras que, a través de esta exaltación, los promotores buscan que los habitantes metropolitanos compren segundas residencias (viviendas en urbanizaciones cerradas, chacras), los agentes turísticos destacan las ventajas de pasar un día de campo en una estancia de Cañuelas. Ambas estrategias se basan en la valorización del suelo ya no como un recurso productivo sino como recurso escénico[68], por lo que se destaca el entorno rural a fin de cons-

---

[66] El período de estudio fue acotado luego de iniciadas las tareas de investigación, tras constatar que se trata del lapso más dinámico en función de los fenómenos detallados en el artículo.

[67] Svampa, M., *La brecha urbana. Countries y Barrios Privados*, 29.

[68] Barros, C., "Neorruralidad, empleo y organización territorial al SO del AMBA".

truir la atractividad[69] de ciertos lugares del partido y desencadenar el consumo de los mismos[70]. De esta manera, la permanencia de algunas actividades productivas constituye un nuevo significado para aquellos habitantes del AMBA que acuden al partido con el fin de residir o de consumir una actividad rural. Los discursos aluden, por lo tanto, a los aspectos que la población metropolitana demanda por no poder acceder a ellos en un espacio urbano y, de esta forma, contribuyen a la creación de diferentes representaciones de Cañuelas. El cuadro n° 3 propone una categorización de los predicados analizados según el aspecto del partido que se destaca.

Cuadro n°3: Clasificación de predicados según aspecto destacado

Valorización	Aspectos destacados	Objetivo	Ejemplo
Ambientalista	Contacto con la naturaleza Entorno rural Tranquilidad / silencio	Obtención de mejor calidad de vida	"Escuche el silencio…", "Viva en la tranquilidad del campo", "Pase su tiempo rodeado del mejor entorno rural…"
Humanista	Comportamientos asociados con la vida de campo (socialización, hospitalidad, trabajo cooperativo, vida familiar, etc.)	Recuperación de prácticas sociales perdidas en las grandes ciudades.	"… y compartir un asado con amigos…", "…las mateadas bajo la frondosa arboleda son otro atractivo…", "… reencuéntrese con los suyos en la tranquilidad del campo…"
Histórico-cultural	Relación con hechos y/o personajes históricos. Festividades locales. Eventos folklóricos.	Acercamiento a las raíces, a las tradiciones.	"Parque diseñado por Carlos Thays", "Casco diseñado por A. Bustillo", "Cancha de pato.", "…en la cuna del Dulce de Leche…" "… predio que perteneció a Rosas…"

Fuente: elaboración personal sobre información publicada en los suplementos Countries de los diarios *La Nación* y *Clarín*, 1995-2005

---

[69] Bertoncello, R., H. Castro y P. Zusman. "Turismo y patrimonio en Argentina. Hacia una conceptualización desde las geografías culturales". *Historical dimensions of the relationships between space and culture*, Río de Janeiro: Comision on the cultural approach in Geography, International Geographical Union, 2003.
[70] Urry, J., *Consuming places*.

Así, desde una valorización ambientalista se destaca la tranquilidad, el espacio verde, el contacto con la naturaleza, el entorno rural y todos aquellos aspectos asociados con una mejor calidad de vida. Desde una valoración humanista, algunos discursos hacen hincapié en ciertas prácticas sociales características del campo, como la cooperación, la socialización vecinal, etc. El acento puesto en cuestiones vinculadas al pasado de los lugares, es decir, a su relación con hechos y/o personajes históricos destacados, así como la reproducción de tradiciones aporta una valorización histórico-cultural.

Si hacemos foco solamente en discursos inmobiliarios tendientes a crear demanda de espacio residencial, se suman a los aspectos valorizados, lo relativo a la seguridad y la accesibilidad. Por eso, para la creación de una imagen de seguridad se destaca la tranquilidad y aparente desproblematización de la vida rural. La cercanía del emprendimiento a los principales accesos eleva su valor, sobre todo si se encuentra vinculado a la autopista, ventaja que se mide en tiempo ahorrado en los traslados hacia el AMBA.

Cañuelas ofrece la opción de un nuevo estilo de vida sustentado en la puesta en valor de los aspectos mencionados. Sin embargo, actualmente una nueva interpretación del concepto de tranquilidad, ahora relacionado con la privacidad y la exclusividad de los lugares, ha generado un renovado impulso al mercado inmobiliario. De esta manera, la exclusividad se refleja en la tranquilidad que puede ofrecer un predio (a partir de 5 hectáreas) y en el resguardo de la privacidad. Este factor ha determinado una nueva tendencia en el consumo de lugares residenciales, que ya no se asocia a una urbanización cerrada, sino que se vincula con la adquisición de pequeñas chacras de fin de semana.

Nuevas ruralidades y nuevos lugares. Una aproximación a la neorruralidad local

La cuestión de la neorruralidad ha sido frecuentemente desarrollada por investigadores europeos y estadounidenses desde la década de 1980. Sin embargo, hasta hace unos pocos años, nada se había dicho de lo neorrural en Argentina. ¿Existe? ¿Es posible hablar de neorruralidad en nuestro país? ¿Resulta adecuado interpretar la teoría existente para otros países bajo la luz de la realidad argentina o será necesario desarrollar nuevos conceptos que expliquen directamente los procesos de nuestro país?

Puede iniciarse el debate analizando el término neorrural, como vocablo que alude a la existencia de nuevas actividades rurales. Esta noción de nueva ruralidad permite suponer la presencia de ruralidades anteriores o tradicionales, de las cuales se diferencian[71]. Puede inferirse, entonces, que será la amplia gama de elementos diferenciadores entre nuevas y viejas actividades rurales la que genere mayor controversia. También las diversas disciplinas que aborden su estudio diferirán en las formas de conceptualizarlas y categorizarlas. Por ejemplo, mientras los economistas agrarios hacen hincapié en la difusión de la pluriactividad y el surgimiento de empleos e ingreso rurales no agrarios (ERNA, IRNA), desde la Sociología Rural se muestra mayor interés en la conformación de un colectivo rural con una estructura social diferente a la tradicional agropecuaria y con distinto comportamiento demográfico. Por el contrario, desde la Geografía, la noción de nueva ruralidad ha comenzado a discutirse recientemente, especialmente a partir del aporte de Claudia Barros, quien inició el estudio de las condiciones que favorecen su emergencia y de las implicancias territoriales que su desarrollo conlleva. En este sentido, la autora afirma:

> A pesar de que la noción de neorruralidad dista mucho de haber sido convenientemente consensuada, de cualquier modo, difícilmente podría lograrse una definición válida para cualquier realidad; en cambio sí podría caracterizarse qué se entiende por neorruralidad para realidades acotadas[72].

Es por esto que, las diferencias locales respecto de las realidades estudiadas por investigadores europeos y norteamericanos no hacen más que destacar la amplitud del fenómeno y la necesidad del abordaje multidisciplinario del mismo. Sobre la pertinencia de su estudio desde la Geografía Rural, Barros afirma

> Se propone considerar a la neorruralidad *como una condición de las actividades y, eventualmente, de las formas de asentamiento de la población*. De este modo, las actividades –y los asentamientos– neorrurales formarían parte de las denominadas actividades [rurales] compensadoras, definidas como aquellas que surgen de la necesidad de extensión de la ciudad en el campo, así como de las necesidades de sus habitantes, que se buscan satisfacer en el ámbito rural [...] Desde esta perspectiva pareciera improcedente calificar como rurales o neorrurales a los espacios geográficos, ya que en los mismos se alternan diversos tipos de usos del suelo. Para el caso específico del turismo rural, además de alternarse pueden

---

[71] Barros, C., "La ciudad en el campo", mimeo, 2006.

[72] Barros, C., F. González Maraschio y F. Villarreal, "Actividades rurales y neorrurales en un área de contacto rural-urbano". *IV Jornadas Interdisciplinarias de Estudios Agrarios y Agroindustriales*, Buenos Aires: Facultad de Ciencias Económicas – UBA, 2005, 4.

superponerse, especialmente en aquellos casos en que se desarrolla el agroturismo, es decir el turismo rural vinculado estrechamente con el desarrollo de actividades agropecuarias. En cambio, sí es posible considerar neorrurales a determinadas actividades[73].

Indudablemente, muchos espacios tradicionalmente rurales de nuestro país son el foco de nuevas actividades, ya sea de origen rural o urbano, provocando la configuración del espacio rururbano y la construcción de nuevos lugares. El uso del término lugar no es casual, ya que este concepto resulta primordial para poder entender la dinámica de estos ámbitos en constante transformación. A continuación, se propone indagar en los conceptos de neorruralidad y lugar, con el objetivo de lograr una mayor aproximación a los procesos que actualmente reorganizan el espacio cañuelense.

La neorruralidad criolla

Un trabajo pionero referido a la temática neorrural en relación con el territorio es el de Joan Nogué sobre los orígenes y la clasificación de lo que él denomina habitantes neorrurales. Posteriormente, numerosos casos de neorruralidad han sido estudiados para Europa. En este trabajo de 1988 se afirma:

> En los últimos años, geógrafos y sociólogos se han servido de la expresión neorrural para referirse al fenómeno de instalación en el campo de un colectivo mayoritariamente joven y procedente de zonas urbanas. Son neorrurales todas aquellas personas que abandonan la ciudad y se dirigen al campo con un proyecto de vida alternativo, que puede ser tan diverso como diversas son las actividades a realizar[74].

Lejos de las primeras manifestaciones neorrurales europeas ligadas a movimientos contraculturales de la década de 1960[75], una segunda manifestación neorrural se caracterizó, a partir de 1980, por una génesis menos idealista y por un trasfondo ambientalista, que implicó el desplazamiento de población joven de la ciudad al campo en busca de una mejor calidad de vida y actividades productivas del medio rural como forma de vida[76].

---

[73] Barros, C., "Entre el campo y la ciudad. Lugares de contacto y construcción de identidades", *Taller Internacional Desplazamientos, Contactos, Lugares. La experiencia de la movilidad y la construcción de otras geografías*, mimeo, 2005. Los destacados son nuestros.

[74] Nogué, J., "El fenómeno neorrural", *Agricultura y sociedad*, 47, Madrid: 1988, 1.

[75] García Ramón, M. D., A. Tulla i Pujol y N. Valdovino i Perdices, *Geografía Rural*, 83.

[76] Nogué, J., "El fenómeno neorrural", 6.

En Cañuelas existen ejemplos con características del primer caso, inclusive protagonizados por neorrurales europeos[77], aunque son más frecuentes, y a la vez más polémicos, los que se relacionan con la segunda oleada. En el caso de los NER, el desarrollo de actividades productivas rurales no constituye el sustento económico del hogar, pero sí representa un proyecto de vida, muy diferente al urbano. A la vez, la población metropolitana que ingresa al partido es mayoritariamente joven y proveniente de sectores socialmente acomodados, lo que coincide con la conceptualización de Nogué. Y, tal como se analizó a través de los discursos inmobiliarios, los fundamentos que sustentan el consumo de un espacio residencial se basan en una tendencia ambientalista que propone la búsqueda de mejor calidad de vida.

Al respecto, García Ramón, Tulla i Pujol y Valdovino Perdices afirman:

> El neorruralismo [...] representa una emigración desde las grandes áreas urbanizadas a zonas rurales con disponibilidad de casas y tierras, así como una cierta atracción paisajística. Este flujo migratorio no es por causa de necesidades económicas sino por la búsqueda de un entorno más libre y menos contaminado [...] ya que mitifica el entorno rural que se contrapone a la ciudad como centro insolidario y agresivo[78].

De esta manera, la neorruralidad presenta la aspiración de combinar las distintas actividades que pueden surgir en un medio rural, como forma de vida, alejándose del modo de vida urbano, por lo que significa un fenómeno de resistencia a la urbanización[79].

La elección de chacras como residencia secundaria, ejemplifica esta teoría para el caso de Cañuelas. Se trata de otra forma de asentamiento que implica el traslado de población de la ciudad (AMBA) al campo (Cañuelas), que puede estar acompañada de un microemprendimiento productivo, aunque este no constituya la base económica familiar, y que

---

[77]Claudia Barros reconoce en Cañuelas la existencia de "establecimientos experimentales, como el caso de Willaldea, autodenominada 'aldea laboratorio', habitada por un grupo de personas vinculadas al teatro que viven y producen en el campo, además de ofrecer alojamiento temporario y comidas a visitantes. En este caso, se trata de un fenómeno con características neorrurales 'a la europea' debido a que fue iniciado por un grupo de italianos vinculados al Instituto de Antropología de Milán". La autora también contabiliza la presencia de neoartesanos: "personas o grupos que se establecen en el ámbito rural con el fin de elaborar artesanalmente diferentes productos comercializables". Barros, C., F. González Maraschio y F. Villarreal, *Actividades rurales y neorrurales*, 13 y 14.

[78] García Ramón, M. D., A. Tulla i Pujol y N. Valdovino i Perdices, *Geografía Rural*, 83.

[79] García Ramón, M. D., A. Tulla i Pujol y N. Valdovino i Perdices, *Geografía Rural*, 83.

también tiene su base en la búsqueda de formas de vida alternativas a la urbana, donde el acento puesto en la calidad de vida, valoriza el desarrollo de la dinámica rural.

El principal alejamiento de las teorías presentadas radica en la ausencia de una actividad económica rural como principal o única fuente de ingresos, aunque como vimos para el caso de las chacras de fin de semana y de los emprendimientos residenciales más recientes, el componente productivo comienza a tener un peso importante en la oferta, dado que el desarrollo de tareas rurales completa el consumo de ruralidad.

Estas semejanzas y diferencias con los conceptos europeos nos hablan de una realidad local que adquiere matices propios, pero que no se aleja demasiado de la teoría de autores como Nogué o García Ramón. Tal vez la realidad de Cañuelas nos esté presentando una variante local del neorruralismo europeo. Entonces, sería posible entender esta forma de asentamiento como expresión de una neorruralidad criolla, la cual tiene mayores posibilidades de desarrollarse en las áreas de contacto entre el campo y la ciudad, o rururbanas, que no se centra en lo productivo sino en el paisaje rural y que promueve el cambio de vida a partir del consumo de lugares.

Los lugares de Cañuelas

La utilización de la noción de lugar resulta oportuna, dado que este concepto alude no solamente a las características materiales de los nuevos emprendimientos y actividades mencionados, sino también a la carga simbólica que ellos conllevan. Estas actividades materializan diferentes representaciones que la población metropolitana posee sobre los ámbitos rurales, a la vez que crean y recrean imágenes desde el interior y desde el exterior del partido.

Desde su reaparición en los ámbitos de debate académico, el concepto de lugar ha sido conceptualizado bajo la luz de diferentes teorías. La tradición geográfica humanista de raíz fenomenológica reposicionó como centrales los conceptos de identidad y sentido de lugar vinculando la visión sociológico-valorativa. Desde esta perspectiva, el lugar aparece como un ámbito interiormente homogéneo, que se diferencia de otros y que se presenta como una opción frente a sentimientos nostálgicos desatados por las tendencias globalizantes. Esta visión internalista posiciona el lugar como una porción concreta del espacio –abstracto e indiferenciado– cargado de significados y valores específicos ganados a través del tiempo[80]. Esta noción de lugar podría explicar ciertos aspectos de los desplazamientos observados en el partido, si se tienen en cuenta los discursos analizados que precisamente aluden a la tranquilidad del entorno de Cañuelas (traducida en homogeneidad y desproblematización) para crear representaciones que asocien el partido con la idea de refugio.

Sin embargo, a lo largo del desarrollo de este trabajo, se ha presentado a Cañuelas como un espacio rururbano, heterogéneo, complejo y en constante transformación, por lo que las conceptualizaciones anteriores resultan insuficientes e inadecuadas para la explicación de la realidad del partido.

Resultaría más adecuado retomar las formulaciones desarrolladas por Doreen Massey sobre la noción de lugar. Esta autora ofrece una caracterización en la que es posible reconocer su identidad, ya no a través de los procesos internos, sino de aquellos que lo involucran con el afuera. En este sentido afirma:

> De este modo, la especificidad de un lugar deriva del hecho de que éste es producto de cierta mixtura entre relaciones sociales amplias cuyo origen se encuentra muchas veces fuera del mismo. Así, el sentido del lugar sólo puede ser comprendido a través de la relación del lugar con lo que está más allá de él[81].

La construcción de lugares en Cañuelas siempre se desarrolló en función de su relación con el AMBA. Desde su surgimiento como partido perteneciente a la Cuenca de Abasto, la organización territorial y productiva de Cañuelas se orientó hacia la satisfacción de la demanda metropolitana de lácteos. La posterior evolución que sufrieron las actividades agropecuarias del partido tuvieron su origen en decisiones ajenas al partido, como las reglamentaciones vigentes para la comercialización de leche en la Ciudad de Buenos Aires (ordenanza de pasteurización de la leche) o las políticas neoliberales que se sucedieron desde los años setenta y que conllevaron, entre otras cosas, el cierre de ramales ferroviarios, a la crisis y abandono de actividades rurales, y al despoblamiento del partido. De esta forma, algunos productores reconvirtieron su actividad hacia el turismo, mientras que otros contribuyeron a la dinámica del mercado de la tierra ya explicada, a partir de la venta de sus campos.

---

[80] Barros, C., "Reflexiones sobre la relación entre lugar y comunidad". *Documents d'Anàlisi Geogràfica*, 37, 2000, 81-94.

[81] Massey, D., "Power-Geometry and progressive sense of place", Bird, J., et al (eds.). *Mapping the futures. Local cultures, global changes,* Londres: Routledge, 1993, 68, (la traducción del inglés es nuestra).

La posterior instalación del modelo neoliberal de exclusión social, definido por el aumento de las desigualdades y la polarización social durante la década de 1990, operó como factor desencadenante de la demanda de nuevos espacios residenciales. La localización de los emprendimientos en Cañuelas también se determina a través de procesos externos, mediante la concesión de las obras para la construcción de la autopista Ezeiza-Cañuelas y de la libre acción de capitales inmobiliarios privados ante un estado ausente. Aún la actual demanda de chacras y de NERs productivos responde en parte a los inconvenientes derivados de la expansión de las urbanizaciones cerradas, y a la coyuntura económica post-crisis 2001 que favorece los procesos de fraccionamiento de explotaciones como consecuencia de la creciente valorización de los precios de la tierra.

Podemos reafirmar, entonces, la importancia de las relaciones con el afuera en los procesos de trasformación ocurridos en el interior del partido. La construcción de nuevos lugares en Cañuelas se consolida a partir de la demanda de habitantes urbanos; cuando la demanda varíe, el área sufrirá nuevas trasformaciones, se construirán nuevos lugares o se refuncionalizarán otros. Los actores sociales tradicionales se entrecruzarán con habitantes provenientes del AMBA, quienes reproducirán sus pautas sociales urbanas en un ámbito rural. De esta forma, la construcción de lugares será permanente y hasta simultánea, y las múltiples identidades resultantes excederán ampliamente los tradicionales estereotipos con los que se identifica al campo y a sus habitantes[82].

Un nuevo sentido de la noción de rururbano provoca que los habitantes urbanos dejen de ver el campo como el "ámbito del atraso" para valorizarlo como el "refugio de lo natural", y que, desde ahí, construyan su atractividad turística. En este proceso, los desplazamientos adquieren una singular relevancia toda vez que los mismos contribuyen a resignificar, en la actualidad, lugares de tradición agroproductiva a partir de prácticas y representaciones ligadas a la puesta en valor del campo como recurso escénico y al desarrollo de diversas actividades neorrurales (turismo rural y distintas formas residenciales-productivas). De este modo constantemente se construyen lugares, a la vez que se crean y recrean, en forma permanente, nuevas representaciones sobre ellos.

---

[82] Barros, C., P. Zusman, "Nuevas y Viejas Fronteras ¿Nuevos y viejos encuentros y desencuentros?" *Scripta Nova*, 69, Barcelona: Universidad de Barcelona, 2001.

Lugares y dinámicas socio-espaciales en la Patagonia Norte

María Laura Silveira

A lo largo de su historia, la Patagonia Norte ha sido fruto de intensos procesos de movilidad, cuya consecuencia más visible fue la construcción y reconstrucción de lugares distintos. Cada división territorial del trabajo significó la llegada de un nuevo contingente migratorio, portador de una cosmovisión, de técnicas, de una cultura y de una cierta vocación de consumo.

Para comprender ese proceso es aconsejable un esfuerzo de periodización, que es aún más complejo cuando pretende ser fiel, al mismo tiempo, al país y al lugar. Buscando evitar generalizaciones excesivas pero también evoluciones autónomas de los lugares, nuestra preocupación fue la de reconstruir situaciones geográficas pasadas, reveladoras de la constitución de divisiones del trabajo.

Identificamos, de ese modo, un primer período que se extiende desde la ocupación militar de la Patagonia (1879) hasta los primordios del siglo XX, cuando se motoriza el territorio. La conclusión del ramal ferroviario, en 1902, parece un hito importante para marcar el inicio del segundo período, caracterizado por la formación de un oasis agrícola. Comenzando en 1930, el tercer período se define por la mecanización de la producción agrícola regional hasta 1950. Las tres décadas siguientes (1951-1980) marcan el pasaje de la industrialización doméstica a la transnacionalización de la economía y el territorio. Un presente espeso podría ser reconocido a partir de los años ochenta, con la modernización agrícola, las nuevas escalas de producción de petróleo, gas y energía hidroeléctrica y la internacionalización del turismo.

De la "tierra de nadie" a la región ganadera

A partir de la industrialización de los países centrales en el siglo XIX, se configura una nueva división internacional del trabajo, en la cual los espacios periféricos se vuelven, al mismo tiempo, mercados y localizaciones aptas para la producción de materias primas y alimentos. Ese proceso se da al ritmo de la mecanización del transporte y, más tarde, de la producción.

En ese nuevo mapa, se consolida la jerarquía de la región pampeana como área de cría de ganado, y, cada vez más, como productora de cereales. Cuando a la red ferroviaria y telegráfica sucede la mecanización de las tareas agrícolas en tal región, la Campaña al Desierto, en 1879, incorporará las tierras patagónicas al proyecto nacional capitalista. La metáfora del desierto, explican Zusman y Minvielle[1], fue una forma de apropiación y de *invención* del territorio necesaria para la ocupación material. Con el genocidio indígena, el camino estaba abierto para el traslado de una parte del ganado ovino de la pampa hacia el Sur, pues hasta mediados del siglo XIX, la frontera austral era el sur de la provincia de Buenos Aires e Isaiah Bowman, uno de los fundadores de los estudios de frentes pioneros, podía escribir: "La Patagonia ha sido largamente conocida como una de las regiones remotas del mundo, y hasta hace pocos años fue prácticamente una tierra desconocida. En los mapas de las más antiguas geografías era llamada 'tierra de nadie'..."[2].

Esa ampliación de la división territorial del trabajo ofrecía, por lo menos, dos ventajas. Por una parte, gracias a su extensión y clima, la Patagonia presentaba grandes potencialidades para la cría de merinos; y, por otra, las fértiles pampas bonaerenses podían ahora ser destinadas exclusivamente a la expansión de la agricultura y a la cría de ganado para exportación de carnes congeladas. El auge de esa actividad exigió el cultivo de alfalfa, lo que originó un primer paisaje mixto en la Patagonia: agrícola y pecuario. Alcanzando su ápice en los dos primeros decenios del siglo, ese cultivo será después sustituido, en el Alto Valle, por los árboles de manzanas y peras.

Buscando fomentar la inmigración de Europa del Norte y de los Estados Unidos se había liberalizado la rigidez religiosa del *Código de Indias* heredada del Virreinato español y se había garantizado la libertad de

---

[1] Zusman, Perla, Sandra Minvielle, *Sociedades Geográficas y delimitación del territorio en la construcción del Estado-Nación argentino*. Biblioteca digital, educ.ar, 2002, http://www. educ.ar/educar/superior/biblioteca_digital.

[2] Bowman, Isaiah, *South America. A Geography Reader.* Rand Ma. Chicago-Nueva York: Nally & Co., 1928, 21.

cultos en la Constitución Nacional de 1853. Además, se anulaba la prohibición de acceso a las tierras del interior por parte de extranjeros no españoles. Así el progreso asociado a la inmigración pasaba a ser un eje del discurso oficial y, en Europa, el gobierno argentino organiza campañas para inducir a los europeos a habitar tierras "ricas y libres", vistas como vehículo de prosperidad personal. Ya en 1889, el gobierno de Juárez Celman promovía en Europa la venta de tierras patagónicas.

Las grandes inmigraciones, iniciadas en 1857, alcanzan su mayor magnitud entre 1876 y 1899, con el arribo de 1,52 millones de nuevos habitantes. En el intervalo de 1871 a 1880, los italianos representaban el 58,28% del total de inmigración, en tanto que los españoles conformaban solamente el 17,7%[3]. Ese gran contingente de población europea se concentró en un 90% en las áreas litorales más pobladas[4]. De ese modo, se transformó la estructura demográfica, especialmente con la incorporación de un masivo grupo de población activa, cuya vocación de consumo quedó de manifiesto por la expansión y diversificación de las demandas, tantas veces insatisfechas en sus lugares de origen. Se forma una espesa clase media que, inicialmente y por ser extranjera, será marginal en la política. Los inmigrantes transplantan hacia el territorio argentino técnicas y organizaciones aprendidas de dilatadas tradiciones familiares. En las colonias agrícolas de Santa Fe y Entre Ríos, del interior de la provincia de Buenos Aires y del Alto Valle del Río Negro, italianos y españoles reproducen formas de cultivo asimiladas en el Viejo Mundo.

La motorización del territorio y la formación de un oasis agrícola en la Patagonia

En ese momento de la formación socio-espacial[5] son construidas dos vías férreas en la Patagonia Norte. La primera, más septentrional, fue llevada a cabo por capitales británicos y dio lugar a una zona de cultivo en el valle del río Negro. Se trataba de una continuación del Ferrocarril

---

[3] Ozonas, Lidia Nélida Bonaccorsi et al., *Estrategias Familiares de los chacareros italianos y sus descendientes. Estudio de caso 1920/1960*, Cipolletti:Universidad Nacional del Comahue, 1993, 8 (mimeo).

[4] Ferrucci, Ricardo J., "Las desigualdades regionales en Italia y Argentina: 1950-1970", *Revista de Planificación*, IX, 35, 1975, 111.

[5] Santos, Milton, "Society and space: social formation as theory and method", *Antipode*, vol. 9,.1, 1977, 3-13. La formación socio-espacial puede ser entendida como la obra de permanente reconstrucción del espacio heredado de las generaciones precedentes, a través de las diversas instancias de la producción.

del Sud, cuyo primer trecho entre Buenos Aires y Bahía Blanca había sido finalizado en 1884. Iniciada a mediados de la última década del siglo, esa prolongación llegó a Confluencia (hoy Ciudad de Neuquén) en 1902 después de la construcción de un puente y, finalmente, a Zapala en 1914. Más austral, la obra del segundo ferrocarril comenzó en 1908 y, por esa razón, el área sur del Territorio del Río Negro tuvo un primer momento de ocupación sin motorización.

Entretanto, la llegada del tren significó una revolución en el uso del tiempo y, de cierto modo, autorizó nuevas acciones, facilitando la formación de un área agrícola que se insertaría con éxito en la división internacional del trabajo. Recorrida hasta entonces en cuarenta días, la distancia que separa la Confluencia de los ríos Limay y Neuquén de Buenos Aires pasa a poder ser realizada, a partir de 1902, en un lapso de treinta y siete horas, es decir, veinticinco veces más rápido.

La firma inglesa Ferrocarril del Sud también invirtió en la incorporación de objetos técnicos y de nuevos modos de trabajar, a partir de la creación, en 1928, de la empresa *Argentine Fruit Distributors* (AFD). Se reorganizaron las pulverizaciones y los cultivos, y se instalaron modernos establecimientos de embalaje junto a las estaciones ferroviarias de Cinco Saltos, Cipolletti, Allen, J. J. Gómez y Villa Regina. Fue en ese momento que surgieron las primeras normas de producción y circulación: uso de cajas-estándar en las cosechas para transportar las frutas en camiones desde la chacra al establecimiento de embalaje, clasificación manual por tamaño y calidad, acondicionamiento manual con papel y uso de vagones ventilados para el transporte hasta los puertos, entre otras. Poco a poco, los pequeños agricultores iban incorporando tales formas de trabajo. Por otra parte, la empresa AFD creó una organización de ventas en Buenos Aires y, más tarde, en Europa.

Las pequeñas ciudades del Alto Valle, en el margen norte del río Negro, que habían heredado su localización y su primera morfología de los campamentos militares y pecuarios, pasan a organizarse en torno a las estaciones ferroviarias y a las colonias agrícolas. Formando un rosario, esos centros urbanos vieron aumentar su vida de relaciones gracias a la agricultura de exportación, que demandaba mano de obra, productos y servicios. Al mismo tiempo, un importante flujo de inmigrantes europeos allí instalados incorporaba nuevas técnicas y patrones de consumo.

Al sur del valle del río Negro, el uso del territorio fue diferente. Una escasa densidad demográfica y técnica, la pequeña amplitud de la demanda, la baja accesibilidad y el proceso de urbanización incipiente convergieron para crear un conjunto ralo de lugares que no llegaban a constituir un verdadero sistema de centros. En la meseta, los villorrios anteriores a la llegada del tren estaban separados por distancias cortas, debido a que los traslados solo podían ser realizados a pie o a caballo. Mientras tanto, los núcleos más importantes se formaron junto a las vías férreas y las distancias entre ellos eran mayores gracias a la motorización. Nacieron como sucesivas estaciones, provisoriamente finales, de la lenta construcción de un ferrocarril en avance hacia el Oeste, al tiempo que cumplían la función de mínimo abastecimiento de las actividades rurales. Por otro lado, San Carlos de Bariloche se benefició de la extensión de la vía férrea hasta Pilcaniyeu en 1928.

Esa región revela lo que era una tendencia nacional: la consolidación de una vocación exportadora ampliando los horizontes de las especializaciones agropecuarias, cuyos comandos políticos eran, en general, ajenos a los escenarios regionales[6].

La mecanización de la producción agrícola regional

Las tendencias de la industrialización doméstica, que ya se vislumbraban en las áreas *core* de la formación socio-espacial argentina, tuvieron otras manifestaciones regionales. En el período que Vapñarsky[7] denomina ciclo de la fruticultura (1930-1957), la empresa británica *Argentine Fruit Distributors* avanzó en la tecnificación de la actividad agrícola a través de asesoramientos, de provisión de especies vegetales, pesticidas y abonos y de la introducción del tractor y pulverizadores modernos. Fuertemente centralizado por la política de una empresa, surgió un nuevo sistema técnico que cambió la forma de trabajar y la configuración del lugar. A la mecanización se agregó un primer esbozo de calendario unificado de las tareas culturales, aunque todavía muy influenciado por los ritmos de la naturaleza y por la experimentación.

A fines de la década de 1940, se instalaron en la región pequeños talleres de reparación de los instrumentos de trabajo de la fruticultura. Acompañando el proceso nacional y bajo el amparo de las acciones proteccionistas del Estado, esos establecimientos comenzaron a fabricar máquinas para clasificar frutas, tapar cajas y transportarlas, así como equipamientos para la industria de la vitivinicultura y piezas para reparar las máquinas importadas, entre otros.

---

[6] Silveira, María Laura, *Um País, uma Região. Fim de século e modernidades na Argentina*, San Pablo: LABOPLAN-FAPESP, Universidade de São Paulo, 1999.

[7] Vapñarsky, César A., *Pueblos del Norte de la Patagonia 1779-1957*, General Roca: Editorial de la Patagonia, 1983, 215.

Como el desarrollo de la agricultura había estado subordinado a la evolución económica de los ferrocarriles, el ingreso de los capitales norteamericanos destinados a los transportes automotores tuvo gran impacto sobre esa actividad. A fines del decenio de 1940 los capitales británicos habían abandonado la región, y fue el Estado nacional, con escaso dinamismo, quien tomó posesión de las vías férreas y de la estación experimental de Cinco Saltos, aunque sin fortalecer la solidaridad entre ambos elementos.

Entretanto, la formación de un medio técnico[8] en la región continuaba siendo incompleta, pues las actividades realizadas eran básicamente las de producción y las relativas a un primer acondicionamiento para el transporte. A pesar de que el primer frigorífico se instaló en 1945, la difusión de esa técnica tuvo lugar en la década de 1950, cuando la capacidad de frío alcanzo las diez mil toneladas. Aunque utilizada en Argentina desde el pasaje del siglo para la exportación de carnes, la técnica de la cadena de frío llegó a la región con cincuenta años de atraso. Y, cuando arribó, la obsolescencia de los vagones y su falta de refrigeración impedían establecer interdependencias técnicas con los frigoríficos.

De la industrialización doméstica a la transnacionalización

Nuevos elementos, como el salario mínimo, vital y móvil, los aumentos salariales, las vacaciones pagas y otros beneficios monetarios confluyeron para producir un aumento del consumo, no solamente de productos industriales y de construcción, sino también de servicios públicos, educativos y también turísticos. Gracias a los progresos en las redes de transporte y a las nuevas normas de trabajo, los equipamientos y organizaciones turísticas se desarrollaban tempranamente. San Carlos de Bariloche, que había recibido 4 mil turistas en 1940, pasó a abrigar a 100 mil en 1960[9].

Ese crecimiento del turismo actúa, a su vez, como factor de urbanización en el área occidental de la región. Mientras que la diversificación de los servicios contribuye para el crecimiento de una ciudad como Bariloche, una norma nacional provoca el aumento del número de centros

---

[8] Friedmann, Georges, *Sept Études sur l'homme et la technique*, París: Denoel/Gonthier, 1966. Es el momento en que la energía natural es sustituida por la energía térmica o eléctrica, es decir, la mecanización.

[9] Vapñarsky, César, *Pueblos del Norte de la Patagonia 1779-1957, 107.*

urbanos. Creada por la Ley 12103 del año 1934, la Dirección de Parques Nacionales fue responsable, en gran parte, de la fundación de otras villas turísticas en el área de conservación: Llao-Llao, Catedral y Mascardi en Río Negro y La Angostura y Traful en Neuquén. La tarea de materializar un estilo arquitectónico de trazos suizos y tiroleses fue emprendida explícitamente por el Estado a través de las normas dictadas por tal instancia de la administración pública.

Por otra parte, el desarrollo de una estructura productiva de base industrial, junto al aumento del transporte automotor de pasajeros y cargas, de la navegación y de los flujos aéreos, hizo crecer la demanda de combustibles. Se hizo necesario, de ese modo, invertir en la producción y la circulación de hidrocarburos y, así, la Patagonia adquirió un nuevo papel en la división territorial del trabajo en el país. Ya en 1947 se construyó un oleoducto de Comodoro Rivadavia a Buenos Aires, con una longitud de 1.772 km. y, en 1952, comenzó a funcionar el gasoducto Plaza Huincul-General Conesa. Esas primeras tuberías fueron anticipos de la densa red que se superpuso al territorio en los años venideros.

Sin embargo, no era solo la entonces empresa pública Yacimientos Petrolíferos Fiscales (YPF) la que comandaba la exploración y la producción de petróleo. Es el momento de una profunda internacionalización del sector con la llegada de empresas transnacionales, amparada, en gran parte, en las ideologías y las acciones de planificación y desarrollo, como la Alianza para el Progreso de América Latina. En virtud de su fuerza política, tales firmas obligaron al Estado a modernizar el territorio para facilitar la llegada de nuevas formas técnicas y organizacionales. En 1958, durante el gobierno de Frondizi, fue sancionada la Ley 14780 de radicación de inversiones extranjeras y de libre transferencia de utilidades y capitales. Paralelamente, la desregulación del mercado petrolero nacional facilitó la negociación de contratos con amplias concesiones para las firmas extranjeras.

Los nuevos datos técnicos y económicos, el mayor conocimiento de la aptitud de los lugares, las demandas de energía en escala metropolitana, la búsqueda de eficiencia y la presión externa para imponer un determinado modelo energético confluyeron para poblar el espacio patagónico con objetos y organizaciones modernizadas propias del medio técnico-científico[10]. La hidroeléctrica El Chocón, localizada en el río Limay a 80

---

[10] Santos, Milton, *Espaço e método*, San Pablo: Nobel, 1985. Es el nuevo medio geográfico formado por objetos técnicos que tienden a ser al mismo tiempo técnicos e informacionales por la intencionalidad de su producción y localización y por la energía principal de su funcionamiento.

Km de la ciudad de Neuquén, se complementaba con Cerros Colorados que, además de producir energía, era un regulador de las crecidas. Inspirado en el Tennessee Valley Authority Act, ese proyecto de ingeniería prometía ser un modelo de uso múltiple de los recursos hídricos. El inicio de la explotación de energía hidroeléctrica en la Argentina fue demarcado por la llegada concomitante de técnicas de transmisión a grandes distancias en los años setenta. Se diseñó una red hidroeléctrica que se extendió sobre el territorio nacional.

La localización regional de una parcela del comando técnico de esas firmas y las demandas de formación profesional y de servicios técnicos y financieros especializados contribuyeron, entre otras cosas, para el crecimiento demográfico y la división del trabajo en las ciudades de Neuquén, General Roca y Cipolletti. Pueden mencionarse la instalación de Hidronor y la creación de la Universidad Provincial del Neuquén.

La fruticultura adquirió nuevos matices. Diversas industrias de elaboración de conservas, jugos, sidra y vinos contribuyeron también para modificar el perfil meramente agrario de la región. Sin embargo, la concentración empresarial inició un camino que no conocería mayores obstáculos. Ya en 1968 eran solamente dieciséis empresas las que reunían la mitad de la exportación de frutas (cerca de 300 mil toneladas)[11]. En un movimiento de diástoles y sístoles, se concentró el capital y se expandió la red de frigoríficos, demandando, simultáneamente, una modernización de la circulación. Dos objetivos que comenzaban a ganar importancia en el período, la velocidad y la conservación de la calidad, no eran satisfactoriamente atendidos por el transporte ferroviario. De ese modo, la flexibilidad del transporte automotor se sumó a la tecnificación del puerto de Bahía Blanca, el cual, ya al inicio de la década de 1970, había tomado la función del puerto de Buenos Aires en cuanto a la salida de la producción del valle hacia ultramar. Contrastando con el Alto Valle, la superficie cultivada en el Valle Medio era de poco menos de 10 mil hectáreas en 1970, dedicadas, en su mayor parte, a la producción escasamente tecnificada de forrajes, tomates y algunas frutas.

Además, la difusión de objetos y formas organizacionales vinculados a la investigación, enseñanza y producción nuclear en la Patagonia Norte fue precoz si se la compara con la de otras regiones del país y otras naciones del Tercer Mundo. Se crearon, en 1955, el Centro Atómico Bariloche y el Instituto Balseiro. La ciudad de San Carlos de Bariloche comenzaba a forjarse como polo de un terciario altamente calificado y

---

[11] Vapñarsky, César, *Pueblos del Norte de la Patagonia 1779-1957*, 215.

específico en el área nuclear. A ese papel se agregaron una estación experimental del INTA y la Fundación Bariloche, institución destinada a la investigación en ciencias naturales y sociales. Por otro lado, en 1976 fue implantada en Pilcaniyeu, en los alrededores de aquella ciudad, la empresa de tecnología Investigación Aplicada (INVAP). La división territorial del trabajo fue a privilegiar una región escasamente industrializada y hasta entonces orientada solamente hacia la agricultura de exportación y la producción de energía. Asimismo, no se trataba de privilegiar una región entera, sino un punto, la ciudad de San Carlos de Bariloche, que surgió como un nodo de una topología más amplia.

La globalización y la consolidación del medio técnico-científico-informacional

Movimientos migratorios y procesos de urbanización señalan las áreas de mayor densidad técnica y mayor espesura de la división del trabajo en la Argentina. En 1970, un 72,5% de la población argentina residía en los trece mayores centros urbanos y, hasta entonces, el área metropolitana de Buenos Aires era el principal destino de las migraciones. Ya en las décadas de 1970 y 1980, la región patagónica se volvió abrigo de importantes contingentes migratorios, gracias a la promoción de actividades industriales, a la explotación de combustibles y a la construcción de grandes obras de ingeniería.

Los descubrimientos de riquezas petroleras y gasíferas condujeron a la construcción de equipamientos y resultaron un factor de urbanización. A la moderna refinería de Plaza Huincul, finalizada ya en 1975, se agregaron, en Neuquén y en las pequeñas ciudades de producción, servicios industriales, reparación de maquinarias, abastecimiento de herramientas, equipamientos y productos químicos en los años ochenta y noventa. Algunas firmas transnacionales especializadas se instalaron en la región, como Schlumberger, Dowel Hughes, Cogasco y Halliburton. Diferente de las ciudades-hongo del período anterior, Rincón de los Sauces, fundada a partir de un campamento de YPF, es la sede actual de las funciones técnicas mínimas de la producción de petróleo y gas. Con un flujo de 7 mil pasajeros por mes, el aeropuerto local recibe cerca de treinta vuelos diarios. La expansión de líneas telefónicas, las redes informáticas, el uso de la fibra óptica y de los satélites se sobreponen a un medio técnico escasamente estructurado.

Los caminos carecen todavía de pavimentación y seis horas son necesarias para recorrer los 250 km. que separan Rincón de los Sauces de la capital provincial. Modernos sistemas organizacionales, como las uniones transitorias de empresas, que implican la asociación de capital fijo y móvil, de tecnología y personal calificado, y las reorganizaciones de las empresas públicas, entre otras cosas, confluyen para consolidar la nueva división territorial del trabajo.

Las posibilidades técnicas del período, como los métodos de recuperación secundaria de las perforaciones consideradas agotadas, crearon nuevas interfaces para las empresas privadas. Se utiliza, por ejemplo, un sistema de registro sísmico tridimensional que permite, en virtud de sismógrafos de alta potencia y de sistemas informáticos interactivos, descubrir petróleo a mil metros de profundidad y elaborar una información cuantitativa sobre los compartimentos de los reservorios y sus contenidos. Si aumenta el contenido informacional de ciertas acciones y con ello su eficiencia, se incrementa también la posibilidad de actuar a distancia. Por ejemplo, las usinas térmicas de Filo Morado y Loma de la Lata fueron construidas con sistemas de tele-supervisión y control automático por computadora en *perforaciones de gas inteligentes*. Utilizando también dispositivos de automatización tele-comandados, el oleoducto trasandino fue un elemento importante en la organización reticular del territorio, que parece haber destinado a la Patagonia un papel de emisora de fluidos, con escasa elaboración industrial. Construido en 1994, fue planeado para transportar un mínimo de 5 mil metros cúbicos por día pero, en función de la venta de las acciones de Repsol y de la menguante producción local, podría ser hoy desactivado. Cuando el territorio es organizado bajo la cadencia de las grandes corporaciones, los lugares pueden volverse esquizofrénicos y el país, ingobernable[12].

De ese modo, crece significativamente la producción y la exportación de esos fluidos. Con 39% y 56% de las reservas nacionales de petróleo y gas respectivamente[13] la cuenca neuquina se volvió uno de los ejes del autoabastecimiento y de la exportación. Una parte del trabajo científico se fija en la región, lo que posibilita la generación de solidaridades organizacionales entre los oligopolios y algunas instancias del Estado. Ese conjunto de hechos vuelve más densos la producción y el comercio regionales, aunque al precio de un proceso de alienación política. El con-

---

[12] Discutimos esas ideas en Santos, Milton y María Laura Silveira. *O Brasil: Território e Sociedade no início do século XXI*, Río de Janeiro: Record, 2001; Silveira, María Laura, "Uma globalização desnecessária, um território instável", *Ciência Geográfica*, I, 21, 2002, 43-46 y Silveira, María Laura (org.), *Continente em chamas. Globalização e Território*, Río de Janeiro: Civilização Brasileira, 2005.

[13] Datos de la Secretaría de Energía.

sumo contemporáneo de las clases altas y medias en la región, por sus cantidades y calidades, es tal vez un indicio de su plena inserción en la división internacional del trabajo.

Por otro lado, las tendencias de la globalización se reconocen también en los proyectos nacionales e internacionales de hidroeléctricas de gran envergadura, aquello que Gras[14] denomina macro-sistemas técnicos, como las represas Piedra del Águila, Alicurá y Pichi Picún Leufú, cuya exequibilidad depende de la obtención de préstamos de los bancos mundiales. A diferencia de El Chocón, donde una villa completa fue implantada para atender la construcción, en esas tres últimas represas el control técnico y el político se desenlaza del lugar para concentrarse en las respectivas ciudades próximas y, cada vez más frecuentemente, fuera de la región.

Sin embargo, no solamente las técnicas utilizadas son interconectadas, también lo son los objetivos que traspasan los discursos técnicos y políticos de los gobiernos nacionales y mundiales sobre las nuevas formas geográficas. La producción masiva y barata de energía, la regulación de los ríos y sus crecientes y, en algunas ocasiones, la irrigación aparecen como propósitos explícitos de la construcción de objetos con estructura y funcionalidad semejantes.

Además, a partir de finales de la década de 1980 y especialmente en los años 1990 la fruticultura regional es sometida a un proceso intenso de modernización. El *belt* agrícola más tradicional, el Alto Valle, que continúa siendo el área más extensa de producción, completa su tecnificación y recibe los aportes de la ciencia moderna. Pero lo que resulta más significativo es el *front* agrícola del Valle Medio del río Negro, así como ciertas zonas aledañas al río Neuquén. Estos *fronts* abrigan un sistema técnico y organizacional enteramente moderno, sin las rugosidades de un sistema anterior como en el Alto Valle. Una de las manifestaciones empíricas de la velocidad, en los primeros años de la década de 1990, puede vislumbrarse en la incorporación de diez hectáreas por día al área productiva del Valle Medio. El sistema de espalderas, que viene sustituyendo en el Alto Valle al monte tradicional, fue implantado *ab initio* en el Valle Medio, produciendo una revolución productiva, ya que permite plantar más del doble de árboles por hectárea. Allí, familias de técnicas de última generación utilizadas en Italia, Estados Unidos, Japón e Israel

---

[14] Gras, Alain, *Grandeur et dépendance. Sociologie des macro-systèmes techniques*, París: Presses Universitaires de France, 1993, 17-18. Sistemas técnicos que son la base para el funcionamiento de otros.

han sido incluidas en los sistemas de ingeniería comandados por empresas como Expofrut, Moño Azul, Kleppe y Mc Donald. Estas y otras firmas que luego llegaron al lugar revelan, de un lado, el poder de las empresas locales y sus vaivenes, y, de otro, el creciente proceso de transnacionalización de la economía regional. Las pequeñas y las antiguas ciudades de Chimpay, Belisle y Darwin en Río Negro y la más joven San Patricio del Chañar en Neuquén pasan a abrigar modernos frigoríficos y algunos servicios básicos de abastecimiento a la fruticultura moderna.

Cerca de la mitad de la superficie cultivada de la provincia de Río Negro (44%) está en las manos de 140 empresas que representan el 4% de las unidades económicas. No solo cambian las técnicas de cultivo, sino también las variedades de peras y manzanas en una búsqueda frenética por ganar mercados externos. Por ejemplo, la superficie cultivada de manzanas Red Delicius disminuyó a la mitad entre los años 1993 y 2005, y cedió su lugar a los clones, mientras que el área cultivada de pera aumentó en casi 30%[15]. La técnica de micro-aspersión, importada de Israel, es utilizada en las grandes propiedades de la región, al tiempo que las nuevas tecnologías de embalaje combinan elementos de la robótica y de la informática en el trabajo de selección y clasificación de la fruta. De ese modo, se acelera el proceso de producción y se economiza mano de obra. La atmósfera controlada ULO (*Ultra Low Oxigen*), introducida en la región en 1974, pero cuya difusión data de las décadas de 1980 y 1990, permite regular, con dispositivos informáticos, los contenidos de gas y garantizar la calidad homogénea de la fruta en la conservación durante el año entero. Cambian las combinaciones entre tierra, capital y trabajo en el Alto Valle, instalando una economía moderna y excluyente o, en otras palabras, un uso corporativo del territorio en el antiguo lugar de producción familiar.

Al mismo tiempo, ciertas porciones del territorio, hasta recientemente periféricas, pueden ser ocupadas gracias a las nuevas posibilidades técnicas. Vinculados a una corporación como McCain, los métodos de obtención de agua y de irrigación, los productos químicos para mejorar los suelos, las semillas creadas para cada tipo de región climática y edafológica, la información provista por los radares meteorológicos y satélites, además de los progresos en los transportes y telecomunicaciones han permitido, por ejemplo, el cultivo de papa. En el propio Alto Valle, las porciones desérticas y excluidas de la histórica red de irrigación, son

---

[15] Censo Nacional Agropecuario 2002 y datos de la Dirección General de Estadísticas y Censos de la Provincia de Río Negro, 2006.

incorporadas a partir del sistema de irrigación de pivote central. Verdaderos círculos de pastizales y cultivos se diseñan en el territorio, permitiendo una revolución en la productividad.

Esa reorganización de los lugares no se realiza sin una presencia dominante de las finanzas, sea a través de las instituciones financieras, sea a través de las grandes firmas. Desde los años setenta, pero mucho más en las dos décadas siguientes, se establecen numerosos bancos nacionales e internacionales, así como inversionistas inmobiliarios y financieros. En ciertos casos, las propias firmas petroleras, accionistas de grandes bancos, necesitaron de agencias regionales para concretar sus movimientos de capital. Por otro lado, la presencia de un volumen de dinero, oriundo tanto de inversiones como de salarios vinculados a las nuevas funciones energéticas, a la modernización agrícola y también a los flujos turísticos, sumada a la masa salarial no despreciable de los empleados públicos, hace atractivo el lugar para la topología de los grandes bancos que, sin mayores frenos institucionales, drenan el dinero hacia los centros mundiales. Ese drenaje se completa con la llegada de grandes redes comerciales y de servicios, nacionales e internacionales que, con alto contenido de propaganda y crédito orientado a todas las clases sociales, contribuyen al discurso de la modernidad y a un aumento del consumo aunque sin permitir la reinversión local de esa masa de dinero.

La creación de lugares turísticos

Aunque las áreas cordilleranas revelen que su aprovechamiento turístico es bastante precoz, asistimos en los días actuales a una nueva situación. El paisaje se torna un producto creado por la ciencia, con un contenido ideológico y comercializado según las más férreas leyes del mercado. Primero se crea el paisaje como imagen de propaganda y, después, se recrea como realidad material, aun cuando las variaciones climáticas obliguen, por ejemplo, a producir nieve artificial en los centros de esquí.

Los antiguos centros Catedral en Bariloche y Chapelco en San Martín de los Andes adquieren nuevos contenidos técnicos y organizacionales. Integrada a esa nueva lógica, se observa la modernización de los aeropuertos, terminales de ómnibus y estaciones lacustres para abrigar los densos flujos y disputar, con otras ciudades, las inversiones hoteleras, comerciales y de la llamada industria del entretenimiento. Ya a mediados de la década de 1980 arriban hoteles internacionales, como Edelweiss, Panamericano y, más tarde, el Club Mediterranée (que compró el tradicional Hotel Llao-Llao). En San Martín de los Andes la opción parece haber sido la de preservar el diseño original de la aldea alpina, modernizar el centro de esquí e implantar complejos, como el Chapelco Golf & Resort, asegurando una demanda restricta a grupos de alto poder adquisitivo. Por otro lado, identificamos una generación de centros de esquí propios del medio técnico-científico-informacional, como Caviahue, que nos recuerdan las palabras de Knafou[16] sobre las estaciones integradas de invierno creadas *exnihilo*. Coexistiendo con una rala población rural que sobrevive de la cría de ganado para subsistencia, un centro turístico internacional parece dibujar el nuevo rostro de Caviahue, proponiendo esquí alpino y nórdico, termas, turismo de aventura y otras actividades que buscan la productividad del tiempo libre. Los tiempos lentos de un trabajo rudimentario y los tiempos rápidos de un acontecer jerárquico[17] forman un palimpsesto en el lugar. Gracias a la apropiación privada de un paisaje, se invita a un consumo limitado al *umland* del club o del *apart-hotel*. Aquí o allí vemos suceder las modas turísticas, ayer los tiempos compartidos, hoy las estancias y los *spa*. Situaciones análogas son las de los nuevos emprendimientos y proyectos de Villa La Angostura y Villa Traful. Ese turismo "encerrado" pretende justificarse por las grandes distancias de la Patagonia y por la intención de aislarlo de las ciudades. Los nuevos centros contrastan con las ciudades turísticas de la generación[18] anterior que, al contrario, se vinculaban a la economía local. Por otro lado, en el caso neuquino, la propaganda turística gubernamental, que parece querer competir con la tan promocionada Patagonia Sur, utiliza nuevos eslóganes como "la Patagonia de los valles y los volcanes", "la Patagonia de los lagos" y "la Patagonia termal" en aquello que Bertoncello, Castro y Zusman[19] llaman construcción de la atractividad.

---

[16] Knafou, Rémy, "L' invention du tourisme". En: Bailly, Antoine, Robert Ferras y Denise Pumain, *Encyclopédie de Géographie*, París : Economica, 1992, 862.

[17] Santos, Milton, *A natureza do espaço. Técnica e Tempo. Razão e Emoção*, San Pablo: Hucitec 1996, 132. El acontecer solidario puede ser definido como la realización compulsiva de tareas comunes, aunque el proyecto no sea común. Ese acontecer se presenta bajo tres formas en el territorio actual: homólogo (cuando se trata de la misma producción en el campo o en la ciudad), complementario (cuando hay interdependencia entre tareas diferentes como en las relaciones interurbanas) y jerárquico (resulta de órdenes y de informaciones que provienen de un lugar y se realizan como trabajo en otro).

[18] Santos, Milton, *Les Villes du Tiers Monde*. Ed. Genin-Lib, París: Techniques, 1971. Grupo de ciudades nacidas en la misma época.

[19] Bertoncello, Rodolfo; Hortensia Castro y Perla Zusman, "Turismo Y Patrimonio: Una Relación Puesta En Cuestión", En: Bertoncello, Rodolfo y Ana Fani Carlos (comp.), *Procesos territoriales en Argentina y Brasil*, Buenos Aires: Instituto de Geografía, Facultad de Filosofía y Letras, Universidad de Buenos Aires, 2003, 281. Para estos autores, un elemento o proceso natural pasa a ser atractivo a partir de su valorización por y para la práctica turística.

Por otra parte, cuando la producción de lugares turísticos parece un mandamiento del período y la salvación de las economías en crisis, nuevas áreas son incorporadas. Se promociona, hoy, en el Alto Valle, la "Ruta del vino, manzanas y dinosaurios", convocando a explotar los hallazgos paleontológicos de la Villa El Chocón, la fruticultura modernizada y las nuevas bodegas de San Patricio del Chañar.

Información, circulación y consumo

El progreso técnico de los medios de comunicación de masas participa, entre otros aspectos, del torrente de información banal en los lugares. Aunque destinada a diversos tipos de producción, esa información alimenta la vocación de consumo no solo de objetos, sino también de bienes inmateriales, crecientemente privatizados, como la educación, la salud, la cultura y el esparcimiento. La velocidad de difusión y densificación de la televisión por cable y por satélite, la edición de diarios y revistas y, ciertamente, el uso de Internet ponen de manifiesto la vocación de los lugares por albergar el mundo y la metrópolis. Aunque aumenta la información nacional y mundial, un cotidiano ajeno al espacio de la co-presencia[20] invade el cotidiano regional. Entretanto el reverso de la medalla muestra que, en virtud de las inquietudes sociales, políticas y económicas locales y de las posibilidades de aquello que Gaudin[21] llamó de técnicas dulces, se multiplica el número de periódicos y emisoras regionales.

Las innovaciones técnicas, el trabajo científico y la tensión permanente entre concentración y desconcentración empresarial convergen para permitir una separación geográfica de las parcelas del trabajo. Necesariamente aumenta la circulación de objetos y mercaderías, personas, ideas y órdenes, como resultado de la especialización del trabajo en los lugares y de la expansión de los escenarios de negociación.

La refuncionalización de la red ferroviaria pone en jaque el sistema de ciudades surgido como apoyo técnico en períodos anteriores, que resulta ajeno a las nuevas necesidades de circulación. La modernización de las vías férreas se limita a las áreas valorizadas en la actual división del

---

[20] Giddens, Anthony, *La constitution de la societé*, París: Presses Universitaires de France, 1987; Santos, Milton, *A natureza do espaço. Técnica e Tempo. Razão e Emoção*, San Pablo: Hucitec, 1996. Werlen, Benno, *Society, action and space: an alternative human geography*, Londres: Routledge, 1993.

[21] Gaudin, Thierry, *Economia cognitiva*, San Pablo: Beca 1999. Diferentes de las técnicas rígidas y de los sistemas integrados inflexibles, las técnicas dulces o blandas permiten combinaciones según los conocimientos y la imaginación de quien las utiliza.

trabajo, en el momento en que un discurso sobre la rentabilidad de los ramales viene a legitimar las políticas territorialmente selectivas. Por otra parte, el gobierno neuquino insiste en la construcción del Ferrocarril Trasandino, que haría posible la integración con Chile.

No obstante, ese mapa presenta zonas opacas, diseñadas por las velocidades lentas de algunos flujos que no mueren. Es el caso de la compra, por parte de los Estados provinciales, de aquellos trechos ferroviarios "repulsivos" a los capitales hegemónicos. En esos espacios de circulación, el Estado provincial parece buscar, entre otras cosas, la supervivencia de algunos villorrios bucólicos, propios de una división territorial del trabajo pretérita y donde el cotidiano continúa desarrollándose en velocidades más lentas. La antítesis del fenómeno es la multiplicación de los flujos aéreos entre la metrópolis y el área andina, esto es, una circulación rápida que sobrepasa las desinteligencias técnicas de ese territorio letárgico.

La línea Bahía Blanca-Zapala, comprada por el consorcio Ferrosur, fue destinada al transporte de insumos y productos de la industria de cemento Loma Negra y de la producción frutícola de esa firma. Se consolida la división territorial interna del trabajo y una de sus manifestaciones es el vaciamiento de funciones de las paradas intermedias. El reverso del proceso es la intensificación del transporte automotor de pasajeros y cargas, repartidos entre un puñado de oligopolios.

La construcción del puerto de San Antonio Este y el establecimiento de normas de fomento de la exportación redimensionaron los flujos de productos hacia Europa y otros mercados del frente atlántico. Sucediendo al antiguo puerto de San Antonio Oeste, ese nuevo puerto, especializado en el comercio de frutas frescas, permite abrigar navíos de grandes dimensiones y desarrollar una velocidad de carga y descarga acorde con las necesidades actuales. Se trata de un moderno sistema de objetos, construido en aguas profundas, que reúne las ventajas ya señaladas por Célérier[22] para las cuencas de mareas, es decir, una accesibilidad constante, la eliminación de tiempos muertos en alta mar y un abrigo permanente para los navíos.

La utilización creciente de taxis aéreos y *jets*, que permiten a las empresas una mayor flexibilidad, densifica el espacio de flujos y promueve la separación espacial de las instancias de producción y gestión. Como posibilidad de fluidez y aceleración, los *jets* expresan, también, la impaciencia de los capitales frente al ritmo del proceso de modernización material del territorio. A partir de la llamada desregulación de los trans-

---

[22] Célérier, Pierre, *Os portos marítimos*, San Pablo: Difusão Européia do Livro, 1962, 22-23.

portes aéreos, se reestructuran las compañías de tránsito centrífugo al tiempo que nacen empresas con nuevas formas de organización y menores costos orientadas a segmentos específicos. Aunque efímero, ese movimiento de aumento de rutas y frecuencias acaba por ser recurrente, impulsado por las exigencias de las necesidades energéticas y de la agricultura moderna. La comunicación con Buenos Aires alcanzó a fines de la década de 1990 una densidad hasta entonces desconocida, y recientemente varias empresas han solicitado autorización para trechos intraregionales e interregionales. De forma más o menos intermitente, una guerra de tarifas ha tenido lugar, evidenciando la sensibilidad de buena parte de las empresas e individuos que, ante pequeñas variaciones de precios, retornan al transporte automotor para unificar, aunque en velocidades más lentas, las etapas de una producción territorialmente segmentada.

Las normas del poder público y los discursos

A partir de la reforma del Estado, las firmas hegemónicas pasan a comandar sectores importantes de la economía como petróleo, gas, hidroelectricidad, energía nuclear, telecomunicaciones, informática, transportes aéreos y terrestres, rutas y vías férreas, siderurgia, finanzas y turismo. Los límites reguladores que constituyen barreras para la acumulación son, así, derribados y los campos económicos que emergen son transitados con éxito por los agentes pioneros[23]. Privatizaciones y reformas de la administración pública dan origen a múltiples organizaciones, cuyo papel es ejecutar las acciones pragmáticas y codificadas propias de la modernidad actual. Así, la lógica del mercado global impregna las normas nacionales e inclina la balanza más hacia una cooperación entre grandes firmas y Estado y menos hacia una disputa. Por ejemplo, el discurso estatal de la quiebra del monopolio del gas contrasta con la realidad de los nuevos monopolios territoriales, ya que en cada región no existía sino una firma distribuidora. En ese nuevo mapa, la empresa Transportadora de Gas del Sur era responsable del servicio en la Patagonia. Cabe mencionar que después del año 2000, se profundiza la apertura y los mercados de gas y energía comienzan a funcionar como el mercado bursátil, es decir, la compra de los insumos básicos para la industria se vuelve rehén de oscilaciones diarias. Sin embargo, esa dinámica mercantil permanece en manos de un pequeño grupo de grandes empresas.

---

[23] Leyshon, Andrew, "The Transformation of Regulatory Order: Regulating the Global Economy and Environment", *Geoforum*, 23, 3, 1992, 251.

A ese proceso de oligopolización de la economía y el territorio se agregó, en la década de los noventa, la división política de la Patagonia en norte y sur. De ese modo, la primera pierde las exenciones y ventajas tarifarias porque, considerada ya desarrollada, dispensaría la ayuda estatal. Desprovista de ventajas fiscales, la Patagonia Norte aumenta su densidad normativa[24] porque es arrojada a las leyes del mercado, y así el territorio se convierte en una verdadera arena, donde las firmas compiten según su fuerza.

La circulación fluida es un objetivo fundamental del modelo territorial en marcha. Por ello, el almacenaje y la distribución de productos agropecuarios adquieren nueva regulación en los noventa. Se crean mercados concentradores secundarios, en las cercanías de los valles agrícolas, que posibilitan una descentralización del Mercado Central de Buenos Aires y una mayor racionalidad para la salida por los puertos. Es el caso, entre otros, del mercado concentrador de frutas y verduras de Centenario. El modelo se completa con la implantación de aduanas fitosanitarias, como la de Villa Regina, que procuran garantizar la calidad de los productos, impedir la propagación de plagas y anticipar los trámites aduaneros de los puertos. En los valles agrícolas, el fermento de la sincronización existía desde tiempos pretéritos, cuando las prácticas cotidianas tendían a unificar las labores a partir de un conocimiento empírico. Sin embargo, la exactitud científica, un dato del período actual, impone un calendario y un único ritmo al trabajo agrícola. Es un compás que origina la simultaneidad de los flujos y la homogeneidad en la constitución de los fijos.

A pesar de la relativa rigidez de los factores técnicos de localización, hoy la teleacción[25] permite cierta flexibilidad en la localización del comando político y, con frecuencia, técnico de las producciones. De este modo, a través de las nuevas acciones remotas, se normaliza y se regula el sistema de objetos, superando las dificultades de las escalas de tiempo regionales e inclusive nacionales. Las grandes corporaciones petroleras, las consultoras y algunas constructoras internacionales, localizadas en las ciudades mundiales y con bases intermediarias en Buenos Aires, operan directamente en los puntos de proyectos y explotación. Al mismo tiempo en que la división del trabajo de servicios contribuye para aumentar la

---

[24] Silveira, María Laura, "Concretude territorial, regulação e densidade normativa", *Experimental*, 2, 1997, 35-45. Aumento de normas que favorecen la globalización y la acción de corporaciones.

[25] Moles, Abraham, "Phénoménologie de l' action". En: *Les sciences de l' action*, París: CEPL, 1974. Acción a distancia.

urbanización y la primacía de las metrópolis en el territorio, la cooperación promueve la constitución de redes de servicios y la densificación del espacio de flujos.

El aumento de los consumos inmateriales y la necesidad de una población letrada no se hacen esperar. Crece el número de alumnos en la Universidad Nacional del Comahue y, al mismo tiempo, se instalan en la región instituciones privadas de enseñanza superior. Hoy, esa universidad cuenta con una población de alrededor de 30 mil alumnos y con una oferta de cincuenta cursos de grado[26]. Diversas universidades públicas, seducidas por la modernización material y organizacional, sucumben a la tentación de copiar la sistematización de los nuevos conocimientos. Solidaridades organizacionales largamente difundidas en el mundo, las alianzas entre universidades y empresas asumen relevancia en la calificación profesional de la región. Es a través de ese *feedback* que las firmas participan de la construcción de los contenidos de las carreras y de la elección de los temas de investigación. La multiplicidad de cursos de postgrado parcializados, pragmáticos y orientados a los negocios participa de la formación de una nueva burocracia público-privada y refuerza el valor del saber segmentado.

El conjunto de servicios descriptos podría ser denominado hegemónico en tanto implica actividades propias del circuito superior de la economía urbana. No obstante, en el seno del circuito superior marginal[27] se desarrollan otros, los servicios *intersticiales*, hoy intensificados por las políticas de dimisión de cuadros medios y de externalización en las empresas. Se verifica una profusión de servicios banales, como limpieza, seguridad, taxis y locutorios, y de servicios más calificados vinculados a la concepción y propaganda, a la contabilidad y a la técnica. Los propios servicios hegemónicos entretejen funcionalidades con los servicios intersticiales. Así, la división del trabajo se vuelve más espesa y densa y establece una pluralidad de formas de cooperación.

Ese nuevo orden no se realiza sin la difusión de un discurso convincente. Con "imágenes creadoras del territorio", para utilizar una expresión de Sénécal[28], ese discurso busca presentar los objetos de forma aislada, impidiendo descubrir sus verdaderas racionalidades y sus vinculaciones fuera de la región o del país. Represas, rutas, conductos y refine-

---

[26] Datos de la Universidad Nacional del Comahue y del Ministerio de Educación.

[27] Santos, Milton, *L'Espace Partagé. Les deux circuits de l'économie urbaine des pays sous-développés*, París: M.-Th. Génin, Librairies Techniques, 1975, 96-97.

[28] Sénécal, G., "Aspects de l'imaginaire spatial: identité ou fin des territoires?", *Annales de Géographie,* 563, 1992, 40.

rías, áreas agrícolas modernas, hoteles, *spa* y pistas de esquí son, entre otros, los objetos que colonizan las frases y enmascaran la dinámica de la modernización contemporánea.

Las nuevas acciones también precisan de un discurso para que sean legítimas, repetidas y multiplicadas. A pesar de las regalías obtenidas por la explotación de petróleo y gas que dan un contenido específico a la política en Neuquén, el discurso enfatiza la idea de falta de federalismo y dependencia de la metrópolis, sin despreciar los elementos simbólicos asociados al patrimonio de los recursos naturales no-renovables del Estado provincial. Impregnados de datos científico-técnicos sobre reservas y niveles de explotación, el discurso exalta que el gas exportado proviene de reservorios secundarios hasta ahora inexplorados. Más recientemente, la forestación, realizada por la cooperación entre el segmento provincial del Estado y grandes corporaciones como Repsol-YPF, se acompaña de un discurso regionalista sobre el desarrollo sostenible[29].

Dinámicas urbanas contemporáneas

Es innegable que, de un modo o de otro, todas las ciudades de la Patagonia Norte viven un proceso de modernización. Propias de otras generaciones, las ciudades más importantes de la jerarquía urbana regional aumentan su participación en la globalización a través de la movilidad de los trabajadores, de los nuevos papeles productivos, de la difusión del consumo, de la demanda de ofertas educativas y de un relativo vaciamiento del campo que les atribuye también un carácter de refugio de migraciones temporarias y permanentes. Contingentes golondrina del Noroeste y del Nordeste argentinos, de Chile y de Bolivia son empleados estacionalmente en la agricultura moderna de los valles. A menudo los extranjeros ingresan como turistas y después permanecen en forma ilegal. Las empresas contratan a los indocumentados, pues los costos de esa fuerza de trabajo, incapacitada para reivindicar sus derechos del trabajo, es mucho menor. La colectividad boliviana se dedica al cultivo de verduras y hortalizas, pero el grupo más numeroso de extranjeros continúa siendo el de los chilenos. Por un lado, las normas del Estado procuran cerrar las fronteras al ingreso de fuerza de trabajo y, por otro, las fuerzas del mercado acogen trabajadores con menor capacidad de confrontación política.

---

[29] Martínez, María Nélida, "Integración y círculos de cooperación de la actividad forestal en la Provincia de Neuquén". En: *III Jornadas Interdepartamentales de Geografía*, Tucumán: Universidad Nacional de Tucumán, Facultad de Filosofía y Letras, Departamento de Geografía, 2004, CD-R.

En un contexto de desocupación, la región aparece, relativamente, como un polo de actividades capaces de crear trabajo. Las funciones agrícolas, la construcción, el turismo, algunos segmentos de la energía y, en forma decreciente, el Estado ofrecen oportunidades temporarias de trabajo para una población de baja calificación. Al mismo tiempo, esas mismas funciones regionales demandan trabajadores calificados para apoyo técnico y político pero, en el marco de la neo-regulación, no se obligan a vínculos ocupacionales. Los dos circuitos de la economía urbana se hacen más evidentes.

Mientras que una parte de la investigación, coordinación y previsión se desarrolla básicamente en Neuquén, pero también en Bariloche, General Roca y Cipolletti, nuevas ciudades medias y locales abrigan los traspasos indispensables a un control remoto y globalizado de las actividades hegemónicas. Parte de la población que participa de esa división del trabajo procede de las metrópolis nacionales y del extranjero, modificando un tejido social dominado por las burguesías regionales e imponiendo nuevos consumos y una nueva vida de relaciones. Sin embargo, su coexistencia con la pobreza urbana y con los inmigrantes pobres del interior de ambas provincias debe ser señalada. En cualquier caso, el carácter del proceso de urbanización concentrada es su celeridad. Por ejemplo, mientras la conurbación Neuquén-Plottier-Cipolletti creció, en el período 1980-1991, en 105.145 habitantes, equivalente a 76%, otras ciudades medias, como San Carlos de Bariloche y General Roca, crecieron 58,7% y 40,5% respectivamente. El siguiente período intercensal revela una desaceleración significativa en el crecimiento urbano de esos centros: 19%, 15% y 12,5% respectivamente. La población total de la Patagonia Norte crece más que el promedio nacional y menos que el conjunto de la Patagonia (14,6%, 11,1% y 17,2% respectivamente). Esa disminución está determinada por la evolución demográfica de Río Negro, pues Neuquén continúa aumentando el contingente total y urbano a velocidades mayores que las del país. Por ejemplo, la población urbana de la provincia de Neuquén creció 25% en cuanto la población urbana de Argentina aumentó cerca de 14% en el mencionado período 1991-2001[30].

Una misma lógica crea las demandas de viajes, comunicaciones y consumos en general. Las empresas y el Estado modernizado diseñan una jerarquía urbana corporativa. Núcleos urbanos específicos y rígidos nacen siguiendo la velocidad demandada por los agentes hegemónicos que

---

[30] INDEC. Censos Nacionales de Población y Vivienda, 1980, 1991, 2001.

comandan los diversos sectores de la economía. Esas pequeñas ciudades adquieren más *status* en la jerarquía urbana mundial que una capital de provincia. Cuanto más pura es la temporalidad hegemónica en una ciudad, mayor es su jerarquía, pues los tiempos subalternos son desinteligencias sometidas al imperativo de fluidez del sistema urbano. Por ejemplo, las corporaciones de Houston y Buenos Aires privilegian las vinculaciones con Rincón de los Sauces y exigen del Estado los equipamientos necesarios a la explotación. Paralelamente, las ciudades gemelas de Plaza Huincul y Cutral Co, propias de otra generación, pierden jerarquía porque varias firmas globales se retiraron junto con una buena parcela de los equipamientos. En ellas el Estado crea menos geografía, hay menos empleo e información y los sistemas organizacionales son más rígidos. Es, sobre todo, corporativa una jerarquía urbana que se modifica conforme al traslado de las firmas globales. Recientemente, la llegada de Petrobras parece dotar de nuevo dinamismo a esas ciudades gemelas.

De algún modo, antes de los años noventa, los segmentos provincial y nacional del Estado establecían, de hecho, parámetros de trabajo, financieros y productivos en la sociedad local, a la vez que tenían vigor suficiente para contrabalancear el mercado creando empleos, subsidiando actividades y áreas menos favorecidas. Hoy, al contrario, el acontecer jerárquico se revela en los imperativos de privatización, de reducción de estructuras del Estado, de eliminación de exenciones y compensaciones sectoriales y territoriales a agentes no hegemónicos. Sin embargo, a pesar de su cuño homogeneizador, el orden global no obtiene sino respuestas múltiples de los Estados provinciales y de las sociedades locales en razón de la diversidad de la historia jurídica, económica, política y cultural de los lugares. Así es el territorio como norma: su concreción histórica se impone como un dato local a la globalización.

Por otro lado, el Estado provincial se enfrenta a la contradicción de regular un territorio rico en recursos, como petróleo y gas, pero cuya industrialización le resulta ajena. Simultáneamente, negocia con grandes corporaciones, como Repsol-YPF, a la cual le facilita el uso del territorio y la apropiación de excedentes provenientes de los recursos naturales.

De allí la conflictividad en el espacio contiguo de la Patagonia Norte que se completa con el actual proceso de modernización agrícola. Asistimos a la sustitución de una división territorial del trabajo por otra. Los vestigios de una producción familiar y de pequeñas empresas son absorbidos o aniquilados por un orden económico y territorial nuevo, en el cual las escalas de comercialización y de producción son definidas por las grandes corporaciones que acorralan a los pequeños productores. El poder público parece adoptar las relaciones implacables de una economía globalizada y, cuando intenta aplicar medidas compensatorias, lo hace erróneamente, porque no considera las variables determinantes del período. Varios intentos de fortalecer la organicidad de las relaciones entre pequeñas empresas y productores acabaron frustrados. La elaboración y difusión de informaciones meteorológicas, técnicas, organizacionales y jurídicas por parte de asociaciones y, en menor medida del Estado, buscaron formar una comunidad agrícola, fundada en los consumos productivos comunes. Sin embargo, esas acciones parecen haber sido insuficientes ante la fuerza y la escala de los nuevos actores.

En todo caso, esa producción no se desarrolla sin la presencia de actividades complementarias urbanas. De allí la interdependencia, tan relevante en el Alto Valle, entre un acontecer homólogo y un acontecer complementario[31] o, en otras palabras, una trama de solidaridades entre ciudades que renueva los contenidos de la red urbana.

La vocación de consumo, creada anticipadamente en los turistas, lleva también a una profusión de terciarios modernos en Bariloche: hoteles, restaurantes y cafés, agencias de viajes, alquiler de automóviles, transporte individual y colectivo, terrestre y lacustre y otros servicios. Por su oferta de trabajo y por mejores condiciones de sus sistemas de salud y de educación, la ciudad atrae migraciones rurales y de pequeños centros urbanos vecinos. Se crea, así, una cara opaca en la ciudad, que contrasta con la cara luminosa del patrimonio arquitectónico y del turismo internacional.

En Neuquén, ciudad de encrucijada de la expansión del medio técnico-científico-informacional, infraestructuras y edificios modernos colonizan el centro de la ciudad, delimitan un área de gestión y finanzas, integrada por sucursales de un número importante de bancos globales y nacionales, oficinas de constructoras y firmas hegemónicas del petróleo, empresas regionales e instancias del gobierno provincial y municipal, que comparten el espacio banal de un trabajo colectivo. No muy lejos de allí, multiplícanse los barrios de construcción pública popular, las ocupaciones y las villas miseria.

Si la Nordpatagonia no fue ajena al proceso de privatizaciones de la Argentina del final del siglo XX, las manifestaciones no se limitaron al llamado sector primario de la economía. Hubo una privatización de la vida urbana. La falta de equipamientos colectivos se agravó aún más ante una población que crecía rápidamente. Un sistema social enyesado, sumado a una intensa propaganda mercantil y pública, fue el detonante de

---

[31] Santos, Milton, *A natureza do espaço. Técnica e Tempo. Razão e Emoção*, 131-133. Ver nota 13.

la búsqueda de soluciones individuales en las clases medias, tantas veces obnubiladas con la pretendida estabilidad de la economía. Demandas de educación, salud, transporte y esparcimiento encontraban su respuesta en el mercado que, en consecuencia, no paraba de crecer y diversificarse, aumentando la sensación de modernidad y sofisticación de los consumos. La privatización de lugares públicos, como las costas de ríos, de lagos artificiales y de los lagos andinos, a partir de la venta de tierras a particulares, a empresas desarrolladoras de barrios privados o la instalación de clubes hicieron del esparcimiento una mercadería. Cómprase el derecho de entrar en tales áreas o se construye una piscina en casa, agravando la ya injusta distribución de los bienes universales, en ciudades donde barrios enteros permanecen muchas veces sin agua. Un transporte público deteriorado, ineficiente y caro en ciudades intermedias bastante expandidas somete a la población a cierto inmovilismo. El reverso de la medalla es una alta motorización particular, creadora de exclusión y demandante de obras viales. Por otra parte, ciudades como Neuquén o Bariloche son sometidas a remodelaciones urbanísticas cuyo aire de familia es reconocido. Plazas y parques, costaneras, centros comerciales que buscan imitar, en pequeña escala, ciertas porciones modernas de las metrópolis nacionales o extranjeras.

Entretanto, la idea de la modernización inevitable se enseñorea de buena parte del trabajo colectivo. Un cierto discurso identifica inequívocamente el progreso regional con la llegada de los nuevos objetos materiales. Se crea, así, una fluidez ideológica y política gracias a una menor fricción entre la dinámica técnica de escala mundial y la dinámica social de escala regional. Un Estado preocupado con políticas de socialización capitalista ofrece como resultado una privatización de los lugares.

Hoy, más que nunca, los lugares se tornan un palimpsesto de acciones. Estaríamos, de este modo, delante de una estructura del territorio nacional constituida por lugares modernizados, vinculados a las redes mundiales de la división territorial del trabajo, y por lugares opacos, que abrigan los datos de una división territorial del trabajo pretérita. Áreas de agricultura y ganadería modernas, puntos de turismo internacional, de la explotación petrolífera, gasífera, hidroeléctrica y segmentos modernos del espacio urbano retratan el medio *técnico-científico-informacional*. No obstante, como en una pintura impresionista, las sombras también aparecen en el cuadro: aquellos sistemas de ingeniería envejecidos, destinados a la agricultura y a la cría de ganado menos valorizada o de subsistencia, a las industrias obsoletas y al comercio de subsistencia o, en otras palabras, el circuito inferior de la economía.

Territorialidades en movimiento: desplazamientos y reconfiguraciones territoriales ante las inversiones extranjeras en ámbitos de fronteras

Cristina Hevilla
Matías Molina

Introducción

La articulación de algunos conceptos básicos guían la propuesta de este capítulo: territorio, lugar y frontera. Ante la complejidad de dichas nociones adoptamos definiciones que resultan necesarias como punto de partida. Pensamos que las relaciones políticas, culturales, sociales y económicas de las esferas local, regional, nacional e internacional se asocian constantemente a dinámicas, que en palabras de Rogerio Haesbaert[1], implican procesos de desterritorialización y re-territorialización. Este autor expresa que la desterritorialización está vinculada a una noción de territorio[2] al mismo tiempo como dominación político-económica (sentido funcional) y a una apropiación o identificación cultural (sentido simbólico), reconociendo que todo proceso de desterritorialización está además asociado a un proceso de re-territorialización[3]. Todas estas transfor-

---

[1] Haesbaert, Rogério, *O Mito da desterritorialização: do "fim dos territórios" à multirretirritorialidade*, Río de Janeiro: Bertrand, 2004.
[2] Entendido el territorio en un sentido amplio, mutidimensional y multiescalar, jamás restringido a un espacio uniescalar como el Estado nación, no implica menospreciar sus especificidades geohistóricas, su diferenciación de acuerdo con los contextos históricos y geográficos en que es producido. Haesbaert, R., *O Mito da desterritorialização*, 96.
[3] Haesbaert, R., *O Mito da desterritorialização*, 312.

maciones, producto de las relaciones entre lo local, regional, nacional e internacional, no son de carácter unívoco ni unidireccional, sino que se trata de cambios complejos que recrean permanentemente el mundo y los lugares. "Cambia el mundo y al mismo tiempo cambian los lugares, (pues) los acontecimientos llevan a cabo esa vinculación entre los lugares y una historia en movimiento" [4].

Siguiendo la acepción que le otorga John Agnew[5] se entiende el lugar como el ámbito donde se entretejen las relaciones sociales (locale), el área geográfica en que se produce esta interacción (localización) y los procesos de identificación generados a partir del mismo (sentido de lugar). A su vez, procesos externos participan en la construcción de los mundos sociales locales.

A partir de estas consideraciones iniciales, es nuestra intención acercarnos a los procesos de desterritorialización y reterritorialización que están, actualmente, recreando la frontera en el Departamento de Iglesia, en San Juan (Argentina). En este caso, si consideramos que el lugar es producto de múltiples prácticas, entonces la frontera es un lugar construido por acciones específicas que lo convierten en un ámbito de hibridez[6], es decir, en un sitio de encuentro y desencuentro de múltiples dinámicas de numerosos agentes que actúan a diferentes escalas[7].

En un contexto en el que los procesos de integración y el discurso del fin de las fronteras ocupan un lugar privilegiado en la agenda política, el estudio de los valles cordilleranos y sus especificidades revitalizan la discusión sobre las fronteras y nos permiten intentar nuevos enfoques.

Para lograr nuestro objetivo realizamos un estudio cualitativo, a partir de técnicas de análisis documental y de entrevistas en profundidad. Los agentes entrevistados, pertenecientes a actividades específicas, son baquianos, mineros, emprendedores turísticos y funcionarios del gobierno. A través de sus relatos, recuperamos algunos trayectos históricos y sentidos cotidianos e identitarios, que luego cruzamos con las definiciones parciales de lugar expresadas por la prensa argentina y chilena. Nuestro

---

[4] Santos, Milton, *De la totalidad al Lugar*, Barcelona: Oikos-Tau, 1996,143.

[5] Agnew, John, *Place and Politics: The Geographical mediation of state and society*, Winchester: Allen & Unwin, 1987.

[6] Zusman, Perla, "¿Nuevas y viejas frontera, nuevos y viejos encuentros y desencuentros?". En *Scripta Nova. Revista electrónica de Geografía y Ciencias Sociales*. 59-60, 2000; Barros, Claudia y Perla Zusman, "Hybridity and the constitution of places". En Goggin J. y S. Neef (eds.), *Travelling concepts I: Text, Subjectivity and Hybridity*, Amsterdam: ASCA, 2000, 36-248.

[7] Hevilla, Cristina, *La configuración de la frontera centro oeste en el proceso de constitución del Estado argentino (1850-1902)*, tesis doctoral. Barcelona: Universidad de Barcelona, 2001.

análisis de las entrevistas estuvo centrado en conocer cómo constituyen, desde la subjetividad, esta frontera y cómo conforman en su imaginario a los "otros" (esos otros que viven en el lugar, los del otro lado de la frontera y los que están de paso). Todas estas narraciones nos permitieron vislumbrar las multiterritorialidades que construyen el lugar de la frontera.

En un análisis inicial, encontramos que los discursos de estos agentes sociales asumen posturas diferentes y, algunas veces, hasta antagónicas respecto a la apropiación y al uso del ámbito geográfico en estudio[8]. Sus prácticas relacionadas con la agricultura, la montaña o el lago, "estrían"[9] de manera diversa el lugar. En términos de Bourdieu, podríamos decir que hay un sistema de relaciones que vincula a los agentes de las actividades mencionadas con intereses antagónicos, pero sobre todo con un interés común, un capital respecto del cual actúan todos ellos y que constituye "una complicidad objetiva que subyace en todos los antagonismos"[10] y sobre la cual se constituyen no solo las posiciones enfrentadas[11] sino también los acuerdos. En otros términos, diríamos que las actividades agrícola-ganaderas, mineras y turísticas son prácticas a la vez vinculadas y enfrentadas entre sí. Todas ellas participan en la construcción de las relaciones y las afinidades identitarias que definen "el lugar"[12]. El hacer de los mineros, de los turistas o de los agricultores, por ejemplo, configura imaginarios que objetivan e identifican "la minería de Iglesia", "el turismo de Iglesia" y "la agricultura de Iglesia" (y no de otros lugares). De ahí que sea nuestra intención hacer un análisis del ámbito de estudio, no como un simple *contenedor* de acciones, sino como un *capital en común* que está permanentemente relacionando con todos los agentes sociales a pesar de sus eventuales acuerdos o diferencias. Es

---

[8] Esa necesidad territorial o de control y apropiación del espacio puede entenderse, según Haesbaert, "desde un nivel más físico o biológico (en cuanto se trata de seres con necesidades básicas como el agua, aire, alimento, abrigo para reposar) hasta un nivel más inmaterial o simbólico (en cuanto se trata de seres dotados de un poder de representación y de imaginación, que en todo instante re-significan o se apropian simbólicamente de su medio)", quedando incluidas en esta aproximación al territorio "todas las distinciones de clase socioeconómica, género, grupo etário, etnia, religión, etc.". Haesbaert, R., *O Mito da desterritorialização*, 340.

[9] Deleuze, Gilles y Félix Guattari, *Mil Mesetas. Capitalismo y esquizofrenia*, Valencia: Ed. Pretextos,1994.

[10] Bourdieu, Pierre y Lois Wacquant, *Respuestas por una antropología reflexiva*, México: Grijalbo, 1995,115.

[11] García Canclini, Néstor, *Diferentes, desiguales, desconectados. Mapas de la Interculturalidad*, Buenos Aires: Gedisa, 2004, 61, Grimson, Alejandro, *Interculturalidad y comunicación*, Colombia: Norma, 2001,127.

[12] Agnew, John, *Place and Politics*.

entonces desde esta perspectiva que analizamos tres sentidos predominantes en los discursos de los entrevistados: Iglesia como el lugar de las riquezas, Iglesia como lugar turístico y, entramado a las definiciones anteriores, el sentido del lugar de frontera. En cada uno de estos sentidos buscamos las diferentes centralidades y valorizaciones (aceptaciones, resistencias, oposiciones) que los agentes hacen de Iglesia y las consecuentes desterritorializaciones o re-territorializaciones que estas semantizaciones evidencian y construyen.

Iglesia como el lugar de las riquezas

La frontera oeste de la provincia de San Juan (Argentina) –en general– y el Departamento de Iglesia –en particular– aparecen hoy, desde las prácticas y los discursos hegemónicos, como el lugar de las riquezas, ideal para las inversiones mineras de capital extranjero. Esto sólo ha sido posible a partir de la existencia de diferentes acontecimientos relacionados, entre los que se destacan: un nuevo marco legislativo en Argentina para la actividad minera, el resurgimiento de la importancia del oro en los sistemas financieros nacionales e internacionales y la concreción de tratados de integración entre Chile y la Argentina. Estos acontecimientos se vinculan en una red (local y global) que involucra y afecta al Departamento de Iglesia, dándole una nueva centralidad en la escala provincial.

Las redes globales y la reterritorialización del lugar

La nueva legislación, promovida por el gobierno nacional desde la década de los noventa, permitió la inversión de empresas multinacionales, en el marco de leyes que les ofrecían beneficios y excepciones impositivas. Por ejemplo: la Ley Nacional 24196/93 de inversiones mineras[13] establece la estabilidad fiscal por treinta años y otorga exenciones sobre algunos gravámenes; la Ley Nacional 24224/93 de reordenamiento minero dispone la ejecución de cartas geológicas de todo el territorio nacional, a fin de inventariar "los recursos naturales no renovables, estimular las inversiones y asentamientos poblacionales en las áreas de frontera"; la Ley Nacional 24227/93 crea en el ámbito del Congreso de la Nación, una comisión bicameral de minería; la Ley Nacional 24228/93 establece un *acuerdo federal minero* entre la nación y las provincias y, finalmente, la Ley Nacional 24402/94 estipula el financiamiento para el

---

[13] Esta ley fue modificada en alguno de sus artículos por la Ley 25429 de mayo de 2001.

pago del impuesto al valor agregado (IVA) en actividades vinculadas a la explotación minera.

A este marco legal se le suma la revalorización del oro en el mercado mundial. De acuerdo a revistas especializadas en minería, esto se debe, primero, a que la mayoría de los bancos centrales siguen manteniendo sus reservas en oro como fuente de respaldo y seguro contra las incertidumbres económicas y políticas, siendo, además, un símbolo de solvencia nacional. Segundo, en la actualidad han aparecido nuevas formas de uso del oro como instrumento de financiamiento, por ejemplo, en ventas a plazo y préstamos oro. Esto último constituye el método más barato para obtener financiamiento, generalmente utilizado por las propias compañías mineras[14].

Finalmente y complementando el marco legal y el resurgimiento de la importancia del oro, se concretó el Tratado de Integración Minera suscripto entre Chile y Argentina (1997), con un Protocolo Adicional (1999). Estos tienen por objetivo asegurar el aprovechamiento conjunto de los recursos mineros que se encuentren en las zonas fronterizas de ambas naciones, facilitando el "tránsito de los equipamientos, servicios mineros y personal adecuado a través de la frontera común"[15] y protegiendo todas las actividades vinculadas al negocio minero. En estos acuerdos, se reconoce que, de generarse inversiones en las zonas fronterizas, se ampliará el proceso de integración bilateral[16]. A pesar de que todos estos acuerdos y tratados no fueron decididos en Iglesia, en todos los casos, han afectado el departamento. Diríamos que estos hechos están ciertamente vinculados en redes "que se extienden tanto en el tiempo, como en el espacio" y que deben ser consideradas como un "elemento constituyente de todo proceso de territorialización"[17]. Iglesia se convierte en la oportunidad de realización de esa red de acontecimientos globales. De ahí que sea hoy posible la materialización de dos megaemprendimientos mineros: Vela-

---

[14] IV Seminario Internacional Argentina Oro. Informe Especial: "La minería mundial del oro", *Panorama Minero*, 2002, http://www.panoramaminero.com.ar/oro.doc.

[15] Considerandos de la Ley Nacional 25243 que aprueba el Tratado de Integración Minera y el Protocolo Adicional con Chile, sancionada y promulgada en 2000. Entrevista a Andrea Turel, Secretaría de Minería de la Nación, Buenos Aires, diciembre de 2004

[16] En julio de 2005 revistas electrónicas de minería chilenas expresan: "Se ha avanzado en el tratamiento de la nueva figura que impulsó el organismo minero argentino, de protocolos específicos para proyectos de exploración de yacimientos en zona de frontera". "Protocolo para Pascua Lama y otro para El Pachón", *Portal Minero*, 28 de Julio de 2005. http://www.portalminero.cl. Sobre el Pachón ver también información en "Alianza Aysen", Chile, 16 de setiembre de 2004, http://www.sociedadcivil.cl.

[17] Haesbaert, R., *O Mito da desterritorialização*, 283.

dero y Pascua-Lama. El lugar se construye finalmente, con aceptaciones o resistencias, a partir de su incorporación a la red del amplio mundo al participar de esos flujos que dejan de ser externos, por lo que se genera en él un "proceso de reterritorialización espacialmente discontinuo y extremadamente complejo"[18] y del que pretendemos dar cuenta a continuación.

El emprendimiento aurífero "más grande del mundo"

La mina de Veladero se encuentra ubicada en la Cordillera de los Andes, en el llamado Valle del Cura, aproximadamente a unos 4.500 metros de altura sobre el nivel del mar, en una zona donde los trabajos, en invierno, deben realizarse con temperaturas que promedian los treinta grados bajo cero. La concreción de este emprendimiento tuvo en la persona del actual gobernador de San Juan, José Luis Gioja, a uno de sus promotores principales. El *Veladero Mining Proyect*, fue inaugurado por el presidente de la *Barrick Gold Corporation* a fines de 2003 en la localidad iglesiana de Tudcum.

En el año 2004, se sumó un nuevo proyecto minero que supera las reservas de Veladero: la mina de Pascua - Lama, situada en la Cordillera de los Andes sobre el límite internacional chileno-argentino[19]. Este proyecto binacional provoca un proceso de desterritorialización y reterritorialización, esta vez, a escala internacional. Su puesta en marcha estuvo garantizada por la existencia del ya mencionado Tratado de Integración Minera, y por la firma de un protocolo específico en agosto de 2004 para llevar adelante este emprendimiento[20]. Dentro de este encuadre legal, la empresa canadiense Barrick puede comenzar con los trabajos de explotación de oro y plata en una mina que es propiedad de los dos países.

Tanto el proyecto de Veladero como el de Pascua-Lama se promocionan como los mayores emprendimientos auríferos del mundo[21]. A su

---

[18] Haesbaert, R., *O Mito da desterritorialização*, 296.

[19] Del lado chileno, la mina Pascua está en la Comuna de Alto del Carmen, Provincia de Huasco, III Región. En la Argentina, la mina Lama está ubicada en el Valle del Cura, al norte de la mina Veladero, en el departamento Iglesia. Se calcula que Pascua-Lama posee reservas por 17 millones de onzas de oro y que "si se ejecuta, Pascua-Lama/Veladero se convertiría en el primer y más grande sector aurífero del mundo". "Yacimiento de oro", *Diario de Cuyo*, San Juan, 6 de mayo de 2004 http://www.diariodecuyo.com.ar.

[20] El Protocolo Adicional de agosto de 2004 define el área de operaciones de Pascua - Lama y otros aspectos legales, tributarios y aduaneros. "Se negocian cielos abiertos con Chile", *Diario La Nación*. Buenos Aires, 18 de diciembre de 2004, http://www.diariolanacion.com.ar.

[21] "Protocolo Binacional. Otro avance para Pascua Lama". *Diario de Cuyo*, San Juan, 19 de junio de 2004, http://www.diariodecuyo.com.ar.

vez, ellos emergen como dinámicas reterritorializadoras para el lugar, pues no solo vinculan a Iglesia con el amplio mundo capitalista, sino que también aceleran los tiempos de la tradicional actividad minera desarrollada en este ámbito.

Históricamente en Iglesia la minería estuvo a cargo de los "pirquineros"[22]. Estos extraían el mineral de forma artesanal, en tiempos más pausados y no precisaban demasiada infraestructura. De hecho, una de nuestras entrevistadas, Alina —cuyo padre de nacionalidad chilena fue minero— nos cuenta que durante la segunda mitad del siglo XX los pirquineros se valían de vehículos reciclados de la Segunda Guerra Mundial (jeeps y camiones a oruga) para realizar su trabajo, pues la falta de conexiones viales impedía acceder a la Cordillera en otro tipo de medios[23]. Alina sostenía que los mineros debían conocer "de todo un poco" para su supervivencia, dado que los periodos de estancia en las minas eran largos y, a veces, el frío y la nieve impedían el tránsito hacia las localidades iglesianas. Ella recordaba cómo los trabajadores cosían suelas hechas con el caucho de las cubiertas de camiones en las alpargatas para que resistieran las largas caminatas por la Cordillera.

Estas prácticas, y los tiempos asociados, actualmente se invisibilizan con la llegada de la "gran minería" a Iglesia (ver mapa 1). Con el arribo de estas inversiones, los gobiernos locales deben acelerar los tiempos para la concreción de otras obras requeridas para su implantación. En efecto, las vías de comunicación, transporte y energía no están acordes a las nuevas necesidades de la gran minería, sino que deben ser acondicionadas porque resultan prioritarias para la participación del lugar en los procesos económicos globales. La instalación del campamento principal de la mina (con la infraestructura de una pequeña ciudad), la construcción de las redes de servicio de la actividad minera (eléctricas, viales y de telecomunicación), la ocupación de la capacidad hotelera por parte de los mineros y la creación de nuevas regiones (como veremos, Distrito frontera) constituyen prácticas materiales y simbólicas que configuran reterritorializaciones a partir de nuevos itinerarios, tiempos y desplazamientos sobre los ya existentes.

Así entonces, los agentes hegemónicos (gobiernos y empresas mineras), al planificar la nueva infraestructura recuperan viejos proyectos y resignifican los discursos sobre la frontera.

---

[22] Videla, Horacio, *Retablo Sanjuanino*, Buenos Aires: Peuser, 1956.
[23] Entrevista a Alina Prieto, Tudcum, Iglesia, setiembre de 2004.

Mapa 1 – Inversiones mineras en la Provincia de San Juan – Argentina

La eterna puerta al Pacífico y las nuevas regionalizaciones

Este panorama de creación de nuevos emprendimientos mineros en la Cordillera, actualiza el discurso de integración argentino-chileno, promoviendo el trazado de redes de unión en el contexto de políticas de formación de bloques económicos. Así, a los acontecimientos citados, que vinculan Iglesia con el mundo, se le suman otras dinámicas complementarias: tal es el caso de la construcción de obras viales y la constitución de regiones a partir de agrupamientos municipales, provinciales y trasnacionales. El proyecto de un camino internacional en el ámbito cordillerano por el paso de Agua Negra, llamado "Puerta al Pacífico"[24], entrelaza los antiguos anhelos de los habitantes de uno y otro lado de la frontera con los intereses actuales de la minería y el turismo.

Desde la década de 1930 existen en San Juan antecedentes de obras viales entre Argentina y Chile. Si bien el camino más relevante en esa época fue el proyectado por el paso de Castaño entre Calingasta y Ovalle[25], luego fue reemplazado por el proyecto del paso de Agua Negra en Iglesia. En 1947, durante la presidencia de Juan Domingo Perón, se realizaron estudios y llegaron a concretarse algunas obras del Camino Internacional por este último paso[26]. Estos esfuerzos por vincular ambos países fueron realizados en igual medida por funcionarios, entidades comerciales y empresas privadas de las localidades de uno y otro lado de la Cordillera, sin llegar ninguno de ellos a buen término. Finalmente, en marzo de 1965 y durante el gobierno bloquista de Leopoldo Bravo[27], el camino fue oficialmente habilitado. Sin embargo, esta habilitación no significó su finalización. Por ejemplo, el paso no estaba totalmente pavimentado y durante los periodos invernales quedaba interrumpido por la

---

[24] "Una puerta al Pacífico", *Diario de Cuyo*, San Juan, 28 de julio de 2004, http://www.diariodecuyo.com.ar.

[25] Hevilla, Cristina, *Vías de circulación y aprovechamiento hídrico del departamento Calingasta,* Tesis de grado. San Juan: Universidad Nacional de San Juan, 1991.

[26] En 1951 este camino recibió el nombre de Presidente Perón en retribución al trabajo del mandatario por su concreción. Ver: Musri, Dora, Susana Malberti y Cristina Hevilla, *La frontera sanjuanino-chilena como región de integración y desarrollo (1946–1955),* San Juan: Facultad de Filosofía, Humanidades y Artes, Universidad Nacional de San Juan, 1998, 85-95.

[27] "Esta ruta ofrecerá oportunidades promisorias no únicamente a los pobladores del Norte sanjuanino, sino que ofrecerá a los riojanos y aún a los habitantes del Oeste de Córdoba las ventajas de un camino más corto para sus relaciones humanas y comerciales con el Centro y Norte chileno", dijo Bravo en su discurso en el límite argentino-chileno, según reprodujo el *Diario Tribuna* el 2 de marzo de 1965. "El paso de Agua Negra cumple 40 años desde su inauguración", *Diario de Cuyo*, San Juan, 1º de Marzo de 2005, http://www.diariodecuyo.com.ar.

nieve. Por estas y otras razones es que de ahí en más, y durante cuarenta años, los distintos candidatos y gobernantes sanjuaninos de diferentes partidos utilizaron como promoción en campañas gubernamentales el proyecto de finalización del camino de Agua Negra, sin llegar a concretarlo.

A partir del proyecto minero de Veladero, este viejo plan vial volvió a tomar impulso y apareció en escena con similares argumentaciones a las de aquellas épocas, como por ejemplo, la necesidad de una salida a puertos del Pacífico, la consiguiente apertura a nuevos mercados, la posibilidad de un corredor bioceánico entre Brasil, Argentina y Chile y el desarrollo turístico regional. Pero esta vez, este antiguo proyecto se recrea con una variante: la construcción de un túnel cordillerano con el objetivo de acortar el recorrido y asegurar la transitabilidad durante todo el año. Este túnel se financiaría con recursos de un nuevo agente global: el gobierno de China, que pretende abaratar los costos operativos en la vinculación comercial entre Sudamérica y Asia[28].

Además de las redes viales, se han anunciado propuestas de regionalizaciones promovidas por la empresa Barrick y los gobiernos municipales y provinciales. Así, la definición de la región minera de Pascua Lama y Veladero bajo la denominación de "Distrito frontera[29]" es propuesta por la empresa multinacional. Por otro lado, reproduciendo experiencias que se observan en otros ámbitos del país se crea la Micro-región Intermunicipal Cuyana Andina (MICA) conformada por los municipios de Las Heras, Calingasta y Sarmiento; estos se unen con el objetivo de mejorar la infraestructura vial y fomentar la actividad agrícola, turística y minera[30]. En marzo de 2005, a nueve meses de su creación, la micro-región andina "se internacionalizó"[31] al firmarse un convenio que sumó a esta iniciativa la V Región de Chile y sus treinta y ocho comunas. El objetivo prioritario es el desarrollo de leyes nacionales e internacionales que apliquen bene-

---

[28] "China prestará U\$S 250 millones para el túnel de Agua Negra", *Diario de Cuyo*, San Juan, 30 de junio de 2004. "IV Encuentro Chileno: Agua Negra es una apuesta estratégica", *Diario de Cuyo*, San Juan, 20 de agosto de 2004, http://www.diariodecuyo.com.ar.

[29] "Pascua Lama se empieza a construir en enero de 2006", *Diario de Cuyo*, San Juan, 30 de julio de 2004, http://www.diariodecuyo.com.ar.

[30] En varios artículos del *Diario de Cuyo* durante 2004 se expresan proyectos turísticos conectados por rutas de acceso en los valles fronterizos de Calingasta y de Iglesia. Tales ideas recuerdan otro proyecto llamado el Corredor Interandino de los gobiernos peronistas de las décadas de 1940 y 1950, que buscaba la vinculación de dichos valles con fines turísticos. Así se comprende que en la actualidad en ambos valles se pretendan regionalizaciones e inversiones de capitales que refuercen la conexión entre ellos.

[31] "Por convenio integraron a San Juan, Mendoza y la V Región", *Diario de Cuyo*, San Juan, 5 de marzo de 2005, http://www.diariodecuyo.com.ar.

ficios de promoción económica y financiera a la Micro-región. Finalmente a otra escala, se constituye la Región Centro de Argentina que unifica intereses económicos entre Córdoba, Santa Fe y Entre Ríos. San Juan estrecha lazos con esta región a partir del aval político que le otorga la incorporación del paso de Agua Negra como parte del corredor bioceánico Porto Alegre-Coquimbo[32].

Todos estos cambios veloces (las mega inversiones mineras, la recuperación de antiguos proyectos, las asociaciones regionales, etc.) son parte del juego que relaciona las dinámicas globales y locales. "El orden global busca imponer, a todos los lugares, una única racionalidad. Y los lugares responden al mundo según las diversas pautas de su propia racionalidad"[33].

Iglesia como lugar turístico: "único y vacío"

Hay una historia de desplazamientos turísticos en la zona vinculada a los baños termales, una creciente infraestructura en cabañas para los desplazamientos de fin de semana y la reciente construcción de un dique (Cuesta del Viento), que ofrece un lago ideal para las actividades deportivas.

Este lago, en particular, ubicado en la localidad de Rodeo, atrae desde hace cinco años a deportistas de las ciudades de San Juan, Buenos Aires, Córdoba y Rosario, que se dedican al windsurf. Estos windsurfistas practican un tipo de turismo caracterizado por cortos periodos de permanencia en el lugar, mucha movilidad durante el año y cierta circularidad en sus itinerarios[34], pues cumplen con un ciclo de competencias en distintas partes del mundo. Sus relatos revelan algunas representaciones respecto de Iglesia, en los cuales la centralidad está dada por la existencia del lago y no por la Cordillera como ocurre en algunos de los discursos de los funcionarios de gobierno, de las empresas mineras y de los baquianos, como veremos posteriormente. Así, los windsurfistas le otorgan al dique Cuesta del Viento las características de lugar único, privilegiado por la naturaleza, por sus condiciones climáticas y medio-ambientales.

---

[32] "China hará un túnel para unir Chile y San Juan", *Diario Uno*, Mendoza, 30 de junio de 2004 http://www.diariodecuyo.com.ar. Entrevista a Felipe Del Río, Intendente IV Región, *Diario de Cuyo*, San Juan, 28 de julio de 2004, http://www.diariodecuyo.com.ar.

[33] Santos, M., *De la totalidad al Lugar,* 156.

[34] Mientras que algunos windsurfistas optan por desarrollar este deporte durante todo el año, reproduciendo circuitos como Cuesta del Viento-Hawai-Cuesta del Viento, otros eligen intercalar esta práctica con un deporte invernal "amigo" como el snowboard, jet esquí o esquí.

Las particularidades que más aprecian son el viento permanente, la diafanidad (algo "único en el país y en el mundo", que permite la práctica diaria del deporte desde octubre hasta abril), la seguridad en el dique y su "agua sana" (debido a la inexistencia de zonas industriales en las cercanías[35]). Ellos también destacan las dificultades para llegar al departamento debido al escaso transporte público y los insuficientes servicios que la localidad ofrece a los turistas. Nuestros entrevistados también expresaron que este tipo de turismo provoca cierta resistencia en los pobladores por su apariencia extravagante[36]. Sin embargo, al entrevistar a los emprendedores turísticos, estos manifestaron que los windsurfistas "merecen ser bien recibidos" porque "gastan su dinero"[37] en la zona.

De hecho, en la entrevista al propietario del emprendimiento turístico más importante de Rodeo, quedó en claro su conciencia acerca de la solvencia económica de quienes practican estos deportes (aludió al costo de los traslados y de los equipos necesarios para la práctica del windsurf): "Nosotros amamos a los windsurfistas (...) ellos nos dan de comer" fue la convencida expresión que también se hizo extensiva a los turistas chilenos y europeos. De estos últimos afirmó: "Ellos quieren ir a donde no hay nada (...) me cuentan los alemanes (...) venimos a lugares como este donde no hay nadie" y concluye diciendo: "No les muestre ninguna ciudad, ellos ya han visto demasiadas".

La singularidad de Iglesia como lugar único dada por los windsurfistas se complementa con la representación sobre este ámbito fronterizo expresada por el emprendedor turístico. Este último, además de destacar que Iglesia ofrece atractivos que no se pueden encontrar en otros sitios, retoma la metáfora de espacio vacío. Esta idea, en la historia provincial, ha tenido diferentes valoraciones, por ejemplo, en las décadas de 1980 y 1990, los discursos periodísticos y académicos sanjuaninos sostenían la necesidad de poblar los ámbitos adyacentes al límite internacional entre Argentina y Chile, presentados como áreas vacías y tierra de nadie. Es decir, las posturas nacionalistas[38] –legitimadas en el discurso de la Histo-

---

[35] Entrevistas a Noguera, propietario del Rancho Lamaral, Rodeo, diciembre de 2004.

[36] Lo que puede aparecer como extravagante para los lugareños entrevistados es el aspecto típico de los winsurfistas: cabellos largos y teñidos, bermudas de colores brillantes, tatuajes, etc.

[37] Entrevista a Meglioli, emprendedor turístico de Rodeo, Iglesia, julio de 2004.

[38] Un ejemplo es el artículo del geógrafo Jorge A. Pickenhayn, titulado "La frontera argentino-chilena en San Juan: tierra de nadie", donde el autor acuerda con algunas de las ideas de F. J. Turner que constituyen para él el argumento de la Geografía Histórica para explicar el problema espacial y, a la vez, para dejar de observar la frontera como un fenómeno estático, que es la propuesta de la Geografía Política. Considerada la frontera como un espacio que se caracteriza por un profundo contenido cultural, opina que existen falencias

ria y de la Geografía– utilizaban como apoyatura teórica la perspectiva de la frontera turneriana[39] buscando incentivar la apropiación de estas tierras por parte del estado argentino[40].

La imagen de espacios vacíos es actualmente resignificada por los emprendedores para atraer turismo nacional e internacional. En definitiva, parecería que aquellos territorios fronterizos despoblados, que para los estados nación eran un problema a solucionar, para los intereses del turismo actual son el gran capital a explotar. Entonces, esta situación podría ser interpretada como una reactualización de la ya mencionada teoría de F. Turner; es decir, tanto los estados-nacionales como el capital global intentan dominar estos ámbitos con distintos argumentos, pero imponiendo dinámicas que ignoran las lógicas tradicionales[41].

De esta manera, podemos observar que en los relatos de los informantes que se dedican al turismo, se califica a Iglesia como un lugar único en el mundo por los atributos específicos del viento y del lago. Además es un lugar donde no hay nada, su riqueza está presente en su paisaje vacío que genera silencio y paz[42]. Estos sentidos de lugar no se contraponen,

---

en dos planos en la zona fronteriza de San Juan: el demográfico y el educativo. La frontera sanjuanina "aguarda para la conquista". Pickenhayn, Jorge, "La frontera argentino-chilena en San Juan: tierra de nadie". En: Randle, Patricio (eds.), *La geografía y la historia en la identidad nacional*, Buenos Aires: Oikos, 1981, II, IX, 167-182. Estas ideas de vacío poblacional son también parte de la historiografía sanjuanina clásica: Videla, Horacio *Historia de San Juan*, Buenos Aires: ISAG, 1981, V y nacional (Academia Nacional de la Historia. *Congreso Nacional de Historia sobre la Conquista del Desierto. Celebrado en la ciudad de Gral. Roca del 6 al 10 de noviembre de 1979*, Buenos Aires: Algraf, 1980.

[39] Turner, Frederick Jackson, *La frontera en la Historia Americana*, Madrid: Ediciones Castilla, 1961.

[40] Complementando el discurso anterior, también se ha señalado la escasa presencia del estado en el ámbito fronterizo, la que se hace presente solo en instituciones de control (Aduana y Gendarmería)

[41] Nos referimos a las prácticas que han vinculado los departamentos del oeste sanjuanino con el otro lado de la Cordillera, por ejemplo: pastores, baqueanos o peregrinos de la Virgen de Andacollo. Sobre la actividad de los pastores en el valle de Calingasta ver: Gambier, Mariano, "Los Valles interandinos o veranadas de la alta cordillera de San Juan y sus ocupantes: los pastores chilenos", *Publicaciones de la Universidad Nacional de San Juan*,15, 1986,14-18. Sobre baquianos ver: Escolar, Diego, "Prácticas espacio temporales, poder e identidad entre los baquianos de los Andes sanjuaninos", *Cuadernos del Instituto Nacional de Antropología y Pensamiento Latinoamericano*, 17, 1996/1997, 17-37.

[42] Coincidimos con Graciela Silvestri y Fernando Aliata quienes afirman: "La naturaleza contemplada es paisaje. [...] La mirada paisajista, en efecto, es siempre una mirada estética, en el sentido amplio de la palabra, que indica una conexión inescindible entre forma percibida y *sentido*". Aliata, Fernando y Graciela Silvestri, *El paisaje como cifra de armonía. Relaciones entre la cultura y la naturaleza a través de la mirada paisajística*. Buenos Aires: Ediciones Nueva Visión, 2001,10.

sino que producen una nueva re-territorialización. Asumir una "desterritorialización como 'conquista' o 'anulación' de espacios significa siempre, también y sobremanera, (asumir) una nueva producción del espacio", ya que "no es un simple hecho que la des-territorialización ocurra siempre con una re-territorialización, pues ambas son partes de procesos continuos y generalizados de territorialización" [43].

Iglesia como un lugar de frontera: la Cordillera, los baquianos y los crianceros

Las prioridades que se establecen sobre la frontera en el discurso hegemónico de los gobernantes y de la prensa enfatizan la inserción en el mercado mundial, sin tomar en cuenta que tanto en Calingasta como en la IV Región Chilena existen prácticas tradicionales, como la desarrollada por baquianos y crianceros. De alguna manera estas actividades, que "estrian" la frontera desde otras épocas, quedan invisibilizadas por las imposiciones globales[44].

Baquianos y crianceros llevan adelante trabajos cotidianos que implican desplazamientos a través de los límites estatales[45]. Así, a través de sus prácticas ellos pueden insertarse en la formas de organización de la producción vigente que vinculan lo local con lo global mediante estrategias de adaptación, o pueden resistir, o sea elaboran respuestas activas y organizadas al cambio impuesto[46]. El análisis de las actividades de unos y

---

[43] Haesbaert, R., *O Mito da desterritorialização*, 189.

[44] A ellas se les suman las dinámicas de otros agentes: bandidos, peregrinos a Andacollo, pirquineros, gendarmes, turistas y deportistas. En nuestro caso sólo centramos el análisis en las actividades de los baquianos y los crianceros. Los baquianos son personas expertas en el conocimiento de un área específica de la Cordillera que generalmente se dedican a guiar a otros. Cada ámbito cordillerano en la provincia de San Juan tiene su propio baquiano. El criancero es el pastor criador de cabras chileno que puede o no cruzar la Cordillera.

[45] "El límite jurídico del territorio del estado nación, como es sabido, es una abstracción sustentada por la acción institucional con el objetivo del control efectivo del estado territorial, por tanto un instrumento de separación entre unidades políticas soberanas, la frontera es el lugar de comunicación y trueque, es de dominio de los pueblos. Los estados históricamente han intentado dominar las fronteras con el objeto de controlar el vínculo. A la vez, los estados han intentado hacer coincidir frontera y límite produciendo una convergencia conceptual que los usa como sinónimos". Osorio Machado, Lia, "Estado, territorialidade, redes. Cidades gêmeas na zona de fronteira sul-americana". En: Silveira, María Laura (ed.) *Continente em chamas*, Río de Janeiro: Civilização Brasileira, 2005, 245-284.

[46] Katz, Cindi, "Reestructuración global y conflictos en la reproducción social". En: Smith, Neil y Cindi Katz, *Globalizacion. Transformaciones urbanas, precarización social y discriminación de género*, Canarias:Ediciones Canaricard, 2000, 39.

otros agentes nos permite reconstruir la vida y los desplazamientos en la frontera cordillerana y detectar sus adaptaciones o resistencias.

Al entrevistar a Elena, baquiana[47] de sesenta y cuatro años, ella recuerda: "se llegaban a juntar como mil cabezas de bichos (…) en la Cordillera, llevados desde Rodeo, Angualasto, Colanguil, Esperanza (…) para hacerse un sueldo". Ella nos relataba que había sido "una cristiana muy andariega" que las épocas de verano las ha pasado allá y a veces en la ciudad, pero siempre trabajando muchísimo.

> Yo vivía del ganado, de mis vacas, de mis ovejas, de mis cabras, yo tenía el puesto, que lindo sería que ustedes conozcan, el llano del Molle es muy hermoso y cuando llueve usted lo ve como un potrero, pero cuando no llueve parece el desierto (…) y hay unas agüitas que hay que conocerlas también…

En estos valles alto andinos, nuestra entrevistada habitaba un rancho construido por ella donde "vivir no era tan cómodo, pero se tenía la comodidad que el animal vivía tranquilo" porque tenía pastos para comer.

La dinámica de sus desplazamientos la llevaba a estar en la Cordillera los seis meses de la temporada de verano y algunos inviernos, enfrentando temporales de nieve que sorteaba gracias a su experiencia y conocimiento de la zona.

> Es el viento blanco que le llaman ¿ve? Y eso es peligroso (…) usted cuando ve un animal que no quiere ir para arriba, o empieza un pajarito, algún bicho con alguna seña (…) ese pájaro condenado, cuando le empiece a cantar, más bien ensillarse y bajarse.

Sus recuerdos completan la vida en la frontera, al evocar las travesías de otros agentes, por ejemplo, su propia familia, que se refugió en la montaña por persecuciones políticas a principios del siglo XX. Así, rememora a quienes "vivían del charque (…) de la carne y venían por ahí a vender, a hacer un cambalache en ese tiempo". Además sabe que en el tiempo de su madre había mineros, "la mina el Salado, una de las más grandes, era de plata, la mina de la Peña era de oro y todavía está donde molían los minerales".

Cabe destacar que el relato de Elena presenta la Cordillera transitada por peregrinos de la Virgen de Andacollo (Chile), Gendarmería y sus actividades de control, algunos bandidos míticos de la zona, propietarios de las minas, dueños de gran cantidad de ganado y también turistas y sus

---

[47] Elena era la baquiana de la zona "del Fierro para arriba". Entrevista realizada *en* Rodeo, Iglesia, diciembre de 2004.

nuevas formas de desplazamiento: "antes todos los viejos se trasladaban a lomo de mula y ahora el que va a conocer va en 4x4".

Simultáneamente a sus narraciones sobre la montaña, los arreos de ganado y los yuyos de la zona nos habla de sus viajes a Mar del Plata y Santiago de Chile; nos muestra fotos con el gobernador y se compara con "figureti"[48]. Sus comentarios develan una situación que permite inferir como un ámbito concebido históricamente –por el nacionalismo de base territorial– como periférico (la frontera) y una actividad concebida como solitaria quedan actualmente penetrados por otros sentidos. No hizo falta la radicación de un mega emprendimiento minero o la construcción de un dique para que esto sucediera. Ya están presentes en la cotidianeidad de esta persona otros lugares lejanos de una sociedad global[49], pues lo que advertimos en esta última parte de la entrevista es una nueva semantización de imágenes y objetos cotidianos.

Elena ha desarrollado una estrategia de adaptación[50] propia de los habitantes del lugar que no migraron y continúan con sus actividades tradicionales en lo que puede ser entendido como una "expansión del tiempo y del espacio"[51]. Se han dado cuenta que, a pesar de que practican actividades consideradas de baja rentabilidad, no están aislados y mantienen relaciones con el resto del mundo. Se han vuelto más sofisticados y compran artículos que, muchas veces, no son necesarios para su actividad. Así, nuestra baquiana cordillerana no tiene una territorialidad fija e inamovible, únicamente vinculada a la montaña; presenta otros desplazamientos (a los cuales se asocian ciertas prácticas y cierto tipo de

---

[48] Conocido personaje de la década de 1990, del programa televisivo Show de Videomatch, que se emitía desde Capital Federal. Figureti (figura) aparece en todo acontecimiento relevante y se muestra en muchos lugares y con gente mediáticamente reconocida. Nuestra baquiana asume las mismas características del personaje en el mismo sentido que le propone la televisión.

[49] Cuando hablamos de sociedad global nos referimos a una totalidad que penetra, atraviesa, las diversas formaciones sociales existentes en el planeta. Se afirma así la especificidad de una "megasociedad", esto es, un conjunto articulado de relaciones sociales planetarias. "Una sociedad global, en términos durkheimianos, es *sui generis*, posee una lógica propia. En este sentido todos formamos parte de este proceso, base material y espiritual de nuestra vida cotidiana. Por eso, el esfuerzo analítico se debe orientar hacia la comprensión de objetos que connoten esta realidad mundializada", (Ortiz, Renato, *Otro territorio*, Buenos Aires: Universidad Nacional de Quilmes, 2002, 17).

[50] Katz, C., "Reestructuración global y conflictos en la reproducción social", 36-39

[51] David Harvey afirma que una de las características de la posmodernidad es la compresión del tiempo y del espacio, sin embargo, Cindi Katz comprueba en sus estudios lo contrario, ya que los campesinos para realizar las mismas actividades necesitan más tiempo y espacios más extensos para desplazarse. Katz, C., "Reestructuración global y conflictos en la reproducción social", 36-37. Los tiempos de la posmodernidad no son compartidos por todos los sectores sociales.

consumos culturales) que forman parte de nuevos aspectos de las dinámicas globales.

Las prácticas de adaptación de esta baquiana a los cambios recientes se evidencian también en su opinión respecto a la construcción del dique Cuesta del Viento, que si bien la perjudicó al anegar las tierras cercanas de pastaje de sus animales le permitió tener una vivienda nueva como indemnización.

Similares ejemplos de estrategias de adaptación surgen en el diálogo con Carlos, otro baquiano que vive en Angualasto y que trabaja actualmente para la compañía Barrick en la construcción del camino a Veladero. Comentando sus inicios como baquiano[52], nos dice:

> "Nosotros hemos salido mucho a la Cordillera… Teníamos animales para alquilar (…) sabia ir gente también a ser mineros (…) muchos mineros (…) para la Cordillera y para el límite también de Chile (…) que ahí están todas las minas (…) a veces íbamos a sacar muestras y llevábamos las cosas para dormir se podía cazar y en partes pescar…".

Cuando nuestro entrevistado evoca su territorialidad pasada, la Cordillera aparece como un lugar de desplazamientos libres, con prácticas que muestran la historicidad minera de la zona. Mientras que cuando habla de su presente en la Cordillera, nos muestra un ámbito controlado por una empresa: "No dejan pasar, tienen que ser los de la mina nomás". Y a la vez, un lugar estriado por nuevos agentes: "Son pocas las personas de esta zona que están trabajando. Creo que son más de afuera. Creo que son salteños… jujeños… Pero de acá del departamento, de la ciudad… pocos… Hay gente de Chile… con los camiones". A pesar del control y los cambios que en los ámbitos cordilleranos están produciendo las inversiones transnacionales, Carlos también ha logrado redefinir su actividad guiando turistas hacia la Cordillera por zonas reconocidas como íconos de la historia oficial nacional y regional. "Ellos quieren ir a los cerros más altos", "Yo anduve también en la columna Cabot… por donde pasó San Martín"[53].

---

[52] En julio de 2004, realizamos entrevistas a dos baquianos, en el Chillango y en Malimán de abajo. El más joven, Carlos Vega, afirma haber guiado a mineros chilenos por la zona de Aguas Blancas en el Valle del Cura y continuar guiando a turistas por la zona del Carrizal. Mientras que el otro baquiano, Justo Paredes, ha guiado a mineros y arqueólogos por todo el Valle del Cura.

[53] Estos íconos de la historia que recrea nuestro baquiano en sus desplazamientos también son recuperados por los agentes hegemónicos para promover la explotación turística de los valles fronterizos. De hecho, en febrero de 2005 el gobernador de la provincia de San Juan junto a otras autoridades nacionales y provinciales, revivieron el cruce de los Andes por el paso de Los Patos en Calingasta, con similar propósito. El gobernador expresó en una entrevista en el *Diario de Cuyo* que dicho viaje buscaba reivindicar la gesta sanmartiniana,

Un ejemplo similar de adaptación ante los desafíos globales advertimos en la entrevista a Juan, baquiano chileno de la zona de Vicuña. La familia de Juan tradicionalmente se dedicaba a guiar personas por la Cordillera, actividad que él sigue practicando con turistas y funcionarios del Servicio Agrícola Ganadero del gobierno chileno [54].

Pero no siempre los actores locales se adaptan a los requerimientos de los procesos globales. Cindi Katz destaca que las prácticas de resistencia se caracterizan, como ya dijimos, por ser una respuesta activa y organizada a los cambios impuestos. Se puede decir que es una respuesta organizada de dimensión local, ante problemas que trascienden las escalas local y nacional. Un ejemplo de estas resistencias, lo constituyen actualmente los crianceros chilenos cuyos desplazamientos se realizaban anualmente (entre los meses de noviembre a abril) desde su territorio hasta el territorio argentino, en búsqueda de pastaje para sus rebaños. Sin embargo, esta práctica fue interrumpida ante la posibilidad de que los animales se contagiarán de fiebre aftosa en el territorio argentino. Chile está declarado como país libre de aftosa y teme que los rebaños que cruzan la Cordillera provoquen el brote de una epidemia que afecte sus exportaciones a los mercados internacionales[55]. Por este motivo el gobierno de este país prohibió el pastoreo hacia la Argentina, estableciendo en la Cordillera una zona despoblada en veranadas que se extiende desde la V hasta la IX Región.

En la IV Región[56], esta imposición legal afecta a más de doce mil familias ligadas a la ganadería caprina y cuyo sustento depende de estos desplazamientos cordilleranos. Los crianceros, agrupados en organizaciones comunitarias, buscan resistir estas imposiciones reclamando al gobierno el pago de subsidios para su actividad y la búsqueda de zonas

---

rescatar que el grueso del Ejército de los Andes cruzó la Cordillera por San Juan y la necesidad de explotar turísticamente esa ruta por la belleza de esos valles. "La travesía a la Cordillera, por dentro", *Diario de Cuyo*, San Juan, 20 de febrero de 2005, http://www.diariodecuyo.com.ar; Conferencia del vicegobernador Lima, Facultad de Ciencias Sociales, San Juan, 4 de mayo de 2005.

[54] Entrevista realizada en Vicuña (Chile), enero de 2006.

[55] La prensa chilena de la IV Región (Diario *El Día*, 2004-2005 http://www.diarioeldia.cl.), los documentos oficiales de la Secretaría de Agricultura y Ganadería de Chile (http//www.sag.cl) y las entrevistas realizadas en la III y IV Región (Entrevista a Cristian Sabelle Ross. Veterinario del SAG. La Serena. 26-01-06; Entrevista a Lombardo Araya. Jefe de Area del Servicio de Asesoría Técnica del Instituto de Desarrollo Agropecuario INDAP. La Serena. 27-01-06) dan cuenta de la prohibición por el peligro de la presencia de la fiebre aftosa.

[56] Dentro de la IV Región chilena, el tránsito de los pastores a través de la cordillera, se realizó y se realiza principalmente en las veranadas argentinas que corresponden al departamento Calingasta.

alternativas de pastaje frente a los problemas de erosión de suelos y sobrepastoreo. El gobierno chileno responde a estos reclamos estableciendo subsidios diferenciales y convenios con empresas mineras, pues los únicos terrenos de pastaje alternativos en territorio chileno están ocupados por dicha actividad[57]. Otros crianceros resisten burlando la prohibición y continuando con los desplazamientos transcordilleranos, aunque esto implique sanciones que podrían llevar al sacrificio de sus rebaños[58].

En síntesis, las prácticas de los baquianos y los crianceros, y sus estrategias de adaptación y resistencia a los procesos globales, nos hablan del papel de estos agentes a uno y otro lado de los Andes en la construcción de la frontera como lugar. Pero, a su vez, el conocimiento de la frontera adquirido por la propia experiencia, o por el saber transmitido de padres y abuelos, los construye a ellos mismos como baquianos o crianceros. En estos procesos de mutua construcción entre fronteras y agentes, Iglesia aparece en sus representaciones como la Cordillera, un lugar lleno de recuerdos que forma parte de sus vidas cotidianas.

Conclusiones

Si entendemos la constitución de los lugares, en especial los de frontera, como una yuxtaposición de procesos de desterritorialización y reterritorialización mediados por desplazamientos, debemos admitir entonces que estamos asumiendo una idea compleja que fue tradicionalmente simplificada. Algunas de estas simplificaciones estuvieron dadas por la supuesta correspondencia unívoca entre lugar, comunidad e identidad; o por las caracterizaciones de lugares solo a partir de sus condiciones naturales que los asumían desde la inmovilidad. Por el contrario, nosotros pensamos que los lugares se construyen desde su fluidez, es decir, desde una multiplicidad de redes que incluyen simultáneamente prácticas locales y relaciones globales.

En nuestro caso de estudio abordamos a Iglesia desde tal complejidad, recuperando la voz de los agentes que nos acercan a las dimensiones subjetivas y sociales que conforman el lugar y nos permiten com-

---

[57] "Crianceros en veranadas en minera", *Diario La Cuarta*, 20 diciembre de 2001, "Gobierno se compromete a gestionar mil millones de pesos para crianceros caprinos", *Diario El Día*, La Serena, 11 de octubre de 2005, http://www.diarioeldia.cl.

[58] Entrevista a criancero Gerardo, camino Internacional de Agua Negra, 23 de enero de 2006 y entrevista a familia de criancero en Tranque La Laguna, camino Internacional de Agua Negra, 31de enero de 2006. Documento del Ministerio de Agricultura. Servicio Agrícola Ganadero, 2005, http://www.sag.gob.cl.

prender las prácticas y usos diferenciales de este ámbito de frontera y sus relaciones con el amplio mundo.

El lugar no es inerte ni indiferente a las actividades de los agentes locales, ni a los procesos globales, sino que es parte y condición de ambos procesos. En el caso de Iglesia, si bien los procesos de re-territorialización son conformados a través de la acción de las redes globales que convierten al lugar en posibilidad de esos acontecimientos, estas acciones se entrelazan con las prácticas locales, que negocian su existencia[59] en el contexto de la "modernidad mundo"[60]. Es decir que "cada lugar es, al mismo tiempo, objeto de una razón global y de una razón local"[61].

Como ya propusimos, consideramos que las interdependencias y las singularidades de Iglesia son parte del mismo proceso y ambas dinámicas se explican entre sí, porque San Juan para el discurso oficial pareciera necesitar de megainversiones en una frontera menos desarrollada, lo que produce cambios en el lugar y en sus identidades. Esto queda claro en las prácticas hegemónicas (ligadas a la minería y al turismo), que justifican sus acciones adaptando el discurso histórico a esta nueva situación y otorgándole centralidad a este lugar de frontera. De manera que lo que los agentes gubernamentales hacen y dicen define, por un lado, a Iglesia como un lugar central en las perspectivas económicas de San Juan y, al mismo tiempo, como un lugar periférico que hoy se vincula a los grandes centros capitalistas.

Al mismo tiempo, observamos en nuestro trabajo que más que el "fin de las fronteras" lo que se genera ante estos proyectos de integración es un proceso de re-territorialización. En efecto, en un área creada como binacional se erige un nuevo territorio privatizado en manos de una empresa transnacional (la región minera Pascua-Lama). El límite internacional se relativiza para las operaciones de una empresa específica: la minera canadiense Barrick. Se desdibuja la línea que separa estados y busca diferenciar identidades nacionales, ya que el protocolo minero permite el libre desplazamiento de los trabajadores y bienes de la compañía Barrick a un lado y a otro de la Cordillera. Sin embargo, para los habitantes del lugar aparecen nuevas fronteras, ya que para llegar a la zona de explotación hay que contar con permisos de dicha empresa. Es

---

[59] García Canclini, Néstor, *Consumidores y Ciudadanos. Conflictos multiculturales de la globalización*, México: Grijalbo,1995.
[60] Ortiz, R., *Otro territorio*, 41.
[61] Santos, M., *De la totalidad al Lugar*,157

decir, que a la frontera del estado nación –desdibujada bajo un acuerdo de cooperación– se le sumaría una nueva frontera en manos de una empresa privada. En este sentido se genera en el imaginario de algunos habitantes de Iglesia, la idea de la Cordillera como un territorio privatizado donde el poder de la minera canadiense supera el de los estados provincial y nacional.

A pesar de los deseos de integración de los agentes estatales[62], los procesos de re-territorialización que resultan del turismo y la minería a gran escala incrementan el ejercicio del control oficial[63], y a la vez, modifican las lógicas de los desplazamientos tradicionales de baquianos y crianceros en la Cordillera. Se trata de un juego donde las dinámicas locales se adaptan y resisten a través de diversas estrategias[64], por ejemplo, las prácticas de los baquianos se resignifican con la práctica turística, y su conocimiento de la montaña es actualmente revalorizado por dicha actividad. A la vez, los crianceros chilenos resisten y se adaptan al orden estatal, organizándose y reclamando subsidios para su actividad, o cruzando con sus majadas el límite a pesar de la prohibición.

Iglesia no es un solo lugar, ni la simple suma de muchos lugares, como tampoco es la "negación del lugar"[65], sino que es la yuxtaposición de múltiples lugares. Iglesia es un lugar de frontera construido por prácticas, agrícola-ganaderas, mineras, turística, y –simultáneamente– por la

---

[62] Observamos que en las prácticas y los discursos del gobernador sanjuanino, con respecto a la frontera, se advierten por momentos estas "excesivas cargas de parroquialismo" que describe Massey, coexistiendo con otras que intentan promocionar las vinculaciones de San Juan con el mundo. Massey, Doreen, "Questions of Locality", *Geography*, 1993, 142-149. De esta manera, el gobernador, "reviviendo" el cruce sanmartiniano, resignifica parte de la historia subrayando un pasado local para diferenciarse de Mendoza, pero en función de los nuevos vínculos con Chile, Canadá y China. Simultáneamente, omite discursos nacionalistas de base territorial que, en la década de 1970, hablaban de esta área como "una frontera caliente" y diferenciadora de las identidades estatales (Miguel Scenna, *Argentina- Chile. Una Frontera caliente*, Buenos Aires: Del Carril, 1981; Fitte, Ernesto, *Los límites con Chile*, Buenos Aires: Plus Ultra,1978.

[63] De acuerdo al Art. 6 de Facilitación Fronteriza en la Ley 25243: "Las Partes podrán establecer *controles integrados* para los procedimientos administrativos y operativos con el fin de facilitar el acceso y la salida del área de Operaciones en el territorio de una o ambas Partes". (El resaltado es nuestro). Otro ejemplo del incremento del control fronterizo se observa en Chile tratando de evitar el desplazamiento de los crianceros.

[64] A diferencia del caso de Catamarca, donde el desarrollo de la gran inversión minera intensificó, a fuerza de contrastes, la situación de exclusión social preexistente, en Iglesia, parecería que los agentes buscan adaptarse a las posibilidades actuales. Mastrangelo, Andrea, *Las Niñas Gutiérrez y la mina Alumbrera. La articulación con la economía mundial de una localidad del Noroeste argentino*, Buenos Aires: Antropofagia, 2004, 144.

[65] Augé, Marc, *Los no lugares. Espacios del anonimato*, Barcelona: Gedisa, 1993.

práctica de nuestra investigación (nuestro lugar de estudio). Por eso pensamos que este lugar de frontera es el entramado social de un pasado y un presente, subjetivo, político y económico. Aquel tiempo personal que se rememora con nueva luz, aquellos tiempos sociales que se construyen con los recuerdos, lo cotidiano, lo anhelado y las nuevas miradas de aquellos "otros" que llegan o que pasan; más los tiempos de nuestros intereses intelectuales. En definitiva, el lugar en su constante fluidez: las territorialidades en movimiento.

Itinerarios de la movilidad *garimpeira*

Helion Póvoa[1]

La expresión *itinerario*, que remite a caminos, trayectos, recorridos ya transitados o a transitar, parece adecuada para tratar el tema de la migración. Ésta se ubica en la confluencia entre las actitudes individuales –a las que el investigador casi siempre recurre– y los procesos sociales más amplios. El migrante es aquel que describe itinerarios, de forma articulada con otros que ya lo hicieron en el pasado, lo hacen en el presente o se lo proponen a futuro.

En ese sentido, hablar de itinerarios implica definir la cuestión del lugar que ocupa la acción del individuo frente al contexto social. Esto es así aunque no siempre resulte fácil situar el movimiento individual en medio de los trayectos ya existentes, debido a la tensión que existe entre, por un lado, la presencia –visible o invisible– de los que antes los recorrieron y, por otro, las condiciones específicas a las que se sujeta la trayectoria individual.

La pluralidad de estas condiciones debe ser comprendida frente a un abanico de opciones cuya posibilidad o viabilidad procede de procesos sociales amplios. Sin esta comprensión, se torna imposible la generalización y la perspectiva de actuación en un nivel que trascienda el plano individual. Cabe, así, captar la articulación entre las formas, presentes y pasadas, de construcción de itinerarios y las virtualidades de la elección realizada individual o colectivamente[2].

---

[1] Este texto ha sido publicado en portugués en el libro titulado *O fenômeno migratório no limiar do terceiro milênio. Desafios pastorais*, Laboratório de Geografia Urbana-USP, Serviço Pastoral Migratório, Centro Estudos Migratórios - CNBB - CSEM. Petrópolis: Editora Vozes, 1998, 203-224. Traducción realizada por Rodolfo Bertoncello.

[2] El énfasis conferido a la *elección* no implica sugerir que la simple motivación para migrar constituya explicación suficiente para el proceso como un todo. Acordando con Vainer, se

Esta contribución pretende enfocar la movilidad de una categoría de trabajadores cuyos desplazamientos son casi siempre percibidos como aleatorios, pautados por un individualismo extremo y guiados principalmente por ambiciones personales. Se trata del *garimpeiro*[3], personaje frecuentemente tratado de manera bastante desfavorable por la opinión pública e incluso por los científicos sociales.

La movilidad del *garimpeiro* será abordada, en primer lugar, como existente en nuestra historia desde el período colonial; luego, como atada a una red de relaciones personales espacialmente extendidas entre los diversos lugares de *garimpo*; finalmente, como constituyente de una problemática actualmente compartida por las migraciones en general en Brasil.

Garimpo, movilidad y clandestinidad en la historia brasileña

La pequeña minería, realizada al margen de la ley o tolerada por ella, existe desde el período colonial, aún antes de que los grandes descubrimientos de oro en el sertón[4] de Minas Gerais, a fines del siglo XVII, dieran origen a un gran auge, de proporciones hasta entonces inéditas. Desde el siglo anterior, pequeños descubrimientos en los alrededores de la villa de San Pablo, en Iguape, en el planalto curitibano y en Paranaguá, atraían a diversos aventureros. Éstos vivían de la extracción del oro aluvial en dichos lugares, además de participar de vez en cuando en las expediciones oficiales o semi-oficiales al sertón, con los objetivos de cazar indios y buscar minerales preciosos como oro, plata y esmeraldas.

---

puede afirmar que estamos ante "procesos y conflictos que remiten, de manera directa e inmediata, a relaciones de poder, y, consecuentemente, son irreductibles tanto a las motivaciones individuales como a las determinaciones (casi siempre económicas) de la estructura" (Vainer, Carlos. "A violência como fator migratório- Silêncios teóricos e evidências empíricas", En: *Travessia: Revista do migrante*, 9, 25, 1996, 7). La "libertad de circular" que pretendidamente marca la emergencia del modo capitalista de producción está compuesta también por la *obligatoriedad de la circulación* en busca de medios para la sobrevivencia. Aceptada esta dimensión de la movilidad del trabajo bajo el capital, resta considerar que, aún en situaciones de coerción irresistible, al migrante se le presenta un *abanico de alternativas en cuanto a los itinerarios y lugares de destino posibles.* La opción, individual o no, por una de esas alternativas, tiene necesariamente en consideración las experiencias personales, familiares o colectivas.

[3] En un sentido general, el término *garimpeiro* alude a aquella persona que hace de la búsqueda de metales y piedras preciosas su modo de vida. Véase: Buarque de Holanda Ferreira, Aurélio. *Novo Diccionario Aurélio da Lengua Portuguesa,* Río de Janeiro: Editora Nova Fronteira S.A, 1986) (nota de las editoras).

[4] El término "sertón" (en portugués *sertão*) suele denominar a aquellas regiones agrestes, distantes de poblaciones o de tierras cultivadas. Véase: Buarque de Holanda Ferreira, Aurélio. *Novo Diccionario Aurélio da Lengua Portuguesa* (nota de las editoras).

Todo indica que, desde entonces, se constituyó un contingente de expertos en la prospección, extracción y tratamiento aurífero, que tendrían inclusive participación en el descubrimiento del oro en Minas. De actuación predominantemente pionera en cuanto a los descubrimientos, la Metrópoli y las demás autoridades coloniales sabían valorizar sus conocimientos empíricos sobre tales actividades.

Gran parte de los descubrimientos de yacimientos de oro y diamantes en Minas Gerais, Goiás y Mato Grosso fue obra de este segmento social, privado de vínculos estables con la tierra y que se desplazaba en busca de oportunidades de sobrevivencia y ascenso social. Formado básicamente por aventureros europeos atraídos por el oro, mestizos libres y pobres nacidos en la Colonia, ex-esclavos fugados o liberados. Su situación de grupo social intermedio entre los señores y la gran masa de cautivos permite incluirlos entre los que Caio Prado Jr. denominó *desclasificados* de la Colonia, "individuos de ocupaciones más o menos inciertas o aleatorias, o sin ocupación alguna"[5].

Desempeñando un importante papel en los nuevos descubrimientos y en la consolidación del poblamiento de Minas, el minero por cuenta propia —generalmente llamado *faiscador*— era tolerado, siempre que sólo explotase pequeños yacimientos superficiales o los ya trabajados por la gran minería. También permanecía, frecuentemente, desplazándose por el llamado sertón en busca de otras oportunidades.

En tanto, la estructura administrativa y fiscal montada en Brasil por la Corona, desde el surgimiento de las primeras noticias sobre el oro, asumía el papel de ejercer, cuando hubiese ocasión, un control minucioso tanto sobre la movilidad como sobre los medios de vida de este grupo de desclasificados. En momentos en los que el flujo de migrantes oriundos de otras partes de la Colonia e incluso de Europa se consideraba preocupante, se crearon normas que exigían permisos oficiales para el desplazamiento y para la actividad minera. Frecuentemente, los desclasificados merecieron la calificación de "vagos" o "vagabundos", expresiones que en la Colonia se podían aplicar a casi toda la población pobre no incluida en ninguno de los dos extremos de la sociedad[6].

---

[5] Prado Jr., Caio . *Formação do Brasil contemporâneo* 1981[1942], San Pablo: Brasiliense, 281.
[6] La referencia más importante para el análisis de la ambigüedad oficial frente a los desclasificados sociales en la Colonia es el estudio de De Mello e Souza, Laura. *Desclassificados do ouro: A pobreza mineira no século XVIII*, Río de Janeiro: Graal, 1986.

Se temía principalmente por el desvío del oro y por los conflictos y desórdenes en las áreas más distantes del control de la Corona. El estímulo oficial a la urbanización en las regiones mineras, con la conversión de los asentamientos aglomerados en villas y la consecuente dotación de una burocracia colonial a tales núcleos de poblamiento fueron dimensiones de esta tentativa de encuadramiento de las poblaciones y de las producciones locales.

La ambigüedad de la política oficial con respecto al pequeño minero conoció, sin embargo, una modificación decisiva luego del descubrimiento, ya en el siglo XVIII, de diamantes en diversas áreas del territorio colonial: Minas Gerais, Goiás y Mato Grosso. Se demarcaron territorios –los llamados "distritos diamantinos"– en los cuales la explotación de las piedras era rigurosamente prohibida, previéndose severas penas para los sospechosos de extraer, transportar o comerciar diamantes ilegalmente. La minería del oro acabó por ser prohibida también en estos distritos, ya que se realizaba en los mismos lugares donde se explotaba el diamante.

Los grandes contratistas, y posteriormente la propia Corona, pasaron a tener el monopolio absoluto de la explotación. Entre tanto, desconsiderar el hecho de que en tales áreas la minería era el medio de vida básico llevó a que la explotación ilegal fuese una consecuencia lógica de las medidas restrictivas. De esta manera, no tardaron en surgir noticias sobre los *grimpeiros*, más tarde *garimpeiros*, así definidos en 1801 por el cronista Vieira Couto: "nombre con que se designa en este país a los que practican la minería furtivamente en las tierras diamantinas, y que así son llamados por vivir y andar escondidos por las *grimpas* (crestas) de las sierras"[7].

La actividad de *garimpo*, "minería furtiva" en un territorio que el poder del Estado pretendía mantener minuciosamente controlado y demarcado, no solo implicaba una intensa movilidad espacial, sino que se definía por la misma. La asociación entre *clandestinidad* y *movilidad espacial* –constituyente del concepto histórico de *garimpo*– ha permanecido hasta la actualidad, aunque no siempre adecuada a las diversas formas asumidas por la actividad.

Perseguido por los destacamentos militares y sujeto a penas rigurosas, como castigos físicos (en el caso de ser esclavo), prisión y deportación a África, el *garimpeiro* aparece como un personaje de los cronistas de la Colonia, quienes registraron su actuación en casi todas las regiones mineras. Concluido el período colonial, aparecen también en los relatos de

---

[7] De Mello e Souza, L. *Desclassificados do ouro- A pobreza mineira no século XVIII*, 202.

los viajeros extranjeros que recorrieron, a lo largo del siglo XIX, las mismas regiones, ahora en estado de decadencia.

La disminución del interés por el control territorializado de las áreas mineras, junto con el hecho concreto del *garimpo* permiten que la actividad se vaya desplazando, progresivamente, de la situación de absoluta clandestinidad hacia la de alternativa de sobrevivencia, tolerada en ciertas áreas. Sin embargo, en momentos de conflictos de intereses, el *garimpeiro* puede volver a ser definido en función de su burla a las interdicciones territoriales a la pequeña minería.

Por lo general, el *garimpeiro* pasa a ser entendido como un trabajador involucrado en la búsqueda y explotación mineral, especializado en la actividad y que emplea instrumental relativamente rudimentario, ya sea individualmente o en pequeños equipos. Eventualmente, la denominación se puede extender al agricultor que recurre, durante cierto tiempo, a la extracción de recursos minerales a su alcance, en las mismas condiciones sociales y técnicas.

Diferentes dimensiones de la movilidad *garimpeira* en la actualidad

De la explotación colonial, así como de la que siguió a este período, quedaron "núcleos de concentración" del *garimpo*, en los cuales, probablemente, el garimpo jamás se extinguió del todo, permaneciendo en condición marginal y en forma subordinada a otras actividades. Tales áreas, que asumieron la característica de "reductos", pasaron a funcionar también como lugares de origen de *garimpeiros* que se desplazaban en busca de nuevos descubrimientos o respondiendo a noticias sobre los mismos. Se establecía así, entre determinados lugares, una red que implicaba la circulación de informaciones y de trabajadores entre puntos de ocurrencia de *garimpo* en el territorio nacional.

Tal proceso queda bien evidenciado, por ejemplo, cuando se analiza el caso de la movilidad de los *garimpeiros* del diamante. Aún en la Colonia, los trabajadores expulsados por la Demarcación Diamantina se aventuraron por el sertón y realizaron nuevos hallazgos en áreas como el oeste de Minas y el Triángulo Minero[8]. A partir de mediados del siglo XIX, en las áreas mineras de Bahía, en la región actualmente conocida como Chapada Diamantina, los mineros provenientes de la Demarcación tuvieron

---

[8] von Eschwege, Wilhem. *Pluto Brasiliensis*, Itataia: Universidade de São Paulo, 1979[1833] v. 2, 106.

una importante participación en el descubrimiento de los yacimientos y en la organización inicial de la producción[9]. Y ya en el siglo XX, la región diamantífera de Poxoréo (Mato Grosso) fue ocupada a partir de la década de los veinte, principalmente por bahianos y marañenses, que traían (especialmente los primeros) la práctica de *garimpar* adquirida en sus áreas de origen[10].

Ocurre, así, una especie de "especialización" de ciertas áreas en el envío de *garimpeiros* hacia otras. Éstos tienden a ocuparse primordialmente de la explotación de las mismas sustancias que existen en la región de origen, en la que tiene lugar, a lo largo de generaciones, la transmisión de las habilidades necesarias. Por eso, como tal especialización no es absoluta y el instrumental de trabajo utilizado para los diversos tipos de *garimpo* fue, durante mucho tiempo, básicamente el mismo, ocurrieron también descubrimientos de otros minerales a lo largo de los trayectos de los *garimpeiros* por las diversas regiones.

Un ejemplo de esto puede encontrarse en el caso del área aurífera de Crixás, al norte del actual Estado de Goiás, que permaneció como lugar de *garimpo* eventual desde la Colonia. *Garimpeiros* de diamante provenientes de Bahía, en camino hacia Poxoréo y Alto Araguaia, se establecían temporariamente en Crixás, ocupándose del *garimpo* aluvial de oro.

Más recientemente, la misma área, habiéndose también convertido en lugar de paso de *garimpeiros* de oro a partir del *boom* amazónico de la década de los ochenta, asistió al descubrimiento de nuevos yacimientos, como el de esmeraldas, en el lugar actualmente conocido como Campos Verdes. Se desarrolló allí un núcleo urbano (actualmente con *status* de sede de municipio), que pasó a polarizar los desplazamientos de *garimpeiros* provenientes específicamente del área productora de esmeraldas de Bahía.

De acuerdo con lo ya afirmado, no siempre el trabajador que se desplaza con rumbo a las áreas de *garimpo* tiene como único medio de subsistencia esta actividad. El caso del área de colonización de Peixoto de Azevedo–Alta Floresta, al norte de Mato Grosso, es un ejemplo de frontera de expansión donde, inicialmente, existía una clara diferenciación entre colonos del sur (que buscaban el uso agrícola de la tierra) y migran-

---

[9] Moraes, Walfrido, *Jagunços e heróis-A civilização do diamante nas lavras da Bahia*, Río de Janeiro: Civilização Brasileira, 1963, 13.

[10] Baxter, Michael, *Garimpeiros de Poxoréo: Mineradores de pequena escala de diamantes e seu meio ambiente no Brasil*, Brasilia: Senado Federal, 1988[1975].

tes nordestinos (que desde fines de los años setenta se desplazaban hacia los *garimpos* de oro de la región)[11]. Sin embargo, a medida que se hacía evidente la perspectiva desfavorable de los proyectos de colonización, incluso los agricultores del sur pasaron a dedicarse, total o parcialmente, a los *garimpos* entonces en fase de "explosión"[12].

Un claro ejemplo de migraciones temporarias con alternancia entre *garimpo* y agricultura es el de los pequeños agricultores del Marañón, que se desplazan estacionalmente hacia el Valle del Tapajós, en Pará[13]. Se trata de una forma de movilidad en la cual el *garimpo* no es asumido como actividad principal, y sí como complemento de la pequeña agricultura familiar del oeste marañense[14].Tal afluencia de agricultores marañenses, característica de los *garimpos* de oro del Tapajós desde la década de los sesenta, se reprodujo también, de manera espacialmente concentrada en el área de destino, como en el caso de Sierra Pelada durante los años ochenta.

Los ejemplos anteriores permiten que se perciba la extrema diversidad asumida por la movilidad *garimpeira* en nuestro país, hecho constantemente oscurecido por la gran importancia dada al *garimpo* amazónico a partir de la década de los ochenta. Este ha monopolizado la atención de la opinión pública debido a los conflictos y problemas que produce, lo cual oscurece la percepción de otras formas de *garimpagem*.

La dispersión de la actividad por las diversas regiones, lidiando con varias sustancias y yacimientos minerales de naturaleza diferente y asumiendo formas específicas de relaciones con la sociedad local, redundan en una situación multifacética que no permite hablar simplemente del *garimpeiro* sin adjetivaciones. En lo que atañe a la característica más destacada por el presente trabajo –la movilidad espacial– ya se vio que esta presenta especificidades que merecen ser analizadas, a fin de escapar de la visión estereotipada y habitual en el examen del tema. En ese

---

[11] Coy, Martin, "The frontier of north Mato Grosso between soybean production, timer extraction and gold mining". En: Kleinpening, J.M. (org). *The incorporative drive-Examples from Latin America*, Fort Lauderdale: Verlag Breitenbach, 1991, 52.

[12] Tovares dos Santos, José Vicente, *Matuchos: exclusão e luta – Do Sul para a Amazônia*, Petrópolis: Vozes, 1993, 139.

[13] En la Amazonia, la cosecha agrícola –período de lluvias– coincide con la llamada "entrecosecha del *garimpo*", cuando el alto nivel de las aguas de los ríos dificulta los trabajos de minería en los lechos y márgenes.

[14] Carneiro Paixão, Alberto E., *Trabalhadores rurais e garimpeiros no vale do Rio Tapajós*, Belém: Governo do Estado do Pará, 1992.

sentido, se buscó esbozar, aunque someramente, una tipología básica de la movilidad *garimpeira*[15].

Puede percibirse, en este sentido, que los *garimpos* integrados a frentes de expansión demográfica y económica en áreas donde la extracción de determinados recursos mineros presenta un carácter pionero se distinguen de aquellos situados en áreas de poblamiento consolidado[16].

Los primeros (frentes de expansión demográfica y económica) se caracterizan por el hábitat básicamente rural o concentrado en pequeños poblados próximos a los lugares de extracción mineral, llamados *corrutelas*. Tales aglomerados pueden llegar a alcanzar una concentración poblacional apreciable. De todos modos, esta situación suele orientarse hacia una consolidación del poblamiento local, hecho que ya tendería a incluir al *garimpo* como perteneciente al segundo tipo.

La situación de frontera suele acarrear, en los *garimpos* de frente de expansión, conflictos con los ocupantes del lugar (especialmente pueblos indígenas, en el caso amazónico) y con el gran capital que detenta los derechos mineros sobre el área. Son situaciones de tensión social, cuya divulgación da cuenta en modo significativo del rechazo que los *garimpeiros* sufren por parte de la opinión pública. Ésta tiende a conside-

---

[15] La tipología no enfatiza las especificidades en términos de las relaciones de trabajo vigentes en los *garimpos*, dimensión también merecedora de un análisis más cuidadoso. Para un enfoque sobre la misma, ver las obras de Lourenço Pereira, Alberto Carlos. *Garimpo e fronteira amazônica –As transformacões dos anos 80*. [Disertación de Maestrado en Economía. Belo Horizonte: Cedeplar/UFMG, 1990], Carneiro Paixão, Alberto E. *Trabalhadores rurais e garimpeiros no vale do Rio Tapajós*, Belén: Governo do Estado do Pará, 1992; y la síntesis de Alves, José. "Relaçoes de trabalho na atividade garimpeira". En: Barbosa, L., A.L. Lobato, J.A. Drummond (orgs.), *Garimpo, meio ambiente e sociedades indígenas*, Río de Janeiro/Niteroi: CETEM/EDUFF, 1992. Se debe observar, sin embargo, el hecho de que todas estas contribuciones han destacado principalmente el caso del *garimpo* amazónico.

[16] Aquí se entiende el concepto de *frente de expansión* en el mismo sentido empleado por Otávio Guilherme Velho, en relación al "frente minero" vigente en el área de Marabá, Pará, durante la primera mitad del siglo XX (Gilherme Velho, Otavio. *Frentes de expansão e estrutura agrária-Estudo do Processo de penetração Numa área da Transamazónica*, Río de Janeiro: Zahar, 1981, cap. 1). Se considera, por otra parte, que la integración de la actividad *garimpeira* a las estructuras del mercado hace que el caso del *garimpo* se distinga del caso del frente de expansión campesina, tal como es entendido por De Souza Martins, José en su libro: *Capitalismo e tradicionalismo –Estudos sobre as contradições da sociedade agrária no Brasil*, San Pablo: Pioneira, 1975, cap.3, ya que la naturaleza de las relaciones capitalistas presentes no permite hablar solo de economía de excedente. En este sentido, usando los términos de Martins, no habría distinción entre las fronteras económica y demográfica en el caso del *garimpo*. Para el concepto de *frente garimpeiro, o frontera garimpeira*, ver Godfrey, Brian "Migration to the gold-mining frontier in Brazilian Amazonia", *Geographical Review*, 82, 4, 1992, 458-469; y Lourenço Pereira, Alberto Carlos, *Garimpo e fronteira amazônica: As transformacões dos anos 80*.

rarlos como negadores absolutos de ciertas "líneas maestras" que defini-
rían la nueva faz del país en su tránsito hacia la tan ansiada modernidad:
la preservación ambiental, la gran empresa eficiente y no expoliadora, las
relaciones de trabajo humanas y bien remuneradas[17].

Desde el punto de vista de la espacialidad de los *garimpeiros*, una
característica encontrada frecuentemente es la restricción del acceso a los
lugares de explotación. La constitución de estructuras de control, que
incluyen el transporte de los trabajadores desde sus áreas de origen, las
formas de esclavitud por deudas y el control sobre la comercialización de
bienes de consumo por jefes y comerciantes locales son distintivos de los
garimpos situados en áreas de frontera.

Los ejemplos de *garimpos* en áreas de expansión son justamente los
más presentes en los noticieros de los medios masivos de comunicación.
Se trata básicamente de la forma de explotación que avanzó por la Amazonia Legal a partir del núcleo actuante desde los años sesenta en el valle
del Tapajós, siguiendo con la explosión de la casiterita en Rondonia en
la década siguiente y desembocando en el gran *boom* de la extracción
aluvial del oro, generalizada en prácticamente toda la región durante los
ochenta[18]. En la actualidad, también se da la penetración en busca de oro
y diamante en la "última frontera" de Roraima y del noroeste de la Amazonia, traspasando ya los límites del territorio nacional[19].

Los *garimpos* ubicados en *áreas de poblamiento consolidado* pueden ser
definidos como aquellos que desarrollaron modos relativamente estables
de convivencia con la sociedad local. Se sitúan, la mayoría de las veces,
en regiones cuya ocupación inicial se debió a la minería, a partir de los
siglos XVIII, XIX e incluso en la primera mitad del siglo XX. La "tradición *garimpeira*" afirmada en tales lugares llevó a que su población deten-

---

[17] Barbosa, Lívia, "Garimpo e meio ambiente –Águas sagradas e águas profanas". En:
Barbosa, L., A. L. Lobato y J.A Drummond (orgs.), *Garimpo, meio ambiente e sociedades
indígenas*, Río de Janeiro/Niteroi: CETEM/EDUF, 1992, 50.

[18] El ejemplo de Sierra Pelada no puede tomarse como típico de los *garimpos* de frente de
expansión. La excepcionalidad de las características geológicas del yacimiento en términos
de la Amazonia (presencia concentrada de oro, en vetas primarias y presentando grandes
pepitas) y de la forma de organización social alcanzada (notable urbanización, control
oficial riguroso) colocan este caso en un lugar aparte. Tampoco sería posible, por las
razones que se verán a continuación, alinearlo junto con los *garimpos* del segundo tipo.
Todo esto lleva a la consideración de Sierra Pelada como un *garimpo* absolutamente atípico,
cuya existencia difícilmente se repetirá. Elmer Prata Salomao "O ofício e a condição de
garimpar". En: Rocha, G.A. (org.), *Em busca do ouro-Garimpos e garimpeiros no Brasil*, Río de
Janeiro: Marco Zero, 1984, 61.

[19] Wagner Berno de Almeida, Alfredo, "Continentalização dos conflitos e transformações na
geopolítica das fronteiras", *Reforma Agrária*, 23, 3, 1993, 69-106.

tara un saber bastante específico sobre la prospección y extracción de minerales como oro y diamantes. Ahí se encontraban, a veces, individuos expertos en la habilidad de reconocer vestigios de antiguas explotaciones mineras desactivadas, así como sitios aún relativamente vírgenes[20].

A diferencia de lo que ocurre en los *garimpos* de frente de expansión más típicos, en las áreas de poblamiento consolidado los poblados *garimpeiros* tendieron frecuentemente a evolucionar hacia núcleos urbanos, inclusive alcanzando el *status* de sedes de nuevos municipios. El nombre *garimpo* pasa a tener, en estos casos, una expresión explícitamente espacial, ya que es empleado para nombrar no solo a la actividad, sino a todo el núcleo urbano desarrollado a partir de la misma. Parte considerable de la población del lugar es, por lo tanto, considerada como *"garimpeira"*.

Garimpos consolidados son hoy, por ejemplo, los del diamante en el valle del Jequitinhonha (Minas Gerais), en la Chapada Diamantina (Bahía) y en el alto valle del Araguaia (Goiás y Mato Grosso), los de oro en Poconé (Mato Grosso), y en Crixás de Minacu (Goiás), los de esmeraldas en Campos Verdes (Goiás) y en Carnaíba (Bahía). En estas áreas, tanto el inicio del *garimpo* en los años ochenta como su reinicio sobre nuevas bases ocurrieron en medio de las actividades agrícolas o pecuarias antes predominantes, constituyendo un foco de atracción para migrantes, inclusive de otras regiones.

Estas áreas de explotación antigua y de *garimpo* en pequeña escala sufrieron también la influencia del *boom* amazónico de la minería aurífera en la década de los ochenta. Los conocimientos prácticos de los antiguos moradores fueron, muchas veces, instrumentalizados por equipos de *garimpeiros* llegados de afuera, dotados de base tecnológica más moderna, que trajeron también relaciones de producción adecuadas a estas nuevas fuerzas productivas. La expectativa de repetir los descubrimientos excepcionales verificados en la Amazonia llevó a la reactivación de yacimientos que se consideraban agotados, e incluso al inicio de la explotación de nuevos yacimientos mineros, distintos de los que habían participado en los procesos históricos de poblamiento local[21].

---

[20] Nuestra investigación en Goiás (y, secundariamente, en Minas Gerais) ha dado cuenta de la existencia, aún hoy, de tal habilidad, que abarca tanto el conocimiento empírico sobre las formas en que se presentan los yacimientos como también la capacidad de reconocer la ubicación de las llamadas "excavaciones de los *bandeirantes*", consideradas aún como potencialmente ricas, especialmente en el caso del oro.

[21] Son ejemplos el ya citado caso del descubrimiento de yacimientos de esmeraldas próximos a un área tradicionalmente aurífera, como la de Crixás en Goiás. En este mismo Estado, el inicio del *garimpo* de casiterita en los años setenta puede asociarse –aunque no exclusivamente–

Desde el punto de vista de la movilidad espacial hasta entonces practicada por los *garimpeiros* de tales áreas, la importación del "patrón amazónico" de explotación conllevó también su inserción en otras escalas de desplazamiento. Sumándose a las ya practicadas incursiones por las áreas locales de explotación, pasaron a ofrecerse otras alternativas, en un abanico de opciones que incluía parte considerable del centro-oeste y, principalmente, la Amazonia. Nuevos itinerarios, además de los tradicionales, pasaron a ser practicados.

No se trata, por lo tanto, de contraponer el alto grado de movilidad presente en los *garimpos* del primer tipo a una situación de mayor "fijación" de los trabajadores en los últimos. En realidad, la propia naturaleza de la actividad *garimpeira* implica alzas y bajas en la producción, razón por la cual, incluso en las áreas de poblamiento consolidado, se hace necesario el desplazamiento hacia otras, inclusive distantes. La integración, a partir de los años ochenta, de las áreas de *garimpo* tradicional en los itinerarios que engloban otras regiones incorporó, desde las perspectivas de los *garimpeiros*, la posibilidad de movilidad espacial a una escala hasta entonces inédita para la realidad local.

Así, los lugares de *garimpo* se convirtieron en *núcleos de cruce entre itinerarios diversos*, desde aquellos transitados por muchas generaciones hasta los que se establecieron en tiempos más recientes, en la senda de las modificaciones por las que pasó la explotación del oro. Los trabajadores encontrados en tales lugares pueden estar enfrentando las más diversas situaciones, como una dedicación estacional a la actividad, un momento de simple pasaje por el lugar (orientados por la *fofoca* y con la expectativa del *bamburro*), o también una permanencia frente a la ausencia de otras perspectivas[22].

Un mismo lugar puede representar, así, la confluencia de itinerarios de naturaleza diferenciada, extendiéndose por las más variadas escalas y agrupando a individuos que se mueven según diversas motivaciones. La situación resultante puede dar la impresión de aleatoriedad en los des-

---

a la llegada de un gran contingente de trabajadores expulsados de la explotación de este mineral en Rondonia, véase: Rabelo, Francisco C. E. e Rosângela Alves Japiassu, "Garimpeiros de cassiterita no Estado de Goiás". *Revista do Instituto de Ciências Humanas e Letras (UGS)*, 2, 1, 1982, 177.

[22] El "*bamburro*" es el sueño de enriquecimiento súbito gracias a un descubrimiento de carácter excepcional, mientras que la *fofoca* es la difusión de novedades respecto de *garimpeiros* que estarían *bamburrando* en otras áreas. Más allá de su carácter ilusorio, tales expectativas guían buena parte de las decisiones de los *garimpeiros* en cuanto a migrar o permanecer. El *blefe*, por otra parte, es el *garimpo* fracasado.

plazamientos, y también de una masa compuesta por individuos cuyo comportamiento espacial no denota racionalidad alguna.

En realidad, esta impresión de anomia resulta de un entrecruzamiento de procesos diferentes, no todos visibles. Frente a ello, entender la movilidad espacial como *estrategia* ofrece una posible "entrada" para que el observador externo llegue a percibir qué procesos están en juego. El comportamiento espacial del *garimpeiro*, lejos de deberse a su "espíritu nómade" o a su ambición desmedida, resulta de la adopción de una alternativa para enfrentar cuestiones concretas de sobrevivencia. El sueño del enriquecimiento, dimensión siempre presente, merece ser encarado más como un importante catalizador del movimiento que como "causa última".

La referida estrategia de movilidad se concretiza a través de opciones hechas en torno a una *red de itinerarios posibles*, históricamente constituidos y apoyándose en lugares que se individualizaron en función de cierta *notoriedad* conquistada a partir de la existencia de la explotación *garimpeira*.

Esta última cualidad, difícilmente definible, puede ser también "producida" por iniciativas oficiales, por las noticias de la prensa o por informaciones transmitidas por la red de contactos personales. Ciertos lugares pasaron a gozar de esa cualidad de generar hechos notables en una proporción que sobrepasaba las posibilidades reales de ascenso social. Con respecto a esto, vale observar, una vez más, que el análisis del crecimiento de la actividad *garimpeira* en cualquier región pasa necesariamente por la consideración del *boom* del *garimpo* amazónico de los años ochenta. Fue a partir de situaciones totalmente atípicas, como la de Sierra Pelada, que se forjó una mística de la posibilidad de enriquecimiento, que sirvió como referencia más general.

Evidentemente, la mera existencia de alternativas para la movilidad espacial es insuficiente para explicarla. Un análisis que ignorase la existencia de los procesos de producción de movilidad de la fuerza de trabajo por el sistema económico como un todo estaría naturalizando la "aspiración a desplazarse" o, incluso, reforzando los ya mencionados estereotipos del *garimpeiro* como nómade o aventurero.

Con todo, para los fines del presente trabajo, aquí solo se señalarán las condiciones de fluidez del mercado de trabajo en Brasil, el cual comporta tanto un pequeño núcleo de empleo estable y relativamente bien remunerado cuanto una mayoría de puestos de trabajo que cuentan con vínculos inestables y un nivel de remuneración reducido. La existencia de flujos de contratación y despido característicos de una alta rotación de la mano de obra acarrea una expectativa permanente, por parte de los trabajadores, en cuanto a qué sectores de la economía estarían, en cada momento, favoreciendo la generación de empleos[23]. En tal contexto, la posibilidad de movilidad espacial puede aparecer tanto como una "puerta" que, eventualmente, viabilizaría la posibilidad de ascenso social, o como una "capacidad de respuesta" necesaria frente a la acelerada rotatividad de mano de obra impuesta por los empleadores.

No parece demasiado osado plantear la hipótesis de que tales condiciones –que se hicieron sentir de manera acentuada en los años ochenta– hayan afectado la dinámica poblacional del territorio brasileño como un todo. El *garimpo*, único "foco notorio" de crecimiento del empleo a lo largo de la década, junto a la frontera de Rondonia (sobre todo durante la primera mitad de este período), habría sido afectado por estas mismas condiciones[24].

Hay que observar, sin embargo, que el mismo autor citado muestra –en base al análisis de los resultados del último censo demográfico– una disminución, a lo largo de la última década, del "radio" de los trayectos migratorios, causada a su entender por la coyuntura de crisis que habría desestimulado la realización de desplazamientos más ambiciosos[25]. El estancamiento relativamente generalizado de la economía brasileña en los años ochenta parece, según tal perspectiva, haber actuado sobre condiciones tradicionalmente señaladas como orientadoras de los flujos migratorios, tales como las diferencias interregionales de ingreso o de condiciones de vida.

Resulta poco provechoso, sin embargo, explicar la migración como mera respuesta a la generación de empleos, por parte del sistema económico, en los diversos puntos del territorio nacional. Diversas limitaciones pueden forzarla, así como la existencia de estrategias de sobrevivencia elaboradas colectivamente. La constatación de una situación de crisis en la generación de empleos, por más difundida que sea, no es suficiente

---

[23] El análisis de Baltar y Proni se refiere básicamente al trabajo urbano. Sin embargo, aquí se considera que sus observaciones en cuanto a la fluidez del mercado de trabajo pueden ser extendidas a otras esferas, más aún en el caso del *garimpo*, que durante los años ochenta pasó a absorber contingentes significativos de trabajadores con origen o experiencia previa urbana. De Andrade Baltar, Paulo E. y Marcelo Weishaput Proni: "Sobre o regime de trabalho no Brasil". En: De Oliveira, A.A.B e J.E.L. Mattoso (orgs.), *Crise e trabalho no Brasil-Modernidade ou volta ao passado?*, San Pablo: Scritta, 1996, 117-119.

[24] Martine, George, *Processos recentes de concentração e desconcentração urbana no Brasil-Determinantes e implicações*, Brasilia: Instituto SPN, 1992, 22.

[25] Martine, George, *Processos recentes de concentração e desconcentração urbana no Brasil-Determinantes e implicações*, 22.

para desestimular las diversas formas de movilidad espacial a que se ve forzada o inducida buena parte de la población brasileña.

La migración podría ser encarada, así, como estrategia colectiva que atraviesa las oscilaciones del contexto económico del país, siendo afectada por este pero de manera mediada y no absoluta. En su condición de proceso social (o de confluencia de un haz de procesos sociales) trasciende el nivel del individuo, incluso en el caso de la migración de un único representante del grupo considerado.

En la crisis parece acentuarse aún más la tendencia a que los migrantes busquen apoyo en las redes de parentesco y de amistad, situadas no solo en las áreas vecinas, sino también en los diversos puntos del territorio nacional. Las redes sociales que preexisten a la migración individual desempeñan un papel importante en tal articulación, ayudando a hacer circular las informaciones relevantes y fortaleciendo apoyos locales a quienes se desplazan[26].

El lugar del *garimpeiro* y del migrante en el territorio nacional

El breve examen de algunas formas de movilidad *garimpeira* ha demostrado que estos trabajadores comparten con otras categorías de migrantes algunos de los rasgos que caracterizan la dinámica espacial de la población brasileña. El reconocimiento de la movilidad espacial como estrategia de supervivencia y la existencia de itinerarios que componen un abanico de opciones a ser consideradas por quienes se desplazan parecen ser algunos de esos rasgos.

La migración ya ha sido pensada por muchos, en el plano individual, como un momento importante de una trayectoria de vida rumbo a la inclusión en relaciones sociales más modernas, o menos injustas, que aquellas vigentes en las áreas de origen del movimiento. Si tal objetivo no siempre se verificaba, la responsabilidad debía estar en el desconoci-

---

[26] Puede ofrecerse un ejemplo esclarecedor con relación a la movilidad entre las tres áreas de *garimpo* de esmeralda en Brasil, localizadas en los Estados de Goiás, Bahía y Minas Gerais. El área de Carnaíba (Bahía), más tradicional, abastece la casi totalidad de los *garimpeiros* que circulan repetidamente por los lugares de explotación, contando principalmente con el apoyo de familiares y amigos. La extensión espacial de las redes de parentesco, originada en función de migraciones pasadas, llevó a la existencia de familias enteras dedicadas al *garimpo* de esmeralda, dispersas por las tres áreas. Tal esquema se muestra indispensable para aquellos que se desplazan, tanto en la circulación de informaciones como en la recepción y en la orientación hacia el trabajo.

miento, por parte de los migrantes, de las condiciones concretas que les aguardaban.

Socialmente, las migraciones conocieron, análogamente, interpretaciones que destacaban su integración a los procesos más generales de reestructuración espacial, ya sea en calidad de mera respuesta a los estímulos económicos del mercado; o como componente importante de la propia dinámica de este último. El signo –positivo o negativo– conferido a los movimientos migratorios frente a objetivos como el desarrollo económico variaba según el análisis, razón por la cual las migraciones podían ser vistas, alternativamente, como procesos a ser estimulados, contenidos, orientados, controlados, etc.[27]

Actualmente se avanza en el sentido de negar, en cuanto al citado plano individual, que la migración pueda ser capaz de conducir a la mencionada inclusión en relaciones sociales consideradas de tipo superior. Tal movimiento tiende a ser visto como mero desplazamiento en el espacio de excluidos sin posibilidad alguna de ser absorbidos por el sistema.

En lo que se refiere a la dimensión social de la migración, ésta pasa a ser vista de manera más escéptica en cuanto a su capacidad de contribuir a la atenuación de los desequilibrios socioespaciales, o incluso de constituir un objeto merecedor de intervención. Se niega, crecientemente, la posibilidad de la inclusión del migrante –a lo largo o al final del proceso– en relaciones sociales cualitativamente diferentes de aquellas en las que anteriormente se insertaba.

Las migraciones parecen asumir, simplemente, la función de "desalojar" a excluidos de lugares donde son rechazados, debido a que se considera que el mercado de trabajo no los incluye.

El poder público ha adoptado, frecuentemente, este punto de vista, asumiendo las consecuencias que el mismo implica en términos de actuación. Ya son bastante conocidas las informaciones sobre políticas activas –ejercidas generalmente por municipalidades– de desestímulo o impedimento de la llegada de migrantes a las áreas urbanas, que se constituyen en lugares de destino y de pasaje de los llamados trabajadores itinerantes[28]. Tales administraciones justifican su actuación como una

---

[27] Póvoa Neto, Helion, "Migration and labour mobility in contemporary Brazil –New challenges for análisis". *The European Geographer,* 9, 1995: 44-52.

[28] Con respecto a tales trabajadores, así como a las políticas de control sobre ellos, ver Aranha, Valmir, "Os albergues de migrantes no interior do Estado de São Paulo –Programas de ação social ou políticas de circulação de população?", *Travessia –Revista do migrante*, 9, 25, 1996, 25-29; Vainer, Carlos, "Regionalismo e projeto nacional-Uma reflexão sobre

tentativa de evitar al futuro "desocupado, mendigo o asaltante" en que el migrante probablemente se transformará[29], alegando que esta es una política que encuentra un apoyo significativo en la población local.

Queda claro que ya no se espera que la migración represente una salida para el migrante (en cuanto a sus precarias condiciones actuales de supervivencia) ni un mecanismo regulador para el sistema económico (en cuanto a la reducción de desequilibrios y a la atención de demandas locales de mano de obra). Se puede afirmar, siguiendo a Semeraro, que los migrantes pasaron a ser encarados básicamente como *problema social, masas sobrantes, excedentes incómodos,* cuya incorporación al mercado de trabajo aparece como problemática[30]. La cuestión social se presenta desvinculada de las cuestiones concernientes al crecimiento económico, las cuales ya no parecen tener compromiso alguno con las primeras[31].

En lugar de "puente" entre dos situaciones sociales distintas, camino posible de superación de cuestiones individuales/sociales, la condición de migrante se tornó, ella misma, indicadora de la situación de exclusión en que se encuentra quien la presenta[32]. Se interpone una barrera social entre el migrante y la parte de la sociedad que lo rechaza y lo encara como alguien que debe depender de que se le haga el favor de permitirle llegar y quedarse.

Así, no habiendo nada que hacer con aquellos que no fueron incorporados por la pretendida modernidad capitalista, y que probablemente

---

regionalismos velhos e novos" *Cadernos IPPUR/UFRJ*, 7, 2, 1993, 21-34; y Vainer, Carlos, "A violência como fator migratório- Silêncios teóricos e evidências empíricas", *Travessia: Revista do migrante*, 9, 25, 1996, 5-9.

[29] Vainer, Carlos, "Regionalismo e projeto nacional-Uma reflexão sobre regionalismos velhos e novos", 27.

[30] Semeraro, Joao, "A nova cara da migração" *Missões-Revista de formação e informação missionária*, 21, 4, 1994, 15.

[31] Vainer, Carlos y Martin Smolka, "Em tempos de liberalismo. Tendências e desafios do planejamento urbano no Brasil". En: Piquet, R. y A.C. Ribeiro (orgs.), *Brasil, territorio da desigualdade - Descaminho da modernização*, Río de Janeiro: Zahar/Fundação Universitária José Bonifacio, 1991, 24.

[32] La cuestión de la *exclusión social* es compleja, y la utilización del término está lejos de merecer unanimidad. Sin pretender lidiar directamente con el tema, en este trabajo se utiliza la expresión tal como la define Elimar Nascimento, quien considera que la misma se refiere a la "articulación de un conjunto de clivajes de orden económico, social, espacial, cultural, sexual y racial, que se alimentan de estructuras históricas y representaciones sociales persistentes, de carácter discriminatorio. [...] Estructuras y representaciones productoras de exclusiones, que se erigen como obstáculos a la creación de un espacio público igualitario y al establecimiento de una lógica social de integración". Pinheiro do Nascimento, Elimar, "A exclusão social no Brasil-Algumas hipótesis de trabalho e quatro sugestões práticas", *Cadernos do CEAS*, 152, 1994, 63.

no lo serán jamás, queda la posibilidad de *ponerlos en su debido lugar*, llevándolos hacia las localizaciones y los itinerarios socialmente más *adecuados*. Siendo tal objetivo poco claro, y más oscuras aún las estrategias a ser empleadas para el mismo, se sabe al menos *cuáles no deben ser* los lugares ocupados o recorridos por los indeseables.

En cuanto a eso, están descartadas las metrópolis ya "infladas" por los problemas que el flujo de migrantes supuestamente agrava, así como los centros urbanos de tamaño medio y pequeño considerados como "islas de prosperidad" en un medio rural tomado por la pobreza. Parece quedar el espacio agrario como alternativa para la *fijación* de los migrantes o, en otras palabras, para la *contención* de los excluidos. La discusión actual sobre reforma agraria puede también ser encarada en estos términos, tomándose igualmente en cuenta el agravamiento de conflictos en torno a la tierra, como los recientemente ocurridos en Corumbiara, Eldorado dos Carajás y en el Pontal del Paranapanema. Parece haber un acuerdo creciente, entre las elites, de que "algo hay que hacer" en lo que se refiere a este particular.

Sin embargo, sucede que el espacio rural también se presenta –basta recordar los ejemplos antes mencionados– perturbado y marcado por los procesos de exclusión, lo cual aleja la ilusión de las soluciones fáciles. A esto se suma, evidentemente, la naturaleza de los compromisos políticos que rodean la cuestión agraria y que la hicieron tan compleja a lo largo de la historia del país.

Junto a esto, el rótulo "migración rural-urbana" aparece hoy como muy estrecho para dar cuenta de toda la complejidad de la dinámica de la movilidad espacial de la población brasileña. Y el caso del *garimpeiro* viene a reforzar esta impresión, ya que se refiere a una categoría de trabajador cuyo *lugar debido* no está claro según las formulaciones anteriormente citadas.

El *garimpeiro* tiene, asociada a él, la marca del nómade, de aquel que no se fija. Encarado como personaje exótico, una especie de resquicio de períodos históricos anteriores, de él no se espera más que una movilidad ilógica, incontrolable y frecuentemente nociva.

Si se tratase de encuadrarlo en los marcos conceptuales según los cuales la migración acostumbra a ser pensada, las dificultades serían evidentes: área de origen muchas veces ignorada, área de destino poco definida (ya que el foco a ser alcanzado cambia frecuentemente), intervalos caracterizadores del movimiento migratorio variables y de difícil delimitación.

Son dificultades que se sitúan tanto en el plano del estigma del *garimpeiro* cuanto en el de la insuficiencia de instrumentos adecuados para la comprensión de sus formas de movilidad espacial. No sería difícil, sin embargo, señalar algunas afinidades con el ya mencionado enfoque según el cual se vienen encarando las migraciones en el Brasil actual.

Cuando se percibe al migrante como indeseable, como *sobra* inasimilable por el ambicionado país moderno, cuando la teoría solo consigue diagnosticar la existencia de movimientos aleatorios e individualizados, se está poniendo un *impasse* tanto en el plano de la comprensión de las tendencias en curso como en el de las posibilidades de intervención.

Comprender la trayectoria del *garimpeiro*, como la de cualquier otro migrante, implicará así una reformulación de los esquemas de análisis existentes y de la concepción reductora respecto a las formas de espacialidad socialmente admisibles. Esta reformulación deberá, necesariamente, partir de la premisa de que, si hay una red de disciplinas ejercidas sobre el territorio, también se insinúan, por parte de innumerables grupos, contradisciplinas que tienen, como estrategia, la afirmación de formas alternativas de movilidad espacial.

Volviendo a la breve retrospección histórica ya realizada, se puede recordar cómo, en un sistema colonial empeñado en definir formas de apropiación del espacio y de movilidad permitidas, se desarrollaron actividades dispersas, tácticas, que formaron una contrapartida real, práctica, a la tentativa de negación de estos derechos.

El presente trabajo se cierra con la afirmación de la posibilidad y de la necesidad de una comprensión más multifacética de las formas de movilidad espacial de la población brasileña. Solo así será posible contemplar, en nuestros análisis, tendencias que, habiendo sido alguna vez minoritarias y dispersas, asumen hoy un peso que clama por su consideración en términos sociales más significativos.

Cadenas, redes migratorias y redefinición de lugares. Las migraciones de familias ecuatorianas hacia España[1]

Claudia Pedone

A finales de la década de 1990, el Ecuador sufrió una de las más graves crisis sociopolíticas y económicas de su historia, lo que generó, entre otras cosas, un nuevo movimiento migratorio internacional que alcanzó una magnitud sin precedentes, con un destino específico: España.

En efecto, a partir de 1998, se produjo la llegada de un contingente de familias ecuatorianas al mercado de trabajo agrícola de la provincia de Murcia, en la localidad de Totana; posteriormente, el movimiento migratorio fue masivo, los flujos se diversificaron y se encaminaron también a las ciudades de Madrid y Barcelona.

En este capítulo, analizaremos las primeras estrategias migratorias que se llevan a cabo dentro de los grupos domésticos ecuatorianos y las relaciones que entablan con otros actores de las redes migratorias cuando se elabora y se pone en marcha el proyecto migratorio internacional hacia España. Estas decisiones están condicionadas por representaciones que en la sociedad de origen se tienen de los potenciales lugares de destino.

---

[1] Esta es una versión revisada y sintetizada de la ponencia presentada en la Conferencia Internacional: *"Migración, transnacionalismo e identidades: la experiencia ecuatoriana"*, Quito, 17 al 19 de enero de 2005. Pedone, C., "'Tú siempre jalas a los tuyos'. Cadenas y redes migratorias de las familias ecuatorianas hacia España". En: Herrera, G.; M.C. Carrillo; A. Torres (eds.), *La Migración Ecuatoriana. Transnacionalismo, redes e identidades*, Quito: FLACSO-PMCD, 2005, 105-143.

Por ello, abordaremos cuáles son las representaciones sociales que se conciben en el lugar de origen para tomar la decisión de migrar. Las representaciones cambian según comienzan a articularse las redes migratorias, y ellas van redefiniendo y diversificando espacial y socialmente las trayectorias de la migración.

El análisis del flujo migratorio ecuatoriano es realizado desde el enfoque teórico-metodológico de las cadenas y las redes migratorias. Este abordaje nos permite analizar un proceso colectivo, que involucra a varias generaciones del grupo doméstico, en el cual las decisiones están condicionadas tanto por aspectos materiales como simbólicos.

La utilidad de este enfoque ha sido corroborada a través de los distintos trabajos de campo realizados en Totana (Murcia), Barcelona y Madrid en España y, en Ecuador, en localidades como Baños de Tungurahua.

Cadenas y redes migratorias: una propuesta teórico-metodológica

La perspectiva de las cadenas y redes migratorias constituye un punto de partida útil para analizar el fenómeno de las migraciones internacionales desde la perspectiva de las estrategias puestas en marcha por los propios migrantes en el marco de la globalización y ante el juego de los poderes nacionales e internacionales.

Este abordaje permite interpretar la permanente redefinición de las relaciones de solidaridad y de conflicto[2] entre los integrantes de la red y entre los lugares que forman parte de las trayectorias de los migrantes. La utilización de esta perspectiva demuestra el carácter parcial de los análi-

---

[2] Apelamos a algunos de los presupuestos teóricos de la antropología social y la microhistoria no solo por los aportes que realizan a nivel conceptual y metodológico, sino también porque estas contribuciones llevan implícitas el interés por los vínculos entre los múltiples poderes que permean la sociedad y, en particular, entre la sociedad y el Estado. Para ampliar el tema a nivel teórico metodológico consultar, Devoto, F., "Las cadenas migratorias de los italianos a la Argentina: algunos comentarios". *Estudios Migratorios Latinoamericanos* 3, 18, 1988, 125-134; Devoto, F., "Algo más, sobre las cadenas migratorias de los italianos a la Argentina". *Estudios Migratorios Latinoamericanos* 6, 9, 1991, 323-343. Sturino, F., "Emigración italiana: reconsideración de los eslabones de la cadena migratoria". *Estudios Migratorios Latinoamericanos* 8, 1988, 5-25. Ramella, F., "Por un uso fuerte del concepto red en los estudios migratorios". En: Bjerg, M., H. Otero (comp.), *Inmigración y redes sociales en la Argentina Moderna*, Buenos Aires: CEMLA-IEHS, 1995, 9-21; Pedone, C., "El potencial del análisis de las cadenas y redes migratorias en las migraciones internacionales contemporáneas". En: García Castaño, J.F., y C. Muriel López (eds.), *Actas del III Congreso sobre la inmigración en España. Contextos y alternativas,* Granada: Laboratorio de Estudios Interculturales, 2002, 223-235.

sis que parten tanto del marxismo como del neoliberalismo y que consideran la migración como un fenómeno eminentemente económico.

En nuestra investigación entendemos por *cadena migratoria* a la transferencia de información y apoyos materiales que familiares, amigos o paisanos ofrecen a los potenciales migrantes para decidir, o eventualmente, concretar su viaje. Las cadenas facilitan el proceso de salida y llegada, pueden financiar en parte el viaje, gestionar documentación o empleo y conseguir vivienda[3]. En ellas se produce un intercambio de información sobre los aspectos económicos, sociales y políticos de la sociedad de llegada. En nuestro estudio restringimos las cadenas migratorias al *grupo doméstico*, cuyos límites, en realidad, traspasan la unidad residencial.

Las cadenas forman parte de una estructura mayor: las *redes migratorias*, las cuales son más extendidas y desarrollan una dinámica propia, que incluso puede desprenderse de los estímulos y desestímulos de la sociedad de destino[4]. Gran parte de las investigaciones sobre las redes se han basado en estudios de caso de migraciones internas, sin embargo, la internacionalización de la migración ha dotado de nuevas características a las mismas. Por un lado, en el abordaje de los desplazamientos internacionales debemos tener en cuenta los esfuerzos que los gobiernos realizan para controlar la entrada y la salida tanto de extranjeros como de sus propios ciudadanos. El estudio de la dinámica que adquieren las redes migratorias en el nivel internacional también otorga elementos para comprobar cómo los migrantes pueden burlar o sortear los obstáculos que interponen las políticas públicas que pretenden moldear y controlar estos procesos sociales[5]. Por el otro, los vínculos mantenidos entre diferentes actores, tanto en la sociedad de origen como en la de llegada, llevan a la conformación de espacios sociales transnacionales[6]: el constante transitar de los/as migrantes entre dos mundos culturales, y la circulación de bienes materiales y simbólicos entre los lugares de origen y de destino han creado un nuevo espacio sociocultural y económico que trasciende

---

[3] Mac Donald, L. S. y L. D., Mac Donald, "Chain Migration, Ethnic Neighbourhood Formation and Social Networks". *The Milbank Memorial Fund Quartely* XLII, 1, 1964, 82-96; Jiménez, C. y G. Malgesini, *Guía de conceptos sobre migraciones, racismo e interculturalidad*, Madrid: La Cueva del Oso, 1997.

[4] Jiménez, C. y G. Malgesini, *Guía de conceptos sobre migraciones, racismo e interculturalidad.*

[5] Pedone, C., "Globalización y migraciones internacionales. Trayectorias y estrategias migratorias de ecuatorianos en Murcia, España". *Scripta Nova. Revista Electrónica de Geografía y Ciencias Sociales*, 69 (http://www.ub.es/geocrit/sn-69-49.htm), 2000.

[6] Pries, L., *Migration and Trasnational Social Spaces*, Sidney: Ashgate, 1999.

los límites nacionales y sirve actualmente de contexto global de la migración internacional[7].

Las redes no son ni espontáneas ni efímeras, cambian y se complejizan espacial y temporalmente, debido a las relaciones que genera la entrada de otros actores dentro de su estructura.

Desde el enfoque propuesto, intentamos reconstruir las redes sociales utilizadas por los migrantes, en unos casos para salir del país de origen y, en otros, para insertarse en el lugar de llegada y acceder a la vivienda, al mercado de trabajo y para considerar la posibilidad de migrar a otros destinos. Para ello, los elementos de vital importancia en la dinámica y consolidación de las redes son *la calidad, la cantidad y los modos en que circula la información*. La información no es la misma para todos los vecinos o coterráneos del pueblo, ni necesariamente se trasmite de vecino a vecino, porque los canales mediante los cuales ella circula son las relaciones sociales fuertes que prescinden de la distancia y, por lo tanto, de la frecuencia de los contactos[8].

La construcción y la resignificación de las representaciones de los lugares entre los migrantes ecuatorianos

Los migrantes construyen socialmente representaciones sobre los diferentes lugares de destino, sobre las potencialidades laborales y sobre las ventajas que estos ofrecen para varones y mujeres. Estas representaciones se confunden, se solapan y entran en conflicto entre sí al arribar a los destinos. Así, por ejemplo, se extrapolan datos derivados de mercados

---

[7] Rouse, R., "Mexican migration and the social espace of posmodernism". *Diasporas*, 1, 1991, 8-23. Rouse, R., "Making Sense of Settlement: Class Transformation, Cultural Struggle and Trasnationalism among Mexican Migrants in the United States". Glick Schiller, N., L. Basch, C. Blanc Szanton (eds.), *Towards a Trasnational Perspective on Migration: Race, Class, Ethnicity and Nationalism Reconsidered*, Nueva York: Academy of Sciences, 1992, 25-52. Rouse, R., "Thinking through transnationalism: notes on the cultural politics of class relations in the contemporany United States". *Public Culture*, 7, 1995, 353-402. Goldring, L., "La migración México-EUA y la transnacionalización del espacio político y social: perspectivas desde el México Rural", *Estudios Sociológicos*, X, 29, 1992, 315-340; Goldring, L., (1996), "Gendered memory: Reconstructions of the village by Mexican transnational migrants". DuPuis, M., P. Vandergeest (eds.), *Creating the Country-side: The Politics of Rural and Environmental Discourse*, Filadelfia: Temple University Press, 1996, 303-329; Espinosa, V. *El Dilema del Retorno. Migración, género y pertenencia en un contexto trasnacional*, México: El Colegio de Michoacán-El Colegio de Jalisco, 1998.

[8] Ramella, F., "Por un uso fuerte del concepto red en los estudios migratorios", 9-21; Bjerg, M.; H. Otero (comp.), *Inmigración y redes sociales en la Argentina Moderna*, Buenos Aires: CEMLA-IEHS, 1995, 9-21.

laborales de ciudades grandes a ciudades pequeñas donde la oferta de trabajo es predominantemente agrícola y, por ende, las pautas de reclutamiento de la mano de obra son diferentes a las primeras.

Los testimonios de los primeros migrantes dan cuenta de un desconocimiento casi absoluto sobre las restricciones legislativas que regulaban la migración extracomunitaria en España. Entre las redes prevalecía la imagen de mayor facilidad de entrada a Europa que con respecto a Estados Unidos. Las representaciones cambiaban cuando se conocía la persecución policial y la consiguiente deportación que sufrían los inmigrantes extracomunitarios debido a la irregularidad en la documentación; situación que, a su vez, desmoronaba los planes de conseguir trabajo y capitalizarse rápidamente.

Eran los familiares y amigos integrantes de la red los que habían generado el conocimiento de las posibilidades que ofrecían los lugares de destino. Esta información es útil a la hora de idear las variadas estrategias que van creando y poniendo en práctica los migrantes para pisar tierra en el Viejo Mundo y no ser deportados. Además, a medida que pasa el tiempo, y el flujo migratorio se consolida, estas estrategias pasan a formar parte de los recursos sociales, económicos, del cúmulo de conocimientos y habilidades que constituyen la denominada *cultura migratoria*.

Ya en la sociedad de destino, los migrantes comprobaban la existencia de una brecha de gran magnitud entre la representación de las condiciones de trabajo que traían desde el lugar de origen y el alto grado de precariedad laboral a la cual se enfrentaban a su llegada. En general, ellos deben adaptarse a condiciones de trabajo en actividades que requieren de mucho esfuerzo, con jornadas desreguladas como la agrícola, el servicio doméstico, la construcción, la hostelería, sectores laborales en los cuales la mayoría de ellos no había trabajado anteriormente. Los siguientes testimonios dan cuenta de las distancias existentes entre las representaciones construidas desde los lugares de procedencia y las realidades con las que los migrantes se encuentran en las sociedades de llegada.

> Hay que hacer de todo acá para poder sobrevivir. Nuestros paisanos piensan allá que acá se vive de otra manera, pero no es así. Nuestros parientes quieren venir y yo les explicaba como familia que son, que no sufran como yo he sufrido, piensan que es egoísmo de mi parte, creen que yo solamente quiero hacer dinero, que yo quiero surgir y ellos no… yo se los he explicado, como llegué que me vi obligado a venir acá, que sino mi destino era volver a Ecuador y ahí a lo mejor iba a caer preso por las deudas… pero no escuchan…

(Armando, Guayaquil, provincia del Guayas, Ayudante de topógrafo, reside en Totana, trabaja en la agricultura).

Mala información, tergiversada, totalmente distinta, lo que pasa es que las familias, hermanos, tíos, parientes por el hecho de aparentar un poco ¿no?, que aquí hay dinero, que aquí alcanza para todo y un poco la gente se deja llevar por eso, pero hay gente, en mi caso, por ejemplo me asesoré mucho, vi los reportajes bastante, sabía a donde venía, sabía que no era fácil encontrar trabajo para los hombres, sobre todo no me hice muchas expectativas pero hay gente que viene muy engañada y ahora con la proliferación de las mafias se dejan engañar mucho y en Ecuador la policía tampoco es de confianza.

(Elvis, provincia de Pichincha, Quito, periodista, residente en Madrid, desocupado, miembro dirigente de una asociación de inmigrantes ecuatorianos).

Aunque la información que circula dentro de las redes hace referencia a las difíciles condiciones encontradas en los lugares de destino, estos datos quedan invalidados ante la competencia que se genera entre parientes y vecinos, principalmente, cuando aparecen las primeras remesas. Esta "obsesión migratoria" se ve reforzada por las agencias de viaje y los gestores de la migración, que en muy poco tiempo, han organizado toda una parafernalia publicitaria que impulsa el viaje con promesas, incluso, de contratos laborales.

La mayoría de los/as entrevistados/as aludieron al mito creado en el Ecuador sobre las mayores posibilidades de trabajo para las mujeres. Sin embargo, al llegar a Totana constatan que esta información es errónea y que, en realidad, esta situación se asocia a la oferta laboral existente en las grandes ciudades. Por el contrario, en localidades menores donde la oferta laboral se encuentra, específicamente, en la actividad agrícola, las mujeres tienen menos oportunidades de acceder al mercado de trabajo debido a la preferencia de los empresarios por la mano de obra masculina, por lo menos en los veranos de 1998 y 1999[9].

---

[9] Cabe resaltar que estas preferencias cambian a un ritmo vertiginoso y, en los últimos veranos, los empresarios agrícolas han preferido en los huertos a mujeres rumanas, polacas y rusas antes que la mano de obra masculina subsahariana, debido a la contratación temporal realizada en la sociedad de origen y a las pocas posibilidades de organización sindical de estas mujeres por falta de conocimiento del idioma y por las cláusulas firmadas por ambas partes en los contratos. Consultar Pedreño Cánovas, A., "Construyendo la 'huerta de Europa': trabajadores sin ciudadanía y nómadas permanentes en la agricultura murciana". *Migraciones*, 5, 1999, 87-120; Pedreño Canovas, A., "Gitanos, magrebíes, ecuatorianos: Una segmentación étnica del mercado de trabajo en el campo murciano (España)". *Debate*

A principios del año 2000, la información que circulaba entre las primeras cadenas y redes migratorias hacía referencia a los cambios de trayectorias laborales y espaciales. De este modo, se relativizaban las posibles ventajas en el mercado de trabajo agrícola y se planteaba la posibilidad de que la mujer se insertase en el servicio doméstico, preferentemente "cama adentro", en las ciudades de Barcelona y Madrid. Este tipo de empleo permitía, supuestamente, lograr un ahorro rápido en busca de dos objetivos: saldar la deuda contraída por el viaje en el menor tiempo posible y llevar a los varones que forman parte de sus grupos domésticos.

La agudización de la crisis socioeconómica ecuatoriana, junto a una mayor demanda de mano de obra femenina en las grandes ciudades de España, provocó que la mujer se convirtiera en el primer eslabón de la cadena migratoria. Posteriormente, serían ellas las que reagruparían al marido, en un primer momento, luego a una red de hermanos, cuñados, yernos, sobrinos, primos y, por último, a los hijos.

Relaciones de horizontalidad: lazos de cooperación y solidaridad en los lugares de origen y de llegada

Desde la década de 1970 existía en el Ecuador una cultura migratoria consolidada, cuyos orígenes se encontraban en una migración, predominantemente masculina, orientada hacia Estados Unidos. A fines de la década de 1990, estos recursos y las experiencias previas se invirtieron en nuevos proyectos migratorios desde la sierra sur ecuatoriana, concretamente de las provincias de Azuay y de Cañar, hacia un nuevo destino específico: el mercado agrícola de la provincia de Murcia (España). Esta migración se dirigió primeramente a Totana, luego a Lorca, para posteriormente distribuirse en la agricultura de todo El Levante.

La llegada a Totana de los/as ecuatorianos/as fue posible por la articulación de las redes de parientes y amigos, a veces de la misma área geográfica, que difundieron en el Ecuador la existencia de posibilidades laborales en dicha localidad; y a medida que transcurrió el tiempo, se reforzaron las relaciones de vecindad. Hasta esta primera etapa de la migra-

---

Agrario, 54, 2001 (http://www.dlh.lahora.com.ec/paginas/debate/paginas/debate370.htm); Pedone, C., "Negociaciones en torno al asentamiento definitivo y el retorno de las familias migrantes ecuatorianas: construcción de espacios sociales transnacionales", *Actas del 4º Congreso sobre la Inmigración en España. Ciudadanía y Participación*, Girona: Udg, UAB, UB, Ul, URV,IEM, Institut Europeu del a Mediterrània, Federació e Col.lectius d'Inmigrants de Catalunya, 2004, Cd Rom; Pedone, C., *"De L'Equador a Catalunya: El paper de la família i les xarxes migratòries"*, Barcelona: Editorial Mediterrània, 2006.

ción, la horizontalidad de los vínculos en las redes era la característica predominante. Los siguientes testimonios nos permiten observar la forma en que los lazos horizontales se tejen.

> Vine con mi hermano, que tenía dos cuñados en Cáceres, en Madrid lo detuvieron y él tenía la dirección donde íbamos a llegar. Solo tenía un móvil de Totana y no tenía cobertura, en el avión me encontré a una chica que ya había estado por aquí, en Lorca. Gracias a ella llegué a allí, estuve dos noches en el hotel y de allí me acogieron dos chicos de Loja, porque sino no sé que me hubiera pasado a mí. Descansé dos días y empecé a trabajar en la lechuga y me botaron por cuestión de papeles, entonces al pasar del tiempo fui encontrándome con amigos de allá del Cañar y me encontré con un chico que trabajaba en Totana en la naranja y él me avisó de un trabajo en la uva. Y me instalé en Totana.

> (Pedro, provincia de Cañar, Cañar, maestro, reside en Totana, trabaja en la agricultura).

> Una cuñada mía estaba en Madrid y ella tenía un amigo aquí en Totana y se comunicaban, ellos son de Loja, entonces él le dijo mándalo para acá y allí salí corriendo y me vine para acá.

> (Esteban, provincia Zamora-Chinchipe, Zamora, agricultor minifundista, reside en Totana, trabaja en la agricultura).

Los lazos horizontales, es decir, los vínculos de solidaridad y cooperación existentes en Ecuador, también contribuyeron a facilitar la salida masiva de población procedente de distintos ámbitos geográficos del territorio nacional hacia España y, en menor medida, a otros estados europeos en el momento en que se agudizó la crisis socioeconómica y política en el país andino.

Las relaciones horizontales se definen entre iguales y se efectúan al interior de las cadenas y las redes. Ellas permiten el intercambio recíproco de bienes y servicios. Se establecen así estructuras colectivas. Si bien la dinámica que adquieren las cadenas y las redes migratorias en la sociedad de llegada se debe, en gran medida, a las condiciones que encuentran en el destino, debemos destacar que existen prácticas sociales en los lugares de origen que sirven de precedentes para la configuración de las redes en los lugares de destino. Una de estas prácticas sociales es el funcionamiento extendido de las redes de intercambio recíproco cuando, en las décadas de 1950 y 1960, las ciudades grandes de América Latina sufrieron un acelerado crecimiento urbano, debido en parte, a la migración del campo a la ciudad. En el caso ecuatoriano las relaciones de reciprocidad estaban presentes en el flujo del campo a la ciudad de una manera que aseguraba la reproducción social de los grupos domésticos extendidos[10].

En numerosas ocasiones, los estudios que apelan al enfoque de cadenas y redes afirman que las redes reducen los costos de la inmigración debido a que suministran información, vivienda y trabajo[11]. Sin embargo, la mayoría de los testimonios recogidos sostienen que la existencia de estas redes no siempre ha servido para reducir costos, sino por el contrario, ellos destacan que se requiere de una inversión de recursos para ingresar a las mismas y, así, acceder a dicha información. Hemos podido comprobar que, tanto en los lugares de origen como en los de llegada, gran parte de los favores involucran una transacción monetaria, hecho que refuerza las relaciones de poder y configura vínculos cada más vez más verticales en las redes migratorias. La distancia social de favores propuesta por Sahlins[12] y Lomnitz[13] se resignifica en la migración internacional. Así, mientras en la sociedad de origen un favor importante se le solicita a los miembros de la familia, en la sociedad de llegada es necesario construir otro tipo de relaciones. En los lugares de destino los favores adquieren un valor económico, muchas veces ya tarifado, incluso en las cadenas migratorias que constituirían la "red de arribo".

Diversificación de las cadenas y redes. Multiplicación de los destinos y detentadores del poder en la red de Baños de Tungurahua

En la medida en que fuimos reconstruyendo las trayectorias socioespaciales de los/as migrantes ecuatorianos/as hemos podido observar una

---

[10] Lomnitz, L., *¿Como sobreviven los marginados?*, México: Siglo XXI editores, 1975; Ribadeneira, J.C., "Reproducción y sectores populares: redes de intercambio en San Carlos Alto". En: VV.AA., *Familia y trabajo en la ciudad andina*, Quito: CAAP, 1987, 123-170; Pedone, C. "Illegal Settlements: Participation oh The Population and Process of Legalization of the Land, Maipú, Mendoza, Argentina". *International Geographical Union, Regional Conference "Environment and Quality of Life in Centre Europe: Problems of Transition"*, Praga: UGI, 1994, CD Rom; Estrada Iguiniz, M., "Grupos domésticos extensos: un viejo recurso para enfrentar la crisis". *Nueva Antropología* XIV, (48), 1995, 95-106.

[11] Donato, K., "Current Trends and Patterns of Female Migration: Evidence from Mexico". *International Migration Review* 27, 1992, 748- 771; Malgesini, G. (comp.), *Cruzando fronteras. Migraciones en el sistema mundial*, Barcelona: Icaria- Fundación Hogar del empleado, 1998.

[12] Sahlins, M., "Poor man, rich man, gib-man, chief: political types in Melanesia and Polinesia". *Comparatives Studies in Society and History,* 5, 1963, 285-300.

[13] Lomnitz, L., 'El compadrazgo', reciprocidad de favores en la clase media urbana de Chile". En: Lomnitz, L., *Redes sociales, cultura y poder; ensayos de antropología latinoamericana*, México: FLACSO, 1994, 19-46.

diversificación de las cadenas y redes. Esta diversificación presenta dos dimensiones, la primera se asocia a la redefinición de los destinos. Como afirmamos anteriormente, la elección del lugar de llegada depende del lugar de procedencia, de los/as líderes que impulsan la migración, de la antigüedad del flujo migratorio y de los diversos lugares de destino en que se establecieron los primeros migrantes que, a su vez, constituyen los primeros eslabones de la cadena. En segundo lugar, estos migrantes, que impulsaron la constitución de la cadena, se constituyen en actores con cierta autoridad. El éxito de sus proyectos migratorios los/as coloca en una posición privilegiada en el inicio de la conformación de redes migratorias entre el lugar de origen y de destino. En algunos grupos es la mujer la que controla las relaciones de poder, en otros es el varón y, en otros es el matrimonio el que toma conjuntamente las decisiones, maneja los ahorros y los contactos con otros inmigrantes.

La existencia de ciertos sujetos que detentan cierto poder, a los cuales hay que recurrir y pagar cierto monto de dinero para acceder a una vivienda o a un trabajo en el destino, nos habla de los procesos de verticalización de las relaciones que pueden observarse dentro de la red.

El trabajo de campo realizado en Madrid, Barcelona y Baños de Tungurahua (Ecuador) nos permitió reconstruir el proceso de constitución y diversificación del flujo procedente de esta última localidad.

Dos procesos afectaron fuertemente la economía de Tungurahua hacia inicios de la década de 1990 y provocaron la emigración masiva de la ciudad. Por un lado, la crisis socioeconómica y, por el otro, la erupción del Volcán Tungurahua. Este fenómeno natural produjo la evacuación de toda la población de Baños del Tungurahua y la ruina de su principal actividad económica, el turismo.

Dos cadenas familiares, una establecida en Madrid y otra en Barcelona, lideradas por dos matrimonios que mantienen una amistad entre sí, se convirtieron en un punto de diversificación del flujo procedente de Baños del Tungurahua hacia inicios de la década de 1990[14]. En estas cadenas las relaciones de solidaridad[15] y de poder se entrecruzan perma-

---

[14] En la década de 1990 ante la imposibilidad económica de migrar a Estados Unidos un conjunto de parejas ecuatorianas optaron por migrar hacia las grandes ciudades españolas. A fines de la década de 1990, fueron estas familias las que constituirían un referente para los potenciales migrantes, ya que en diez años habían reunido una serie de recursos sociales que se pondrían al servicio del flujo masivo que se produciría entre los años 1998 y 2001.

[15] Nuestra observación participante en la red migratoria procedente de Baños en Barcelona, en diferentes ámbitos de reunión social (locutorios, canchas de fútbol, fiestas, comidas y celebraciones especiales en sus hogares) nos permitió comprender y diferenciar estos vínculos basados en la autoridad moral o económica. En estas situaciones fuimos testigos de

nentemente. De hecho, ambos matrimonios –exitosos en sus proyectos migratorios– se fueron constituyendo en referentes y líderes en el lugar de origen[16]. A partir de 1998 ellos comenzaron a ejercer un papel fundamental en la distribución de recursos materiales y sociales.

En el siguiente testimonio se observa la verticalidad de los vínculos establecida por el líder asentado en Madrid. En definitiva, él sería quien seleccionaría a las personas que podrían migrar. Este líder distribuiría los recursos (económicos y simbólicos) de los que disponía teniendo en cuenta los beneficios que ello podría llevarle en términos de relaciones, conveniencias y alianzas, o en términos de prestigio social o económico.

> Yo te digo que toda la vida he estado en contacto con gente de allá, o sea más que el contacto de aquí es el contacto entre ellos mismos, los familiares allá se comunican y toda la vida han estado con el teléfono mío porque como he estado comunicado y hay gente que no les conozco y llaman y que por favor les eche una mano, que los recoja en el aeropuerto, que les preste la bolsa de viaje, bueno esto más que todo en estos dos últimos años que han estado llegando muchos.
>
> Y pienso que la llegada está normal, yo pienso que la gente que quiere salir tiene que sacrificarse de alguna manera, ¿me entiendes?, gastar un poco... yo ya te dije yo tuve que vender mi casa y tal, hoy quieren en mano todo, o sea confunden a veces un poquito la amistad con esto ¿me entiendes?, a veces por eso es que no hay cómo darles una mano, exclusivamente al ecuatoriano, no todos pero te digo, hay un 50% de ecuatorianos que piensa que uno tiene... por estar aquí tal vez un año más que ellos o dos años, parece que tienes la obligación de tenerles y de abrirles las puertas, ¿me entiendes? Desgraciadamente en el Ecuador todavía existe bastante ignorancia y eso a veces se paga aquí, porque si la gente fuera bastante culta y eso, esas cositas no pagaríamos nosotros.
>
> (Jimy, provincia del Tungurahua, Baños del Tungurahua, comerciante, en el momento de la entrevista residía en Madrid y trabajaba en una empresa de transportes metropolitanos; actualmente reside en Nueva York).

---

cómo se manifiestan estas relaciones de horizontalidad en cuanto a contactos laborales, de vivienda y por medio de los encargos y paquetes que se traen y se llevan del Ecuador; en estas ocasiones no existían prácticas económicas y las relaciones de amistad y vecindad eran evidentes. Cabe destacar que la horizontalidad de estas relaciones nos permitió establecer los contactos que propiciaron nuestro acceso a las cadenas y redes migratorias durante el trabajo de campo en Baños.

[16] Debido a las características que adquieren las relaciones de género en Baños de Tungurahua, quienes poseen el prestigio y la autoridad como migrantes exitosos son los dos varones.

Como se observa en el testimonio anterior, el líder ostenta prestigio y recursos que le otorgan autoridad moral y económica para seleccionar a futuros migrantes, mientras que, en el caso de otro líder, residente en Barcelona, las relaciones de reciprocidad y solidaridad son las que prevalecen, incluso ayudan a que en el contexto migratorio internacional se desdibujen las diferencias regionales:

> En el Ecuador por lo general somos regionalistas y siempre jalamos para nuestro lado, pero acá hay mucha gente que cambia, piensa de otra manera, acá todos somos iguales, todos somos ecuatorianos y conozco casas que viven ecuatorianos serranos, costeños e incluso indígenas, es bastante difícil, pero sin embargo, se acopla, incluso en esta zona que estamos (Parque Can Vidalet, uno de los lugares de recreación de la población ecuatoriana en Barcelona), pues hay gente de pueblos directamente, por un lado, bien por las costumbres del pueblo, las relaciones de vecinos pero claro de echar una mano a otro compatriota si se puede ¿por qué no?

> (Roberto, provincia del Tungurahua, Baños del Tungurahua, maestro, reside en Barcelona, es propietario de un locutorio).

A través de relaciones horizontales y verticales, las cadenas migratorias fueron poco a poco conformando una red que enlaza Baños del Tungurahua, Barcelona y Madrid. Cabe destacar que en el transcurso del último año se ha incorporado a este espacio social transnacional la ciudad de Nueva York. Aquí también ya se han afianzado no solo las relaciones de parentesco sino también las de amistad y vecindad.

El regionalismo ecuatoriano reconstruido en el lugar de destino a través de las relaciones de vecindad y proximidad geográfica

La cuestión regional en el Ecuador se remonta al proceso político y social de conformación estatal nacional que se desarrolló durante el siglo XIX hasta bien entrado el XX, y que estuvo marcado por la existencia de una prolongada contraposición entre los sucesivos esfuerzos destinados a consolidar de forma efectiva el Estado-nación y las aspiraciones y las reivindicaciones de las regiones.[17]

---

[17] González Leal, M., "Conformación nacional, identidad y regionalismo en el Ecuador (1820-1930)". VV.AA., *Estrategias de poder en América Latina,* Barcelona: Universitat de Barcelona, 2000, 217-236.

La cuestión regional no incita necesariamente a una agudización de las contradicciones entre las clases antagónicas, sino que, más bien, da lugar a la articulación interclasista de un bloque de clases dominantes-subalternas regionales que, hasta entonces, se enfrentaban entre sí. Esta realidad abre procesos de formación de partidos y movimientos políticos que simbólicamente pueden representar a vastos sectores sociales. En principio, la cuestión regional atañe básicamente a las contradicciones entre las clases dominantes, a su pugna por el poder y a la ausencia o debilidad de una clase capaz de unificar las distintas tendencias económicas y políticas de las distintas fracciones de la clase dominante mediante un proyecto nacional; todas estas particularidades están ancladas en la regionalización ecuatoriana[18].

En este contexto, asumimos que el carácter político y económico de los conflictos entre las clases dominantes regionales determina la persistencia y la especificidad de la regionalización en el Ecuador en el siglo XX y XXI. Ella ha marcado la vida sociopolítica, económica y cultural del país andino, a partir de la creación de una diferenciación entre Sierra y Costa. Las clases subalternas han internalizado esta diferenciación regional, de manera que esta aparece como una cuestión insalvable en los inicios de las relaciones de los/as inmigrantes ecuatorianos/as en España.

> ¿Quiénes a tu juicio son los que fomentan este discurso para que haya estas diferencias entre la sierra y la costa?

> Estoy segura que los regionalismos se deben reproducir, sé que es un problema no superado, que además ha sido marcado por políticos, que

---

[18] Rafael Quintero y Erika Silva definen esta regionalización "como un proceso económico y político de creación de espacios autónomos de expresión de las clases dominantes locales que manifiesta, a la par que reproduce la ausencia de unificación territorial, poblacional, cultural y la fragmentación del poder estatal en una formación social" Quintero, R., E. Silva, "Región y Representación Política en el Ecuador Contemporáneo (1939-1959). En: Quintero, R. (ed.), *La cuestión regional y el poder*, Quito: Corporación Editora Nacional, 35, 1991, 29-88. Para el tema de regionalismo en el Ecuador también puede consultarse: Barrera, A., *Ecuador: un modelo para [des]armar. Descentralización, disparidades regionales y modo de desarrollo*, Quito: VECO Ecuador-Bélgica, Grupo Democracia y Desarrollo Local, Fundación Friedrich Ebert Stinftung- Abya Yala, 1999; Bossano, L., *Apuntes acerca del regionalismo en el Ecuador*, Quito: Ed. La Prensa Católica, 1930; Burbano De Lara, F., "Límites y alcances del regionalismo", *ICONOS* 5, 1998, 14-20; Estrada Ycaza, J., *Regionalismo y Migración*, Guayaquil: Publicaciones del Archivo Histórico del Guayas, 1977; Illingwoth Niemes, J., "La geopolítica del poder en el Ecuador: pasado, presente y dos alternativas para el futuro" (307-323). En Trujillo Bustamante, L. (coord.) *Ecuador en el umbral del siglo XXI*. Guayaquil: Cámara de Comercio de Guayaquil 1994, 307-323; Maiguashca, J., *Historia y región en el Ecuador: 1830-1930*. Quito: FLACSO-CERLAC-IFEA, Corporación Editora Nacional, 1994. Rodríguez, L., *The Search for public policy: regional politics and goverment finances in Ecuador 1830-1940*, Berkeley: University of California Press, 1985.

es una cosa que se ha metido en las conciencias y en las cabezas de la gente, estoy convencida que debe reproducirse, seguro que costeños, serranos y dentro de los serranos una cosa son los indígenas, otros los mestizos, una cosa son las mujeres y otra cosa son los hombres. Por ejemplo, diferencia entre comportamientos... la rivalidad siempre fue porque era el puerto, las industrias, el poder político, Quito era la capital, Guayaquil era la capital económica, bueno esa siempre fue la contradicción, pero en términos de comportamientos... ¡uf! ¡qué difícil!, no sé es que a lo mejor caigo en los mismos prejuicios y estereotipos, tal vez, cómo que los de la Sierra más serios y tal vez más culturales, más sociales. Los costeños menos... no sé qué decirte, más por la fiesta.. tal vez menos cultos... con menos conocimiento de las causas de su situación y de su país, más materiales tal vez, pero estas son chorradas, no podría diferenciarlos, tal vez la comida, el dialecto es totalmente diferente.

(Silvia, provincia del Pichincha, Quito, socióloga, reside en Barcelona, trabaja en una ONG en temas de migración).

La construcción de estereotipos a partir de procesos que involucran el binomio Sierra-Costa aparece en nuestra investigación de manera recurrente, ya que dicha dicotomía atraviesa las distintas redes. Las relaciones de amistad y vecindad se articulan también en torno a una pertenencia territorial y, en los lugares de llegada, por lo menos en los inicios de la migración, esta pertenencia se ve reforzada. En los destinos resulta necesario también redefinir el territorio que otorga identidad a la red; de este modo, la diferenciación que los propios migrantes hacen de su procedencia geográfica reabre el debate entre Sierra y Costa en el contexto transnacional:

Tenemos amistades aquí de Totana, de Ecuador no tengo tantos porque soy de otra región... nosotros los de la Costa somos más extrovertidos, así nos gustan decir las cosas como son y hacernos nuestras bromas. La gente de la Sierra es algo introvertida, siempre se guarda sus penas para adentro y a veces se olvidan un tanto de los que los rodean y en nuestro país hay esto de que el regionalismo impera... es lógico también que tú tienes que jalar a lo que es tuyo, claro, como por eso es también que el costeño no viene, si tú eres serrano tú jalas a otro serrano, tú no vas a jalar a un costeño, rarísimo sería que jalaras a un costeño, tú tienes que jalar a tu misma región, por eso un costeño aquí sufre mucho para colocarse en un trabajo, porque no hay; aquí hay mayormente de la provincia del Cañar, por eso cuando vas al campo ves a mucha gente de la misma zona, que hay de Quito también.

(Adriana, provincia del Guayas, El Triunfo, profesora de Literatura, reside en Totana, trabaja en el cuidado de ancianos).

Entre serranos y costeños somos diferentes, los serranos somos más trabajadores, más responsables, el costeño del Ecuador es más avezado, así como el español, es el mono malcriado vago, que les gusta la vida suave, nos les gusta los trabajos muy duros, los costeños son no sé no, como le puedo decir irresponsables. Somos diferentes aquí también, los serranos somos de mi pueblo, de Baños somos unidos por decir en Marqués de Vadillo, hacer el deporte, somos por un lado los serranos, por otro lado los costeños, colombianos, peruanos, se juntan entre ellos porque ahí entre ellos tienen sus "negocios", en cambio, los serranos no, somos muy miedosos a hacer cosas malas, los costeños se dedican a hacer cosas que no son legales, aquí hay mucho de eso.

(Adolfo, provincia del Tungurahua, Baños del Tungurahua, tractorista, reside en Madrid, desempleado).

Cabe destacar que estos estereotipos respecto a las conductas, actitudes y habilidades de serranos y costeños recrean el determinismo geográfico contenido en el discurso de las elites del siglo XIX. Pero también es preciso resaltar que las ciencias sociales, el arte, la literatura y los medios de comunicación han contribuido a su difusión. En el contexto transnacional, y frente a una sociedad de llegada donde se tornan minoría social, los migrantes ecuatorianos precisan resignificar estas diferenciaciones a fin de construir la "ecuatorianidad" en el exterior. En este sentido, en el transcurso de este proceso de construcción de identidades múltiples como familias transnacionales y discriminadas sociolaboralmente se visibilizaban con mayor calidad las prácticas sociales y económicas que los/as líderes llevaban a cabo y que verticalizaban los vínculos dentro de las redes migratorias, aspectos que quedaban patentes en el acceso a la vivienda y al trabajo.

Reflexiones finales

La articulación y la dinámica de las cadenas y redes migratorias ecuatorianas hacia España están determinadas por las representaciones sociales que las familias llevan desde los lugares de origen, por la resignificación en los lugares de llegada debido a las condiciones laborales encontradas, y por los vaivenes políticos y jurídicos de las leyes y los reglamentos de extranjería. La resignificación de los lugares y la multiplicación de los actores que pasan a conformar parte de las cadenas y redes motivan la multiplicación de destinos y la verticalización de las relaciones.

Enfocar el estudio de las estrategias migratorias de la población ecuatoriana desde la articulación y la dinámica de cadenas específicas, en primera instancia, nos permitió ahondar en la explicación de un proceso colectivo, en el cual las decisiones sobre el proyecto migratorio involucran a varias generaciones del grupo doméstico y sus relaciones de poder. Extender la perspectiva de análisis hacia estructuras mayores, como las redes migratorias, nos posibilitó comprender los vínculos generados entre amigos, vecinos y otros actores que intervienen en los procesos migratorios actuales hacia España.

En la etapa en que nuestro trabajo de investigación llegaba a su fin, la Unión Europea por petición del gobierno español impuso el visado[19] para la entrada de la población ecuatoriana al Espacio Schengen. A esta restricción específica para el colectivo ecuatoriano deben sumarse otras, como las modificaciones de la Ley de Extranjería, realizadas en mayo de 2003. Estas reformas, implementadas en un contexto preelectoral, prometían un supuesto freno a la "invasión", al poder de las mafias y, específicamente, restringían los mecanismos para reagrupaciones familiares y para contrataciones en origen. A ello, debemos agregar las constantes deportaciones, que, en la mayoría de los casos, no se hacen públicas, puesto que pondrían al descubierto la falacia de aquellos discursos transmitidos por una gran parte de la prensa española sobre "los lazos históricos y culturales" que unirían a España con América Latina y el requerimiento de mantenerlos a través de prácticas de cooperación.

Sin duda, estas nuevas restricciones constituirán un antes y un después en la configuración y articulación de las cadenas y redes migratorias ecuatorianas hacia Europa. Les restarán libertad a las familias que actualmente deseen organizar su proyecto migratorio de manera autónoma y favorecerán el crecimiento, el afianzamiento y el enriquecimiento de las mafias ya organizadas. De hecho, se diseñarán nuevas y riesgosas rutas para asegurar la entrada a las puertas del "Paraíso europeo". De algún modo, la descripción de las prácticas sociales y económicas de los proyectos migratorios familiares consolidados en España nos ha revelado las regularidades de los comportamientos sociales de actores individuales y colectivos, que mediante relaciones horizontales y verticales han demostrado habilidades específicas para moverse en configuraciones sociales y políticas cambiantes.

---

[19] El mismo entró en vigor a partir del 3 de agosto de 2003.

Los autores

Hortensia Castro es profesora en Geografía por la Universidad de Buenos Aires y magíster en Políticas Ambientales y Territoriales de esa misma universidad. Actualmente participa en el grupo de investigación "Viajeros, migrantes y turistas: los desplazamientos en la constitución de lugares en el territorio argentino" (Instituto de Geografía, FFyL, UBA) y dirige un proyecto sobre valorización de la naturaleza en los pueblos de la costa santafesina, con sede en la Universidad Nacional del Litoral. También es docente del Departamento de Geografía de la Universidad de Buenos Aires y de la Universidad del Litoral. Sus áreas de investigación comprenden las ideas en torno a la naturaleza y la historia ambiental, tanto material como simbólica, del territorio argentino.

Maria Dolors Garcia Ramon es máster en Geografía por la Universidad de Berkeley y doctora en Geografía por la Universidad de Barcelona. Ha sido profesora visitante en las Universidades de Arizona, Cornell, Buenos Aires, London School of Economics y City University of New York. Actualmente es catedrática en Geografía en la Universidad Autónoma de Barcelona. Ha publicado varios libros en español e inglés. Entre ellos podemos mencionar los siguientes: *Geografía Rural* (Barcelona, Ed. Síntesis, 1995, en colaboración con Antoni Tulla Pujol y Nuria Valdovinos Perdices), *El nuevo papel de las mujeres en el desarrollo rural* (Villassar de Mar, Oikos Tau, 2001, en colaboración con Mireia Baylina), *Women of the European: the Politics of work and daily life* (Londres, Routledge, 2003, en colaboración con Janice Monk). Sus investigaciones se centran en los ámbitos de la geografía rural, geografía del género, mujeres viajes, teoría e historia de la geografía y geografía y colonialismo en España.

Fernanda González Maraschio es profesora en Geografía, egresada de la Universidad Nacional de Luján. Actualmente se desempeña como docente de la carrera de Geografía de dicha universidad. Ha llevado adelante su tesis de licenciatura mediante una beca dentro del proyecto "Viajeros, migrantes y turistas: los desplazamientos en la constitución de lugares en el territorio argentino" (Instituto de Geografía, FFyL, UBA). Esta tesis discute el papel de los nuevos emprendimientos residenciales en el marco de la neorruralidad y la construcción de lugares, en el Partido de Cañuelas (Provincia de Bunos Aires).

Cristina Hevilla es licenciada en Historia por la Universidad Nacional de San Juan y doctora en Historia graduada en la Universidad de Barcelona. Actualmente se desempeña como docente en la Universidad Agustín Mazza. Participa en el grupo de investigación "Viajeros, migrantes y turistas: los desplazamientos en la constitución de lugares en el territorio argentino" (Instituto de Geografía, FFyL, UBA). Sus líneas de investigación se desarrollan en el área de la historia social dentro de la cual trabaja la frontera argentino-chilena en el siglo XIX y a la historia de la construcción de la frontera cuyana en el siglo XVIII. Cuenta con publicaciones nacionales e internacionales sobre procesos de formación territorial y fronteras.

Carla Lois es licenciada en Geografía de la Universidad de Buenos Aires y doctoranda de esa misma universidad. Es docente en la Universidad de Buenos Aires, en la Universidad Nacional de La Plata y en la Universidad Autónoma de Entre Ríos en asignaturas relacionadas con la historia del pensamiento geográfico. Está llevando adelante su tesis doctoral mediante una beca del proyecto "Viajeros, migrantes y turistas: los desplazamientos en la constitución de lugares en el territorio argentino" (Instituto de Geografía, FFyL, UBA). En dicho trabajo discute el papel de los mapas e imágenes en la creación de la América Meridional en el imaginario europeo. En sus trabajos de investigación se ha especializado en el campo de la historia de la cartografía. Cuenta con publicaciones nacionales e internacionales sobre la articulación entre cartografía y procesos de formación territorial.

Matías Molina es estudiante de la carrera Comunicación Social en la Universidad Nacional de San Juan. Ha llevado adelante su tesis de licenciatura mediante una beca dentro del proyecto "Viajeros, migrantes y turistas: los desplazamientos en la constitución de lugares en el territorio argentino" (Instituto de Geografía, FFyL, UBA). Esta tesis discute el papel de las representaciones del lugar en las mediaciones comunicativas.

Claudia Pedone es licenciada en Geografía por la Universidad Nacional de Cuyo (Mendoza, Argentina), máster en Desarrollo Económico de América Latina por la Universidad Internacional de Andalucía y doctora en Geografía Humana por la Universidad Autónoma de Barcelona. Actualmente es Investigadora del Consorci Institut d'Infància i Món Urbà de Barcelona y profesora de la Universidad Autónoma de Barcelona en la asignatura "Procesos migratorios de América Latina" (carrera de Relaciones Internacionales). Sus investigaciones se desarrollan en torno a los siguientes temas: transnacionalismo y migraciones latinoamericanas, relaciones de género y generacionales, familias transnacionales. Publicó los siguientes libros: *Estrategias y poder. 'Tú siempre jalas a los tuyos'* (Quito: Abya-Yala - PMCD, 2006), *De l'Equador a Catalunya: El paper de la familia i les xarxes migratòries* (Barcelona: Editorial Mediterrània, 2006).

Helion Póvoa es licenciado en Geografia por la Pontificia Universidad Católica (PUC) de Río de Janeiro, máster en Planificación Urbana y Regional por la Universidad Federal de Río de Janeiro y doctor en Geografía Humana por la Universidad de San Pablo. Ha realizado una estadía posdoctoral sobre estudios migratorios en el Centro Studi Emigrazione de Roma, Italia. Actualmente se desempeña como profesor en el Instituto de Pesquisa e Planejamento Urbano e Regional da Universidade Federal do Río de Janeiro y como coordinador del Núcleo Interdisciplinar de Estudos Migratórios do Río de Janeiro. Sus investigaciones se desarrollan en torno a los siguientes temas: migraciones, políticas migratorias, procesos de movilidad relacionados al territorio, cuestiones regionales y urbanas. Publicó el libro *Cruzando Fronteiras Disciplinares: um panorama dos estudos migratórios* (Río de Janeiro, Editora Revan, 2005, en colaboración con Ademir Pacelli Ferreira).

Melina Piglia es profesora en Historia por la Universidad de Buenos Aires y estudiante del doctorado de Historia de esa misma universidad. Actualmente participa en un proyecto de investigación UBACYT sobre cultura, identidad y política, y del Grupo de Estudios sobre la Historia del Estado y las Elites Estatales (IDES / UNQ). También es docente del Departamento de Historia de la Universidad de Buenos Aires y becaria de CONICET. Su investigación se centra en la emergencia del turismo nacional como conjunto novedoso de prácticas y como preocupación pública en la Argentina de entreguerras.

María Laura Silveira es licenciada en Geografía por la Universidad Nacional del Comahue (Argentina) y doctora en Geografía Humana por la Universidad de San Pablo. Actualmente es profesora en el Departamento de Geografía de la Universidad de San Pablo e investigadora del Conselho Nacional de Desenvolvimento Científico e Tecnológico (CNPq). Sus áreas de investigación se vinculan a los siguientes temas: teoría y método de la geografía, cuestiones territoriales, regionales y urbanas. Entre sus libros más recientes podemos mencionar: *O Ensino Superior Público e Particular e o Território Brasileiro* (Brasilia, ABMES, 2000, en colaboración con Milton Santos), *O Brasil: território e sociedade no início do século XXI* (Río de Janeiro, Record, 2001, en colaboración con Milton Santos), *Argentina: Território e Globalização* (San Pablo, Brasiliense, 2003), *Continente em Chamas: Globalização e território na América Latina.* (San Pablo, Civilização Brasileira, 2005).

John Urry es magíster en Economía por la Universidad de Cambridge y doctor en Sociología por la misma universidad. Actualmente se desempeña como director del Center for Mobilities Research (Universidad de Lancaster), coordinador del Lancaster Complexity Network y del Master en Turismo y Ocio (Universidad de Lancaster). Es coeditor de la Revista *Mobilities.* Sus investigaciones más recientes se centran en el estudio de la naturaleza de la movilidad, en la teoría de la complejidad y su importancia para el análisis sociológico. Entre los libros que ha publicado en los últimos años podemos mencionar: *Bodies of Nature* (Londres, Sage, 2002), *Mobilities. Places to Play, Places in Play* (Londres, Routledge, 2004, en colaboración con Mimi Sheller), *Mobile Technologies of the City* (Londres: Routledge, 2006, en colaboración con Mimi Sheller) y *Mobilities, Networks, Geographies* (Londres, Ashgate, 2006, en colaboración con J. Larsen, K. Axhausen).

Perla Zusman es profesora en Geografía por la Universidad de Buenos Aires, magíster en Integración de América Latina por la Universidad de San Pablo y doctora en Geografía por la Universidad Autónoma de Barcelona. Actualmente se desempeña como investigadora de CONICET (categoría asistente) y como docente en la Universidad Virtual de Quilmes y en la Carrera de Geografía de la Universidad Nacional de Córdoba. Es directora del proyecto "Viajeros, migrantes y turistas: los desplazamientos en la constitución de lugares en el territorio argentino" (Instituto de Geografía, FFyL, UBA). Sus trabajos de investigación se desarrollan en el campo de la historia del pensamiento geográfico, los procesos de formación territorial y las geografías culturales. Cuenta con publicaciones nacionales e internacionales vinculadas a dichas temáticas.